THE
TAROT
REVEALED
其實你已經很塔羅了

Paul Fenton-Smith
保羅・凡頓－史密斯——著

許慈倩——譯　李三沖——校訂

遠流

國家圖書館出版品預行編目資料

其實你已經很塔羅了／保羅·凡頓—史密斯
（Paul Fenton-Smith）著；許慈倩譯. --
二版. -- 臺北市：遠流，2011.07
面；　公分.
譯自：The Tarot Revealed: A Beginner's Guide
ISBN 978-957-32-6812-3（平裝）

1. 占卜

292.96　　　　　　　　　　　100011595

綠蠹魚叢書 YLC60
其實你已經很塔羅了

作者：保羅·凡頓－史密斯（Paul Fenton-Smith）
譯者：許慈倩
校訂：李三沖
策劃：綠蠹魚編選小組

發行人：王榮文
出版發行：遠流出版事業股份有限公司
地址：台北市中山北路一段 11 號 13 樓
電話：(02)25710297　　傳眞：(02)25710197
郵撥：0189456-1

著作權顧問：蕭雄淋律師

2011 年 8 月 1 日　二版一刷
2021 年 7 月 16 日　二版十六刷
售價◎新台幣 320 元

YLib 遠流博識網　http://www.ylib.com　E-mail: ylib@ylib.com

The Tarot Revealed: A Beginner's Guide
First published in Australia by Allen & Unwin Pty Ltd, 2008
Copyright © Paul Fenton-Smith 2008
Illustrations from the Rider-Waite Tarot Deck® reproduced by permission of U. S.
Games Systems, Inc., Stamford, CT 06902, USA.
Copyright © 1971 by U. S. Games Systems, Inc.
Published by arrangement with Allen & Unwin Pty Ltd, Sydney, Australia
through Bardon-Chinese Media Agency
Complex Chinese translation copyright © 2011 by Yuan-Liou Publishing Co., Ltd.
All rights reserved.

THE
TAROT
R E V E A L E D

其 實 你 已 經 很 塔 羅 了

PREFACE
序

做出正確的決定，這意味著成功和失敗、個人的快樂和沮喪之間的不同。而當你在衝突當中如何做正確的決定呢？塔羅牌可以幫助你。

塔羅牌可以被用來當作協助做決定的工具。但它並非設計來取代我們的自由意志，相反地，當你需要做重要的決定時，它可以提供更多的訊息給你，幫助你更加運用你的自由意志。

《其實你已經很塔羅了》一書是希望能以簡單的步驟，引領你進入塔羅牌的世界。透過前面一、二部分，你將能夠對塔羅牌進行簡單的分析，而當你閱讀完這本書的時候，你就和幾千年來使用過它的人一樣，可以信心滿滿地使用這項古老的工具。

為了在你進行分析的時候，可以快速地找到參考指標，我們將每張牌的描述分為「大體上」和「兩性關係上」的意義，當然這也有助於你更迅速地學習。當你在閱讀本書時，不妨拿出你的塔羅牌來實地演練一番，如此一來將有助於你建立實用的塔羅牌知識。

書中穿插著大量的趣聞軼事，是為了使每張牌的意義更貼近生

活。而這些趣聞軼事都是真人真事的，只不過我們將其姓名及環境加以改變，這是為了保護書中所提到的人。

這本書對於塔羅牌的初學者和入門者而言，誠屬相當寶貴的參考資料。在你熟悉了本書的第一部分和第二部分之後，第三部分和第四部分會教你更深入的塔羅牌使用方式，並且告訴你更深入的分析方式。

為什麼採用逐步進階的方式？

對塔羅牌的使用具有信心，必須經過一個過程，而這個過程可以加以簡化。在你還無法完整地了解整副牌之前，你不妨先學會分析某一組牌。

充分掌握每一個步驟，可以讓你在學習分析塔羅牌的過程中充滿信心。

為了充分運用此書，你需要準備一副萊德─偉特（Rider-Waite）的塔羅牌，以及找到若干位可供你「實習」的對象。

如果你想學得更徹底的話，最好是準備一組彩色鉛筆，並為每張牌的特殊意象塗上正確的顏色。

塔羅牌是一種相當迷人的工具，而且可能比所你想像的更容易學習。不妨多嘗試本書中所敘及的各種方法，到了第二部分結束的時候，你將學會分析塔羅牌！

目錄

1
簡介

▼

塔羅牌如何幫助你

▼

什麼是塔羅牌？

▼

塔羅牌──從過去到現在

塔羅牌如何幫助你

我不知道她的名字，但我將不會忘記她的容貌。她那雙淺藍色的眼睛，熱切的搜尋著答案，在火紅般頭髮襯托下，分外明亮。她坐了下來，好像幾個禮拜來都不曾看到過椅子。在她的臉上有股促使她生命往前走的堅毅力量。她只提出一個問題：

「我的丈夫因為武裝搶劫被逮捕了，現在被拘留，等候聽證會。他會不會被判處超過兩年？」

這是我當天塔羅牌解讀的一個重要問題。她所選的牌，說明了她丈夫的共犯以及重點描述他以前在監獄服刑的情況。攤開在我面前的紙牌顯示，她的丈夫的確會因參與搶劫而被判處兩年以上的監禁。我告訴她紙牌的預示。我伸出手握住她時，她並不畏懼，但我注意到她的臉上已沒有她剛坐下時的那股生命氣息。在二十分鐘的解讀過程中，她好像老了五歲。在她離去之前，我問她會不會把這件事告訴她丈夫？

「不會，他不相信塔羅牌。」

這句話讓我強烈感受到，那些嘲笑或恐懼塔羅牌的人，經常就是那些會在傍晚和朋友一起玩撲克牌的人。如果他們知道撲克牌的起源，也許他們會改變對撲克牌的態度。撲克牌出自塔羅牌，它的鬼牌（Joker）仍保留塔羅牌裡的愚人（fool）的形式。

塔羅牌不只是一副紙牌，更是一本生命的書。生命呈現給我們無限的可能性，然而我們卻經常因為習慣、害怕改變，或是日常規範而限制自己。

塔羅牌不只是可以預測未來，它還有其他的作用。塔羅牌可以強調出事件的精神上的緣由，並指出面對眼前的挑戰，我們所要學

習的課題。塔羅牌可以幫助我們決定最合適的行動方針，包括什麼時候該前進、什麼時候該等候，或什麼時候該尋求另一方向。

一九九一年，在六個月的休假當中，我花了五個禮拜的時間在倫敦找尋一部我所需要的完美車子。我急切地查尋報紙，打了許多電話，也幾乎試了所有的廠牌與車款。我偏執的談話使親近的朋友全都發狂了。當碰到剛認識的人，我的第一個問題總是問：你開哪一款車？日落後，我的朋友們終於禁止我再談論車子，這樣他們才得以享受晚上的活動。

每一次我問塔羅牌我所試開的這部車是否正適合我，它們總是回答：不是。我應該繼續等待。但我並沒有好好的等，我忽視它們的建議而不斷地找尋我的車。

一開始我的預算是一千五百英磅，但隨著時間過去，我花掉的錢很快地使我的預算從一千二百英磅變成八百五十英磅，然後是五百英磅。而紙牌仍然叫我要等待，我依然不予理會。雖然我知道所有的廠牌與車款，但離擁有一部車仍然遙遠。

我再也不能忍受。我問紙牌究竟我想找的是一部什麼樣的車。它們回答：紅色的車。總算有點幫助！現在每一部在我跟前的紅色車都好像在呼喊著我的名字。

一個下著雨的禮拜三，我坐在屋裡讀地方報，試著說服自己不要急切地去看二手車廣告。我又問一次牌，差點兒昏倒。它們回答：「是，現在正是買車的恰當時間。」

我非常小心地看分類廣告，然後打電話給兩位車主，僅兩部車在我二百五十英磅的預算範圍內。第一部車已經賣掉了，而第二部車是銀色，不是紅色。

我不在乎，我自己會給這部爛車上漆。我輕哼著。

我問了牌看這車是否就是給我的，它們清楚的回答：不是。我厭惡地扔掉報紙去散步，回家時心情好一些。我改了措詞，以不同

的問題問牌：給我的這部完美的車是否刊載在今天的地方報？回答是明確的：是。我總算有些進展。

再一次翻遍報紙，我又找到兩個機會。我打第一通電話沒人接聽，第二通電話是一個女人接聽的，她說車子是他兒子的。沒錯，正是紅色。

「我說它是紅色其實有點誇大，」她接著說：「老實說，它的確曾是紅色的，不過烤漆都褪色了，最多只能說是粉筆紅的顏色。要求售價是二百七十五英磅。」

在簡短的測試駕駛之後，我們同意以二百五十英磅成交。

「烤漆有一些褪色。」我告訴一個朋友，在她第一次看到這部車之前。

「你說烤漆有一些褪色是什麼意思，如果有人可以在天黑之前，在這車上找出一塊褪色的烤漆，我將給他一個獎賞。」她大笑著說。

我從這次學到一個經驗，如果你問了塔羅牌問題，最好是照著它給你的訊息行動。我經常忽視塔羅牌所給予的建議，結果總是後悔自己的盲動。

塔羅牌並不是替代自由意志力，相反的，它能夠給予我們更多的訊息作為決策的基礎。不過，這兒有一個問題：到底什麼是塔羅牌？

什麼是塔羅牌？

塔羅牌是一副有七十八張圖案和一張空白的紙牌。它包括二十二張的大阿爾克納牌和五十六張的小阿爾克納牌。

大阿爾克納牌從零到二十一號。每一張都有一個稱號，例如愚人或世界。大阿爾克納牌描繪事件精神上的緣由，而小阿爾克納牌敘述每天所發生的事。因此，小阿爾克納牌可以告訴你有關你愛情關係中的問題，而大阿爾克納牌將告訴你在這情境中可以學習到的潛在基礎課題。

小阿爾克納牌分成四組同花牌，每組十四張，每組同花牌有一到十，加上四張宮廷牌：國王、皇后、騎士和侍衛。這些同花組牌和一般的撲克牌名稱不同，但是可彼此相對照如下：

- 權杖Wands：梅花Clubs
- 聖杯Cups：紅桃Hearts
- 寶劍Swords：黑桃Spades
- 五角星Pentacles：方塊Diamonds

一開始這些數不清的紙牌和它們多種的變化可能容易搞混，不過，這種象徵語言在你的潛意識心智裡早已熟悉，因此，事實上你將會記得它們而不用默背。

塔羅牌是一本象徵符號的書，一旦你對這些符號感到熟悉之後，塔羅牌將會成為一道門，帶你通往先前被隱藏的知識與訊息。塔羅牌是一個工具，它有助於身體的、感情的、心智的，以及精神的成長與學習。

「哦，你會看塔羅牌呀，那是談論未來的東西。」這是我最近聽到的一句評語。塔羅牌是可以用來預測未來，但它不僅限於此，它同時可以揭示某種形勢的根本成因，以及在此一形勢中學到什麼教訓。

那些不從歷史中記取教訓的人，註定要重蹈覆轍。

在遭遇問題時，塔羅牌可用來尋求最適合的行動方向，以免一再得到同樣的教訓。上面一句話提醒我們，我們總是在重蹈覆轍，而且我們都有機會採取更具挑戰的其他選擇。

塔羅牌──從過去到現在

塔羅牌的歷史不為人知。它最早起源於幾千年前，和名為卡巴喇的通神學有直接關聯。卡巴喇神祕哲學（Quabbalah or Cabbala）是猶太口傳或祕傳的學說。

許多研究塔羅牌起源的人相信，我們今天所用的紙牌是源自中國的系統，那是許多竹籤，每支竹籤上頭畫上各代表獨特意義的字體，然後，放進一個薄箱子或筒子內，每個人選取一支，被抽出來的籤就關係抽籤者的情況。

這些籤仍可以在中國及泰國寺廟裡找到，是當地人解決問題常用的方法。香客捐獻一些錢給廟方，抽一支籤，並省思籤上的刻文。

塔羅牌目前的形式來自十四世紀義大利一種叫塔羅奇（Tarocci）的遊戲，法文把這個字拼成塔羅（Tarot）。現代義大利撲克牌仍然使用權杖、聖杯、寶劍和星星這些符號。

過去羅馬教會企圖壓制這些不斷壯大而直接對抗教會的哲學與理論，塔羅牌成為一種非法的占卜方法。主教們害怕塔羅牌會將神的力量交到人們的手中。

無論如何，塔羅牌和所有以普遍的真理為基礎的信仰一樣，還是存活下來。事實上，梵諦岡擁有當今世上最大的神祕學圖書館，大部分是十二、十三及十四世紀收藏的著作。路易‧漢蒙伯爵（Louis Hamon），在《告解：現代預言家的回憶錄》（Confessions：Memoirs of a Modern Seer）中寫到，在和敏銳的命理家、教宗李歐

三世（Leo X III）對談九十分鐘後，他在梵諦岡的圖書館流連了一個下午。他說整個房間裝滿無價的、很多不同語言的書籍。

許多現在流行的塔羅牌是由一個名叫「金色黎明」的團體成員們所設計的。一八八八年在英格蘭成立，當時是一個祕密的魔術團體。

他們設計出三種塔羅牌版本，其一是托司牌，由亞力思特・克羅理（Aleister Crowley）所設計；其二是金色黎明牌，由伊斯瑞・瑞格德（Israel Regardie）設計，羅伯・王（Robert Wang）繪製；其三是萊德－懷特牌，由阿瑟・艾得華・懷特（Arthur Edward Waite）設計，帕米拉・克來蒙・史密斯（Pamela Coleman Smith）繪製。

本書中的紙牌插畫採取萊德－懷特的版本。

2
簡易分析

▼

權杖牌組

▼

權杖牌組的故事

▼

宮廷牌

▼

單張牌的算法

▼

倒立的牌

塔羅牌中顏色的涵義

紅色：熱情或渴望	面對生活與伴隨的挑戰，態度是熱切或渴望的。牌中用到許多紅色的如皇帝，表示對生活的態度比較實際與具行動力。
橙色：熱情與積極	面對生活的態度是熱情與積極的。用較多橙色的牌比如權杖牌組，表示用熱忱或熱血的態度去面對生活。
黃色：理智與推理	意味著用知識與知性去面對眼前的狀況。像力量跟太陽用了大量的黃色，表示心智上的好奇心及邏輯思考與推理。
綠色：和諧與平衡	塔羅牌裡用綠色來代表和諧與平衡。偉特牌裡用到綠色的牌很少。
藍色：精神的平衡	塔羅牌裡用藍色來代表精神狀態的平衡與融會貫通。它表示知性結合了心靈洞察力，圍繞著更美好的生活遠景。
紫色：憐憫與同情	在塔羅牌裡，紫色象徵憐憫同情。用到紫色的牌如戀人（對伴侶溫柔）或正義（對陌生人友善），表示我們先對身邊的人溫柔以待，等我們成長後便會擴及到不認識的人身上。
白色：動機的純正	純潔的動機是白色在塔羅牌裡的象徵，比如聖杯六裡的白色花朵（兩人度過一段溫柔與私密的時光）或是魔術師裡的白色百合花和白色束腰上衣，表示他依靠愚人（以覆蓋白雪的山頭為象徵）那裡所得到的純潔動機，方能進行到下一張牌。

權杖牌組

權杖牌代表火的元素。火，關係到能量、狂熱、行動、生命力與喜歡接受挑戰。旅行（或流浪）和追求目標，也和這個元素的特性有所關聯。在星座學裡，火象星座是牡羊座、獅子座及射手座。星座、手相與命理學和塔羅牌都有關連，學習這些科學能增進你對塔羅牌的了解。

如果權杖牌組在一副牌形中有重要特色，你可預期問牌的人是火性的人，把這副牌和有挑戰、旅行及其他火的特質連繫在一起，準沒錯。

火性的人需要知道他們是有活力的，而這種感覺是來自刺激或衝突，並沒什麼差別。當把精力全部投入於特殊任務，遠較消極性的活動，更能使他們體驗到全然的歡喜。就權杖類型而言，擁有一個目標經常比完成它來得重要。

權杖類型在愛情與事業上靠征服來發展，喜歡挑戰更勝於獎賞。克服一個挑戰後，就再尋找另一個更大、更有前瞻性的挑戰。

火很自然向上跳躍，一方面尋求燃料，一方面不斷擴張。它代表樂觀、自信和希望。像火一般，權杖類型以渴望與行動來接近生命，而以挑戰、新視野與衝突為燃料。沒有行動，權杖類型會變得憂鬱。因為缺乏行動和絕望的狀態並不符合權杖類型的本來經驗，所以他們有時會無法忍受別人經歷這些情況。

典型的權杖對生命的理解會是：

如果我聽到的，我會忘記

如果我看到的，我會記住

如果我做過的，我會瞭解

權杖王牌

權杖王牌象徵著開始執行一項方案或旅行。

權杖王牌象徵一個計畫強而有力的開始，代表著手新計畫的渴望、力量與勇氣。這張牌指出已經開始的行動，而且一定會產生具體的結果，與紙上談兵完全不同。

王牌出現在採取行動的時候，它不是代表任何的計畫與決定，而是發動新事情的具體行為。

從雲裡探出的一隻手，握住了權杖。權杖被畫成一種活的、成長的東西，在背景裡的城堡表示目的地。權杖被畫成一種活的形式，反映權杖類型面對各種日常事務的活力與熱情。

權杖類型在目標與挑戰上成長茁壯，並以其狂熱追求潛在的勝利。追求值得追求的目標，會產生一種目的感。紙牌上，晴朗的天空顯示這一時刻，你的目的充滿清晰的光景。

王牌不是要你去思考或感覺，而是去做。它可以表示一段具有力量、權力，以及充沛的性與肉體精力的時間。它是一張代表旅行與移動的牌，也常常表示一種對生活的熱愛。

當權杖王牌出現在一副牌裡的時候，很少有限制。

大體上的意義

在平常時，權杖王牌表示實踐計畫的能量和慾望。我的一個顧客叫大衛，他來找我解牌的時候，已經存了十五個月的錢，計畫和女友瑪琳到加拿大和歐洲旅行。然而他們過去一直花時間在工作存錢，使兩人的關係受阻。瑪琳最近碰上另一個男人，而離開大衛，和新伴侶同居。

大衛雖頹喪但並沒有放棄原本計畫的旅行，因為他已經投入非

常多的希望在這一次的旅行。

王牌出現在他的第一副牌，我告訴他可能即將成行。這表示他的計畫將付諸具體行動。六個禮拜後，我收到一張明信片，他說他將離開多倫多前往倫敦。在牌形中，王牌代表行動，大衛也如同權杖王牌所顯示的——真的完成了他的計畫。

兩性關係上的意義

權杖王牌暗示一段兩性關係的開始，它可能是一段新的關係，或是既存關係的一個新階段。它暗示某種肉體關係的開始，或某些伴隨著新階段而來的肉體活動。它也可意指旅遊，然而在兩性關係的算法當中，這個旅遊是和兩性關係相關的。

最近我在一副問兩性關係的牌中，代表過去十八個月的位置上看到了權杖王牌。在進一步的詢問之後發現了，這次旅遊所透露的線索是，這女人在前往蘇格蘭的旅途當中遇到了一名男子，而她要問的是他們之間的關係。

倒立的權杖王牌

當權杖王牌是以上下相反對著分析師（亦即，它是倒過來的），那麼它和正立的王牌在意義上則有些許的差異。它依然暗示這是個著手新方案的時機，然而過程會較正立的王牌稍為緩些。

這可能是由於精力分散到其他方案或挑戰上，或者是因為先前的方案尚未完成。當王牌以倒立出現時，它意味著前面的狀況要先加以解決，然後新的企圖才可能被實現。

例如，卡爾想要開始進行一項令人興奮的新方案，而且他的熱情深具感染力。他設計了一個小機器，而且正在找有興趣的伙伴來協助他推廣這項產品。問題是，這是他十個月內的第四項發明了，而且前三項都還沒有通過概念階段。他還在一家實驗室當全職的助

理，所以發展自己的方案的時間相當有限。在他的例子當中，權杖王牌的倒立意味著他需要去完成或放棄某些其他方案，或是辭去他的全職工作，然後他才可能真正開始去實現他的計畫。

王牌倒立的另一個意義是延緩旅行的計畫或行程的結束。例如，最近你可能剛從一趟旅行中回來，而王牌倒立就是說，你的生活又再度安頓了下來。

權杖王牌的倒立也可能是說，由於有太多難以駕馭的精力而使預期中的結果延緩出現。它可能意味著你的精力及熱情需要被約束，否則你將會進行很多方案，而完成的卻是寥寥無幾。

權杖二

權杖二意味著一個決定。

在權杖二上，一支權杖是栓在牆上，而另外一支是自由的。這表示你有兩個選擇，一部分的你滿意靜止狀態，而另一部分的你有移動、改變或旅行的慾望。而權杖二裡的人是煩悶的，被他的成就（矮牆）所圍繞。他手中的地球儀表示他正在做一決定。他的世界（指他的成就或環境）對他而言，似乎不再有意義了，因為他已經長大而不適宜於此了。土地表示穩定力，水表示寧靜。他越過水，眺望遠山及其所代表的挑戰，天空烏雲密佈，但他並沒有注意到，因為他將焦點置於內心世界。

權杖二暗示因成長而不滿當前環境，需要決定未來行動方向的時機。它表示你目前所擁有的事實是不夠的，你將決定下一步要怎麼做。

大體上的意義

權杖二代表決定，通常是身體上的決定。例如，搬家、轉換工作，或在生活中做一些具體的改變。如果問到有關你的生涯，這張牌則暗示你正決定是否換工作或換行業。

權杖二並不代表換工作或搬家的行動，而是決定本身。行動是由權杖二所代表。在決定行動之前，權杖二代表對選擇的評估，它是你所習慣的東西與你所想擁有的東西之間的一個抉擇。

兩性關係上的意義

在兩性關係的解讀上，權杖二可能暗示決定一項兩性人際關係或決定是否要對一項兩性關係做更深的承諾。舉例來說，珍娜正決定要不要搬去和他的伴侶羅伯住在一起。她想要去，但不確定如何

應付羅伯七歲的女兒。珍娜想要發展進一步關係,但是不得不懷疑,和羅伯住在一起可能引發更多的問題而不是解決問題。

權杖二指出她的選擇。她住在舒適的公寓,享有快意的生活,但是這一切對她來說有點習以為常,不像和羅伯住一起帶來種種的機會。然而,羅伯在家裡是十分邊邊的,珍娜可能很快地就會對此惱火。這張牌指示珍娜必須同時考慮和羅伯住一起的正、負面情形,當她做決定時必須仔細衡量兩種選擇的相對利害。

倒立的權杖二

倒立的權杖二上的人物是煩悶、不滿足的,但又害怕轉往另一個挑戰。他試圖說服自己已沒有其他的選擇了,也許他應該留在安全又熟悉的地方。然而,他終究需要離開安全的避風港到外面去冒險,如此才可以看到在那端的世界中,生命為他保留什麼東西。

當權杖二倒立時,暗示你應該放棄對選擇的評估,直接跳進新的經驗。當你離開安全的環境而進入未知或新的情境,你會釋放巨大的能量,這能量可能會以恐懼、希望、期待、憂慮等種種形式出現。無論它以哪一形式出現,你知道你仍然活著。

倒立的權杖二表示在一個長時間不滿意的情境下,突然作改變。也許你花太多的時間為你停留在此一環境找合理解釋,告訴自己說:「這裡也沒有真的那麼糟!別人可能會喜歡這種的處境。換個環境,我可能會更糟。看看喬,他一定樂於和我交換位置,而我卻在這裡抱怨、不滿足。」

當我們不願意為自己的行動負起責任時,生活經常迫使我們改變。是真的有人會喜歡處在你的位置,但是如果你的能力已經超越它,也許你應該放棄它而前進。如果你自己不如此做,生命終究會為你而做或促使你做。

權杖三

權杖三通常意味著旅遊。

　　權杖三裡的人物是靜止的，在休息中，他眺望海面，看著船進港卸貨。這些船裝載他的補給品，那可能是些原料或在其他國家賣出貨物的款項。

　　雖然渴望繼續前進，但他了解先送走船而自己留滯原地的利益。他以這種方式，一邊探索人生的機會，一邊掌控既有的成就。

　　權杖三可以代表當你尋求自我內在意義的時候，你仍可保持相對的沈靜：表示你一邊在擴展自身內在與外在的新大道與利益，一邊在維持一種平衡的狀態。

　　權杖三顯示行動使得計畫朝完成的階段走了一小步。他現在正依其在權杖二中所做的決定採取行動，權杖三可以表示成就。起先，在他為即將出現在權杖四中的穩定性預留權杖空間時，他會感情用事，這顯示出急切性的喪失，急切性乃為權杖類型的特色。

　　三牌是在二牌期間花了一些時間沈思之後，前進到一個處境的下一個自然階段的過程。它常常是代表旅行的一張牌，特別是當它與倒立的寶劍侍衛、權杖王牌或權杖八出現在同一副牌中時。在紙牌上的人物穿著旅行的斗篷，背對我們站著。從背後察看這一景象，我們可以同樣感受到他對船抵達的期待。權杖類型因為預期目標的實現而茁壯。

　　現在耐性是需要的，因為這個處境中有足夠的動力來促成改變和成長。

大體上的意義

　　在日常中，權杖三可以表示旅行或將計畫付諸實行。這正是指述珍娜搬去和羅伯住的一張牌。它也呈現出他們的關係邁進下一個自然的階段，或進入更高層次的承諾。

　　權杖三同時也暗示你正在考慮你最近的狀況，並且尋找你內在與外在的意義。

兩性關係上的意義

權杖三在兩性關係的算法中，暗示著將會持續成長與發展。當你和你的伴侶共同邁向更深層的承諾時，你們將會體驗到成長。

這也同時暗示四處旅行中兩性的關係，而且，在你和某個住在海外的人有糾葛時，權杖三常常會出現。它也代表伴侶中的一人或二人在旅行時所發生的一種兩性關係、一段假期羅曼史，或一個開始於商務旅行的兩性關係。

倒立的權杖三

倒立的權杖三表示需要沈思的一段時間。切記每當翻到倒立的牌時，你必須回到前一個號碼的正立牌去研究其中的課題。例如，當權杖三是倒立時，你必須回到權杖二的課題上，去思考你的選擇。

倒立的權杖三也指出你身體或情緒上的成長受到阻礙的一段時間，暗示著你可能需要採取新方法。在一些例子中，它是迎接入港的船的行為，以及遵照新訊息與知識行事。它也可以表示你被過去的行為與決定所攪亂。這張牌強調，你因權杖二中所做的決定而感到有點挫折。

權杖 四

權杖四暗示在一個新家，或
工作環境上安頓下來。

權杖四描出一個堅固的家庭或工作環境，歡樂與分享是每天生活的一部分。在這張牌上，人們自由來去，帶著固有的渴望、熱情和樂觀，在陽光下跳舞、慶祝。

有一個迎賓花圈穿在四枝權杖的頂端，跳舞的人們在慶祝時揮動著更多的花朵。

城堡是堅固的暗示，有時它也表示權杖類型的熱情正被導引進入家園。例如，你可能重新裝修或粉刷的家裡，使它更適合你現在的需求。

這張牌對搬入溫暖又充滿支持的家或工作環境是正面的指示。已經在那環境中的人覺得待在那裡很舒適，並且歡迎及支持新來的人。

當權杖四出現在聖杯三的旁邊時，它表示一個歡慶，或志同道合的人聚集起來，顯出生氣勃勃與喜悅。

大體上的意義

權杖四代表堅固——將權杖三中所追求的計畫變得穩固或實在的行為。它經常暗示搬入新家或換工作，也表示你在目前的環境中安定下來。

喬安來找我占卜時，已經住在小平頂屋三年了。他抱怨他的室友對那個家很少付出，甚至拒絕拿郵件進來。看完紙牌的配置後，我指出喬安本身並不特別想要在那屋子安定下來。他同意。因為權杖四出現在不久的未來的位置，所以我可以看出他即將把這個家變得更像一個家。算過之後，他立刻決定把白色的牆改成他喜歡的顏色，並調整傢俱擺設，讓它更舒適。

兩性關係上的意義

在兩性關係的算法中，權杖四指出你正在穩固你的兩性關係。四根深植在地上的權杖呈現一個更深的承諾或確實堅固的關係。城堡表示家庭的安定力，而在前庭的人們則顯示火性類型的好動本性。

倒立的權杖四

倒立的權杖四表示你正要離開一個家園或工作環境，不過，這個新環境可能大不同於你正要離開的環境。它也暗示你在新環境中會少有安定性。譬如，你可能到國外渡十二個月的假，而在期間走訪六或七個國家。倒立的權杖表示你無法在任何特別的地方安定下來，因為那四根權杖已不再牢固在地上。

倒立的權杖四也可能表示一個暫時的情境。例如，在找到比較長遠的工作前，你可能做些暫時性工作。它也可表示缺乏穩定性的計畫，有時暗示你必須學著欣賞在家或工作環境中所擁有的。正立紙牌的所有的可能性都是明顯的，可惜你不參與周遭環境，或為它付出。

就好像你不屬於周遭人們，你只是路過這個社區。

在人際關係的算法中，倒立的權杖四指出伴侶關係沒有任何進展，也許成長在權杖三的期間中斷，果真如此，應該回到權杖三的課題上。

權杖五

權杖五暗示缺乏和諧或者內在的衝突。

權杖五描繪五個人有五種行動方向的情境。每個人相信他們自己擁有最佳的方法，沒有人聽從別人，這就是太多廚師弄壞一鍋湯的例子。

這張權杖五代表衝突。雖然衝突不至於傷害任何人，但卻使所有人全盤捲入。這是權杖類型的天性，總是把生活看成戰爭，因為如果沒有障礙，就沒有冒險了。

權杖類型的人以規則觀念和公平競爭的方式來尋求行動的快樂，他們往往喜歡體育與競賽活動。權杖五涉及身體上的較量，寶劍王牌則涉及心智上的較量，這是二者不同之處。

權杖五表示你捲入不必要的較量比賽，這會延誤或干擾你達到目的。另一方面，目標遠離或難以達成，對權杖類型的人來說，往往更具吸引力。

大體上的意義

在日常中，權杖五暗示一群人無法團體工作。例如，你可能短期在一個團隊計畫裡工作，而團隊裡每個人都有他們自己的想法。權杖五指出在團隊成員同意要妥協或共同合作之前，將會發生衝突。

權杖五代表同一時間內，對太多要求所產生的內在衝突。例如，瑪麗娜在最近的一次占卜中，幾乎每次都選到權杖五。而事實是，她企圖周旋於一個全職工作，一個夜間教職，以及一個家庭之間，而且還修了幾門課。所有的事情需要她同時照料，這開始似乎很吸引她，但現在她則累壞了。

權杖五也可以表示你浪費精力在太多的方面，以至沒有一方面有效率，或表示在激烈的競爭中掙扎。

兩性關係上的意義

在兩性關係的算法中，權杖五說明兩人各有不同的生活型態，沒有相關的興趣和共同的朋友。各自追求不同的生活型態時，親密關係就會受阻。有許多的刺激歡樂，但少有一體性。

權杖五也指出火爆且競爭的兩性關係，這會造成伙伴之間經常性的衝突。

倒立權杖五

當權杖五倒立時，這表示你已採取一個更開放的行動，而且你準備妥協或嘗試新方法。所有塔羅牌的五都表示某種形式的改變，倒立時，表示以一個開放心胸及更包容的方式來改變。

倒立權杖五表示理解到時間與精力都被浪費了，採取新方法是必要的。有時在你準備改變之前，規則需要被放棄，戰爭需要變得更嚴重。

在一個團體或生涯的算法中，倒立的權杖五暗示妥協是可能的，而且在如此情況下才能更親近地傾聽別人。

權杖六

權杖六暗示著對人生充滿自信的態度。

權杖六描繪一個勝利的遊行，英雄頭上戴著花圈（在慶功會上，個人權力展現的象徵），被他的支持者所圍繞著。

在這張牌中，火的樂觀主義使其慾求和期望得到成功。這不是錯誤的樂觀主義或虛無的期待，而是來自過去的成功及自信的一種真正的信仰。

在我們對自己及生命的可能性有了真正的信仰時，去完成我們想要做的事情所需要的能量幾乎總會得到補充。我們的成功又常能激發別人協助或跟隨我們，因此在權杖六的牌裡，其他人跟隨著勝利的人。

權杖六計畫可能會成功的一段時間，這是由於自信以及對能力的適切的管理。它表示這時候你要相信自己，並且使用個人的能力去實現、完成你的目標。正立的權杖六顯示，如果你努力將會獲得成功。

大體上的意義

權杖六表示工作的升遷、證實達成目標，或僅是一種自信的生活態度。尚保羅為籌湊擴展生意的資金而困擾，他問我是否那幾家銀行肯貸款給他。我審視了他所選的四張牌，一張代表一家銀行，第三張是權杖六，我告訴他，這家銀行很有可能會幫助他。他後來確定這家銀行非常樂於幫助他，雖然其他兩家已經接受他的貸款申請，但遲遲未決定借錢給他，所以他選擇第三家銀行。假如你問牌，這樣的問題：「如果我嘗試某某，會不會成功？」，如果是出現權杖六，答案很明顯地是「會」。

兩性關係上的意義

在兩性關係的算法中，權杖六證實你和你的伴侶有相近的目標，而且你們有可能達成這些目標。權杖六有時暗示著，你們的關係正到達另一新階段。例如，你們可能會結婚或住在一起，或者可能決定要有小孩。

葛雯在二次大戰時住在蘇格蘭，她遇見一位年輕的美國空軍。在他們相戀六個禮拜後，他被調返美國。她請求父親准許她嫁給他，但被父親拒絕，葛雯的心碎了。她儘其所能的離開家去追求她自己的生活，但再沒有見過她的空軍男友。

她結婚後搬到澳洲組織家庭。這些年，她沒有一天不思念他，尤其在離婚後，更加想念。在解讀中，我清楚的看到這位空軍，並建議她寫信到他失去聯絡前的美國地址找他。

她照著做了，並且收到一封很長的回信。這位空軍結過婚，也離婚了，在他們分手後每天都想念著她。他曾三次環遊世界去尋找她，但沒找到。

他們在重聚兩個月後來看我。為了慶祝他們的復合，隔天他們就啟程去環遊世界，還送了我一瓶香檳以分享他們的幸福。

權杖六出現在兩性關係的牌面上，表示兩人因擁有共同的目標而獲得成功。

倒立的權杖六

倒立的權杖六代表由恐懼或脆弱所產生的虛假的勇氣與樂觀，結果是，所追求的事物很少成功，或成功為時極短。

你投入精力的每一想法和態度，將會成長並發展成具體的事物，所以，那些消極的想法、失敗主義、疑心將會產生相應的事實。

在平常，倒立的權杖六表示你太快放棄。你感到壓力太大或擔子太重，失去對成功的期待，希望能從困難的情境中解脫。它有時是指你無法實現該屬於你的成功，因為你太早放棄。

倒立的權杖六也可以表示拋棄某人或某事。它指示在一項關係或事業缺乏共同的方向，而導致分離。

權杖七

權杖七暗示經由堅忍不拔而獲得的成功。

如同權杖五，權杖七是一張代表衝突的牌。所有可見的活動的目的本身可能就是戰爭，因為在紙牌上的人，帶有一種決心和激情的表情。保衛他的領土雖然很艱辛，但這仍在他的掌握之中，而且他也許喜愛這樣的挑戰。別忘了，權杖類型喜歡搏鬥，而且傾其所有，這會令那些火性的人們感到振奮。這種爭鬥讓權杖類型的人覺得自己活著。

權杖七可能暗示你周圍的人反對你的想法或計畫，但你繼續努力、不放棄一定會成功。

塔羅牌中所有的七都有「不要放棄」的意義。雖然挑戰比以前更大，權杖七表示你會更投入眼前的工作。

大體上的意義

權杖七標示你需要更大的挑戰。在生意上，它表示開拓洲際或海外市場的行動。新的市場將帶給你新的挑戰與難題，等你一一去克服。它也可以表示，現在正是你事業多元化的時機。

權杖七的訊息是「不要放棄」。繼續努力前進，你將得到成功的回報。你投注於完成目標的體力與行動，將是值得的。

權杖七也可以表示，在某個時候，你做兩份工作，以便存錢到海外渡假、繳房子的定金。如果你努力，最後你將得到這些報酬。

兩性關係上的意義

在兩性關係的算法中，權杖七可以表示，在某種處境中，伴侶中的一位時常為他們的信念或行動辯護。簡單地說，它表示在你們

關係中出現了更大的挑戰。例如，一個新生嬰兒會增強緊張程度，出現挑戰，直到小孩長大而你們的家庭已適應這樣的改變。

權杖七同時也代表兩性關係將以到達更高層的承諾形式帶來更大的挑戰。也許你不曾經歷如此程度的承諾，所以一開始會覺得這是挑戰。

倒立的權杖七

倒立的權杖七表示你的火燒得太小，而無法應付你所面對的挑戰。你可能遭遇克服反對的困難，而陷入焦慮、優柔寡斷或是憂鬱。

這可能是你從新的市場或轉投資中獲利的機會，但你受阻於你以往做事的方法。

倒立的權杖七暗示這是放棄舊態度的時機，特別是那些限制你的舊態度。也許你是用過時的方法去應付新環境，或者是你還把自己當成往日年輕的你來看待。

塔羅牌中所有倒立的七含有「不要堅持」的意義。這張紙牌強調停止支持一個不合時宜的信仰體系的需要。它意味著不要迷戀過去。

如果你繼續做你一直在做的事情，你將會得到你過去一直得到的東西。換句話說，如果你想要一個新的結果，那就試試新的方法。

倒立的權杖七指明要做出一個決定。當行動的方向決定後，權杖天生的自信會再度回復，以克服眼前的困難。

我在倫敦六個月的旅行中，帶著我的紙牌，想賺取一些旅費。起先我借了一張可攜帶的牌桌在各種市場裡擺攤，從當地小型園遊會到波特貝勒路的市場。壞天氣加上清晨六點就開始工作，一個月後，我已經十分疲倦，我決定我需要新的方法。

　　我買了一些另類生活雜誌，坐下來邊喝茶邊看。我打了電話給倫敦附近算塔羅牌的地方，但沒有一家需要我。然後我打給沒有提供塔羅牌服務的復健中心，希望能租個房間。我找到這個完善的中心，離住的地方不超過十二分鐘的路程，在日後的居留時間裡，我安穩地在那兒算我的塔羅牌。

　　如果我繼續留在市場裡，我可能將會受挫而且窮困。因為改變方法，所以我可以在舒適的環境中好好算牌，不用管外面的氣候狀況。

權杖八

權杖八意味旅行及自由流動的能量。

在權杖八中，描繪的權杖並沒有植入土地，也沒有被人握住。這象徵自由流動的火的能量，很少或沒有限制。它代表當你戀愛或旅行時，你可以體驗到對生命的熱情與摯愛。

權杖八表示你的目標清楚可見，而且正輕鬆地向它們邁進。這點可以從八根權杖自由而無約束的掠過天際看出來。權杖越過水上，暗示海外旅行，是權杖類型的人十分喜愛的。

權杖八代表健康的人際關係、跨海旅行和計畫達成令人滿意的結局。它指出你能輕鬆地完成目標。權杖八出現時，你的計畫會碰到的阻礙是微小的，既定的目標無需太多的努力也能達成。

「八」是代表力量的數字，紙牌的數字是八，顯示這一組牌的力量所在。在權杖八裡面，你可以看到火的元素呈現自然狀態，一種無所限制的、狂熱的行動。

大體上的意義

權杖八沒有拘束的本性反映了這是很少阻礙的時機。它表示你是自由的、可投注熱情、直接追求目標。

權杖八經常出現在你即將到海外旅行時。它也代表你所有的努力將會得到回報，也將從困難中解放出來。

在生涯上的算法中，權杖八可以表示和事業有關的旅行，或是當個駕駛員，或是開發新的供應商或市場。這是八支權杖越過水上的暗示。

兩性關係上的意義

　　權杖八在兩性關係的算法中是相當正面的。它說明你和你的伴侶一起享受生活，無需受困於各種難題。它表示你們喜歡彼此爲伴，沒有恐懼或約束。

　　有個這樣的例子是發生在卡倫的占卜中。當她來占卜時，她的伴侶麥克剛完成兩年全天的學業，他們準備到威尼斯渡假五週。權杖八暗示他們將能完全地享受這趟旅行（四週後我收到寄自威尼斯的明信片證實這點）。權杖八代表一個探索生活的機會，包括探索周遭環境和對方。

　　權杖八同時也指示你的兩性關係是健全的，因爲兩人有足夠的空間可以擁有自己的生活和朋友。

倒立的權杖八

　　倒立時，權杖八表示沒有任何土地可以讓火立足，或讓火的狂熱朝一個實際結果發展。它代表一個沒有達成預期的結局的情境。火（熱情）沒有土（實際），可預見計畫不能實現——單只有熱情是不夠的。

　　當紙牌是倒立時，它暗示你尙未學會前一張紙牌的課題。在此，你還沒精通權杖七中的內含課題，權杖八的倒立是暗示你必須回到權杖七，去理解不屈不撓的意義。

　　倒立權杖八象徵延誤，像是未解決的阻礙（來自權杖七）一再重現而使你慢下來。回到權杖七（不屈不撓）的課題上，你能克服那些難題或挑戰，並且找出通往正立的權杖八的方法。

　　倒立的權杖八可以表示旅行計畫的延誤，或你的人際關係中的妒忌或爭吵。

權杖九

權杖九暗示重新評估目前承諾的時候。

權杖九描繪的是一個強壯、力氣大、警覺性高的人。他面對問題的戰鬥傾向會限制他怡然自處的能力。當權杖九出現時，它暗示你生活中一種衝突的模式。

一連串的爭鬥已經發展成身體與情緒上的模式，他現在需要另外的衝突去滿足他對刺激的渴求。這種渴求會上癮，所以他需要花更多的時間來思考過去的行動，以便決定哪些行動是有效的，哪些個行動是浪費的。

他到處尋找衝突，卻看不出衝突的來源是內在的。你可能會將自己不受歡迎、不被接受的部分強加於別人身上（這種現象在大阿爾克納的魔鬼牌中會顯得更清楚）。如此一來，你將會有一個摸得到、也看得到的敵對來源，而不只是一種想法、一種恐懼或一種感覺。然而，如果你繼續尋求衝突，你將無法和問題的根本原因達成和解。

大體上的意義

權杖九是一張用來衡量你過去的失敗與成功，並決定在未來要做些什麼的牌。它顯示你察覺，並不是所有你嘗試的事情都會成功，這是一個時機，你必須拋棄你生活裡一些不完全的計畫。

例如，約翰並不確定他和葛麗泰之間的關係。他深愛她並希望和她結婚，但也了解到這意味著他的生活型態必將改變。特別是，他正考慮是否繼續當個空服員。他喜歡這份工作，而且得以脫離約束及單調辛苦的工作，這是他對很多人際關係的態度。他正在衡量他過去的承諾並決定未來的重心所在。他了解到他工作上的約束可能防礙到他和葛麗泰的關係。對葛麗泰更深的承諾意味著要放棄其

他的約定。

在另一個例子，布蘭達和她的丈夫在他們損失大量資金，而且每週工作五十小時的十五個月後，賣掉了他們的事業。她想要再做另一個小生意，態度自然非常謹慎。權杖九的出現，反映了她對進行新事業的態度。

兩性關係上的意義

在兩性關係的算法中，權杖九表示你以一個審慎的態度看待你的伴侶或一般的兩性關係。也許你曾經被你的伴侶傷害，或還沒解決過去的兩性關係，所以你無法真誠地向你目前的伴侶定下承諾。

這張牌指出需要檢視過去，及衡量你對目前兩性關係的承諾。

倒立的權杖九

權杖九牌顯示問題已經大到超過你身體力量，你的對抗已經失敗了。態度強烈左右結果。當倒立的牌出現，表示你深受恐懼或疑惑的折磨。

我的一個顧客，莎拉，由酗酒的父親帶大。他會毫無理由地、殘暴地毆打她。當她五歲時，她學會被攻擊時，趕快逃開。對一個小孩子而言，這是很好的生存機制，如此她才可以活到今天。但不幸地，她沒調整她的防衛機制，當她目前的兩性關係發生問題時，她立即逃開。她只知道抓著錢包，然後逃離家門，直到隔天都沒有人能找到她。

她三十七歲了，她的恐懼以及她應付恐懼方法已妨礙到她和先生發展更進一步的關係。她需要回到正立權杖八的課題上，去經歷生命自由自在、舒適的一段時間。

權杖九的倒立顯示，傾向關注失敗更甚於關注成功。你必須了解失敗有益於成功，換句話，失敗只是延遲成功。當你沒有實現當

初預期的結果時，至少你已經知道哪一條路不能走。

　　倒立權杖九也意味你需要尋求不同的方法。它未必暗示你應該放棄爭鬥，僅是表示你應該改變你的方法以應對情境。

權杖十

權杖十暗示一個委任某些責任的時機。

權杖十描繪一個人帶著十根權杖。他被這些權杖給壓得沈下去，而且它們也遮住了他的方向（即遠方的房子）。他急切地想要涉入這麼多的情況當中，結果，因為種種承諾和問題而不勝負荷。

這張牌顯示出你想要自由，好讓你從事迫切想要的旅遊和興奮刺激之事。然事與願違，你發現自己擔負著許多責任。這些責任是你自己製造出來的，因為你對很多機會說「好」，卻沒有了解到其中包含了多少承諾。這張牌表示了未三思而後行的後果。

這些情況和問題在你開始對它們厭煩時，它們並沒有離開，而是似乎向你要求更多的時間、注意力和熱誠。權杖十暗示著該是將這些負擔或責任委託給最能妥善處理好它們之人的時候了。

牌上面所畫的這個人，並不需要以那種會遮住視野的方式攜帶這些權杖。假如他看得見，他就能發現一個更容易、更有效率的方法了。目前的挑戰是簡化情況，這可能意味著把部分的權杖留在身後。

大體上的意義

權杖十通常伴隨著一種態度：「如果你想妥適地完成它，你就要自己做。」在做生意當中，你就可以發現它很難，或不可能假他人之手。如果你真的讓別人來做部分的工作，通常你得檢查完成的產品。你覺得身負重任，所以不能去信任別人也能完成這件工作。

它也可能是在描述某個自雇型的人，他事必躬親以確保工作的完成。或者它也可以形容你負擔了一些並不屬於你責任範圍內的事物，例如，覺得有必要為了另一個人而負起責任。

在有關健康的算法中，這張牌指示著背部和肩膀的緊張。請注意，這個人負荷著十根權杖的重量。他會達成他渴望的目標，只是目前的掙扎實在是不必要的。

兩性關係上的意義

當權杖十出現在兩性關係的算法中，它暗示著你想要對這項關係的持續成功負起全部的責任。然而，對一項兩性關係而言，這並不是一種務實的態度，因為牽涉到兩個或更多人，而且你也不能為伴侶的決定、行為或信仰負責任。

這張十可能意味著，假如你的兩性關係中出現問題或困難，你會完全歸咎於自己身上，而且只有你的行動可以修正整個狀況。

如果在牌形當中，它是伴隨代表生意或錢的牌，它可能暗示你太忙於生意上的利益，而忽略了追求兩性關係。

倒立的權杖十

權杖十的倒立通常是說，你太忙於和事業有關的事，而沒有去處理情感上的需求。長時間的工作、夜晚輪值，或在週末上班，是避免各種人際關係，或者忘掉一段特殊人際關係的某些方法。

權杖或是火性的人通常比較喜歡去接受一項新挑戰，而不是去解決一個既存的問題。在這個案例中，重量和數量都在增加其負擔，到頭來這個人有可能會在身體及情緒上都功虧一簣。

權杖十倒立，意指你需要分派出若干責任，以及解決目前的問題，而暫不進行任何新事物。如果這十根權杖掉在地上，你有三個選擇：你可以把它們拾起，並以不同的方式攜帶它們；你可以拾起它們，然後照原來的方式搬運；或者你可以丟下它們，並尋找新方向。

如果你決定把它們丟下，很重要的一點是：你一定要完全明白

這一次爲什麼你會負擔如此沈重。如果你不的話，你可能會沿路撿起另十根權杖，再度陷入以往的困境。

　　如果你瞭解爲什麼會被這十根權杖壓得喘不過氣來的過程，你就可以截然不同的方式重新開始了。寫到這裡，我知道自己也正體驗著權杖十倒立所傳遞的訊息——目前我在寫作三本書，閱讀三本書，講授一門精神科學的課程及計畫在明年進修。在進行這些事的同時，還要幫忙餵養一個剛誕生的新生兒。

權杖侍衛

權杖侍衛象徵一項新方案或
挑戰的消息或開始。

權杖侍衛意味一個嶄新的人生局面或新方案的開始。它通常是由身體上的行動來開始做某事的。塔羅牌的侍衛可形容孩子或任何二十二歲以下的人。

牌局中出現的侍衛可能是象徵透過信件、電話或訊息帶來新消息。然而它通常是形容一項新計畫或人生新方向的開始。

侍衛代表牌組中空氣的部分，權杖牌代表火。權杖侍衛就象徵火中的空氣元素。就一般觀點來看，這意味理念和行動結合而展開新方案或迎接新挑戰，或者換句話說，對你打算做的事進行計畫。

它代表思想先於行動，一個理念或計畫正在形成。這張牌表示你正在夢想或思考你將會達到的目標，及置於面前的挑戰。也可以形容展開一項方案的行動，因為權杖類型的人不喜歡急情。

如果這張牌代表一個小孩，他通常是情緒高昂、精力充沛、熱情洋溢、積極而且經常吵鬧的。你知道的，當這個孩子在屋子附近時，那分貝有多高。這孩子喜歡待在戶外，而且在下雨天可能很難找到娛樂。

大體上的意義

權杖侍衛意指該是開始某些新事物的時候了。它是展開一項新方案或旅行（如果有其他旅遊牌出現在牌局中）的行動，且將指引你一個新方向。

當牌局中出現了權杖侍衛，而你又已超過二十二歲，則它可形容想要掌控某新事物的行動——一項新工作，或某處理狀況的新方法。這狀況使你再度感覺年輕。

兩性關係上的意義

　　權杖侍衛意指開始一段新關係，或者是進入現有關係中的新階段。這個新階段需要多加強身體上的努力，因為權杖類型的人需要肉體上的活動，好讓他們覺得他們的努力是值得的。

　　在兩性關係的算法中，權杖侍衛可以單純表示該相關人士的本性，例如，一個充滿熱情但有時會失之急躁的年輕人。

　　用來描述一般兩性關係，侍衛牌所敘述的是一種激情的互動，充滿了戶外的追逐，並需要有充沛的體力。

倒立權杖侍衛

　　權杖侍衛倒立意指思考太多而行動不足或者優柔寡斷。侍衛的空氣元素會使他想知道所有的細節——為何、何物、何時、何處以及何人——光這些便足以阻滯行動的開始。

　　正立的侍衛意指你很快就能使計畫成形，而倒立的侍衛則暗示你花太多時間計畫，相對地，實現計畫的時間就少了。所以在行動之前猶豫不決是這張牌的另一個意思。

　　它可形容沒有能力開始新事物，或是可以幫助你展開新方案的消息來源遲延了。

　　侍衛牌倒立也可以代表一個孩子，或是二十二歲以下的人。這個人缺少某些正立侍衛牌所代表的狂熱和激情，而這可能是被環境或教養給壓抑下來的。

　　在兩性關係的算法中，倒立的侍衛牌可以表示一個不可預測的年輕人，他的烈性子或稍不留神，都可能在一段兩性關係達到顛峰前就停滯不前了。

　　這張倒立侍衛所形容的兩性關係是，由於不受拘束的狂熱或激情，或是伴侶之一需要經常性的挑戰，而使這段關係提早結束。

權杖騎士

權杖騎士意味旅行或改變。

　　權杖騎士所代表的是火當中的火元素。這張牌可以象徵行動、旅行、改變以及為了自身緣故的活動。瞄一眼這張牌就會得到火、活動、熱情及活力的印象。

　　權杖騎士和「節制」牌一樣是射手座的，許多射手座的特質都表現在這張牌上，包括需要挑戰、愛好旅遊和學習，並有教學的能力。這兩張牌在事業的分析上也都暗示以教書為業，或是研究和學習。

　　看得出來權杖騎士正在思考未來的行動，騎士正全神貫注於對想望目標的積極追求。這張牌經常代表一種態度──完成某件事情唯一的辦法就是自己動手做。

　　這張牌所描繪的男人（偶爾也畫成女人）有著火熱的天性，藍或灰的眼珠，和紅棕色的頭髮。然而這種長相只有高加索人符合，所以它應該是描述一個人的天性，而不是他的長相。為人坦率、積極以及行動力強，而且年齡通常介於二十一到三十歲之間。

　　有時候騎士也可以指比這年紀還要大的人，不過是個不成熟的人。這個人還不具備權杖國王所擁有的理解力。也就是說，他還不了解，旅程才是火的主要課題，而不是個目標。這課題通常要一直到許多的目標已經被達成，許多目的已經實現，而渴望依然存在，才會被了解。

　　這包含於優先順序的理論中：「真正的目的方向通常和目標成直角，而要達成目標必先對真正的目的有所理解。」舉例而言，蜜蜂在叢花間採集蜂蜜，那是牠的目標，但真正的目的則是授粉。

　　騎士的旅行大衣上有很多火精靈（火元素的象徵）。它們的尾巴沒碰到嘴巴，在國王身上則有，這暗示尚未完成的行動和未成形的計畫。

大體上的意義

權杖騎士意指改變、旅行和行動。在有關家庭環境的問題上，它暗示搬家住新房子。在工作的分析上，騎士表示一趟和事業有關的旅行，或者是換了一個新工作。它是一張代表旅行的牌，尤其是和王牌、權杖三或者權杖八一起出現時。

兩性關係上的意義

在兩性關係的分析上，權杖騎士代表一位積極、熱情的年輕人，有勇往直前的態度和喜愛征服一切的個性。他喜歡的是坦誠而非圓滑，所以他的溝通方式是直截了當的。

有時候騎士也可以形容一段在旅遊途中所形成的兩性關係。

倒立的權杖騎士

倒立的權杖騎士需要持續的衝突來分散他的精力，否則他可能就會變得在肉體或情緒上都不靈活了。

他一直在找尋但是一無所獲，因為他不斷地移動，而且未經深思的行動通常是沒有長進的，他總是在匆匆忙忙的行動中重複犯錯。這該是讓他的思考趕上行動的時候了，這樣才可能帶給他成長。

從一般的角度來看，騎士的倒立意味延遲、計畫中斷及不協調。遭遇對立的狀態時就失去耐心，也是這張倒立牌的意味。

倒立的騎士覺得自己很難把那些已經著手的事情給完成，他需要回歸成正立的騎士，在行動之前好好地做計畫。

在兩性關係的分析當中，倒立的騎士說明一個人對某段關係，不願意做出任何實際的承諾，因為他並不成熟。通常他相信「比較多就是比較好。」我用一位當事人來示範這種態度。他說：「為什麼要死守住一個女人，外面不是有一大堆女人正等著你嗎？」

權杖皇后

權杖皇后代表透過內在力量而達到成功。

權杖皇后代表火當中的水元素。換句話說，她是以水的方法得到火的教訓，水透過感情、情緒及直覺滲透到我們的生活中。

火性的人會積極地找尋目標，而水性的人者則是透過慾望、深思熟慮和耐心將機會拉向他們。這種火和水的組合，使皇后先在內心產生願望，藉此將所願望的東西拉向她。火性的生活態度很明顯地表現在她的姿勢和堅定的凝視中。

權杖皇后代表一個既堅強又直率的女人。她喜歡自己獨立的性格，也會鼓勵周遭的人這麼做。她樂於行動和組織，而且可能會忽略有時候別人並沒有請求她幫忙。

這張牌上面的向日葵象徵她的活力和積極的態度，而黑貓象徵她的直覺，可保護她免於傷害。在寶座兩側的獅子代表她內在的力量。在力量牌中可再度見到獅子，而力量牌和權杖皇后牌都象徵獅子座。另一張在占星術上屬同一象徵的牌是太陽。

權杖皇后描繪一個二十二歲以上的女人，有著熱情和友善的天性，色彩比較偏向藍或淡褐色的眼珠，以及紅棕色的頭髮。

這個皇后是依她的感覺行事，並運用她內在的力量達成她的目標。她是一個積極而自信的人，有很強的銷售能力和充沛的熱情。她喜歡行動勝過思考。

大體上的意義

權杖皇后代表透過內在的力量而達到成功。相信你所做的事，以及做你所相信的事，可以幫助你了解你的目標。

這張牌是在描述一個得到多少就會付出多少的女人。如果你令她難過，她會強力的保護她自己，而假如你是不公不義之下的受害

者，她也會為了你的利益而戰。

兩性關係上的意義

在兩性關係的分析當中，權杖皇后是描述一個誠實、熱心，並喜歡追尋伴侶的女人。她喜歡接受挑戰，而且當事情進行得太平順時，她會為了追求刺激的緣故，而惹下麻煩。

她喜歡運動和訓練體能，也較喜歡一個樂於接受挑戰的伴侶。她需要擁有很多屬於她個人的自由，而且一旦給予她這樣的自由，她將會擁有其他皇后所無法比擬的生氣和活力。

權杖皇后，結合了太陽以及（或者）力量牌，形容一種獅子座關係的兩難。這包括以兩性關係為代價換取事業的成功，或者是用事業為代價換取兩性關係的成功。這是一種蹺蹺板式拉鋸局面的安排。重要的是從愛當中發現力量，也就是說，擁有一種親密的關係，在其中既非你支配別人，也非別人支配你。

倒立的權杖皇后

在兩性關係分析當中，權杖皇后的倒立是說她可能看不到自己的力量，並且淹沒在恐懼及慾望當中。從另一方面來講，她可能是跋扈而專權的，四處挑釁，好提醒她自己還活著。

舉一個發生在許多年前某個夜晚的例子，當時我和幾位朋友外出。那是一家位於安靜社區的飯店，正要打烊，警察就站在小路上，以確保飯店的客人安靜地離開。我朋友和他女朋友都喝醉了，而且吵得很大聲。一名警官要他們把音量降下來，他女朋友的反應是毆打警官。結果他女朋友被拘捕了，並被關了一晚。我朋友賣掉女朋友的馬鞍來籌她的保釋金，而就在被釋放的一個小時內她讓他因竊盜而被捕。這齣戲碼持續了好幾個星期，而且我確信她深愛這期間的每一分鐘。

　　權杖皇后可能常常會給別人建議，而這些建議其實很適用在她身上，因為她否定內心所壓抑的東西，並將它投射到別人身上。她常常在還沒有搞清楚狀況之前，就縱身該情境中。她也可能會為那些不需要她支援的事挺身而戰，亦可能在處理事物的方法上顯得笨拙。

　　倒立的皇后也可能覺得生命已經給她遠超過她認為所能克服的，而這可能導致自我懷疑及喪失掉當她正立時所擁有積極、有信心的本性。然後她會假裝有自信，變得容易嫉妒別人，當她的朋友成功時，她會一心想與對方競爭。

　　它也可能在形容一個女人因生病、疲憊，或失去方向及需要支援而使她的火焰消沈。她需要恢復她的力量、勇氣及希望。

權杖國王

權杖國王暗示經由自律而成功。

權杖國王描繪一個強壯的人，能夠透過他的意志力來領導及統御別人。他對自己有堅強的信念，因為他的信心是建立在自身的經驗上。他知道他的方法有效，因為他嘗試過也試驗過這種方法。

他為人誠實、積極而坦率，而且經常願意接受新挑戰。他認為過程比結果還重要，而且拒絕任何拖泥帶水的挑戰。

權杖國王代表火中土的部分。「土」喜歡務實的、可確知的事物，而且一旦投入時間和努力就會要求具體的成果。這並非暗示他是一個極具耐心的人，他只是比過去的騎士時代更懂得自律罷了。

國王形容一個熱誠、有活力並且直言不諱的人。一般而言，他可能有藍眼珠和紅棕色的頭髮。通常是個超過三十歲的男人，不過如果這張牌指的是牡羊座的人則是例外。當這張牌和皇帝與寶劍騎士一起出現時，它就是一張代表牡羊座的牌。假設這張牌是指牡羊座的人，他們就可能小於三十歲，或指女人。

牡羊座的課題就是自律的課題，而國王就是一個這種例子。他坐下來，靜候最佳時機，當它到來時，他已經養精蓄銳並準備好盡全力經營了。他可能沒有辦法忍受那些沒有像他這樣經營人生的人，尤其是當他面對脆弱或絕望時，因為這些並非他既存的經驗。他是一個已經能夠駕馭內心之火的人，而且由於土的影響，已經產生正面、明確的結果。他尚未喪失騎士對行動的熱愛，然而他已經知道行動會決定結果。

這張牌上的獅子象徵國王內在的力量，而大衣上的火精靈的尾巴已經伸進嘴裡形成一個圓圈了，這象徵他對目標與火元素的可能性的理解。

大體上的意義

權杖國王代表透過自律和耐力而成功。自律可以讓你超越自己，因此你就會有充分的時間和體力來掌握更好的機會，讓你完成已著手之事。這張牌形容一個堅強，而有時獨斷的人，通常他的言行都很坦率，適合從事銷售或任何以目標為取向的工作。

兩性關係上的意義

這名男子喜歡帶有挑戰性的兩性關係，和權杖皇后是天生一對。在效率方面，你可以看見他坐在他的王座上，等候適合的女人來伴隨他。他們將一起向還沒有夢想到的目標航行。

他喜歡戶外活動，並需要一個可以輕鬆地趕上他的活潑伴侶。他既不多愁善感也不會太羅曼蒂克，但是他有一種勇敢和富冒險的精神，這就足以讓任何兩性關係顯得有趣了。

倒立的權杖國王

當權杖國王倒立時，可能象徵你身體所儲存的能量偏低的一段時期。它意指你的健康需要透過休息和溫和的休閒來重新平衡的一段時間。

國王的倒立暗示一個人的心理比他的實際年齡還要年輕。對他而言，承諾始終是個問題。他寧願轉而接受一個新挑戰，也不願面對一個急需解決的棘手決定。他可能比正立的權杖更具寬容之心，但卻較少自律。

就日常生活而言，這張牌可以暗示你趕在你自己的前頭，而忽視你目前的機會，因為你的注意力集中在未來的可能性。它也可能暗示失敗乃肇因於缺乏自律。你可能會投入全副精力從事某個方案，到頭來卻發現只要花一點點精神就可順水推舟地做下去了。

權杖牌組的故事

下面這則故事網羅了十四張權杖牌，並且穿插了權杖或火的類型的課題。四張宮廷牌（國王、皇后、騎士和侍衛）代表一個家庭單位：父親、母親和兩個兒子（或一兒、一女，因為侍衛較無強烈的性別區分）。這四張牌代表了四種處理火的課題的方法。

當侍衛還是個孩子的時候，就對父親的旅行、征戰、探險和成就等故事相當著迷。後來，當他變成騎士的時候，他的迷戀減弱了，取而代之的是親身去經歷這些事。

騎士偶爾會和他的父親起衝突，因為父親老想要管教他，母親則居中扮演排難解紛的角色。她知道兒子目前的態度就和她丈夫年輕時很類似，而這一點對國王而言，卻很難理解。

由於感到百般受限，騎士決定離開家園，去旅行，去經歷改變，以及獲得一些人生的直接經驗。權杖王牌顯示出他明白自己已經不能長久地待在家裡了。

在權杖二當中，騎士正在展望未來，並權衡他的選擇。雖然待在家裡很安逸，但就是太平順了。

在權杖三當中，他已經決定好行動的方向了，等候著適當的時機以便展開行動。他可能是到處搜索，或是告訴他周遭的人，他想要找一個新家。

在權杖四當中，他展開遷移行動，並在一個新家安頓下來。在這張牌可以看到快樂，以及處於「蜜月期」常有的愉快。他很高興能夠和一些身分與他相同的人住在一起，這是他對家的記憶的解脫。

在權杖五當中，問題出現了，因為對於事情該怎麼做，五個人

就有五個意見。他們在不同的環境下成長，而且都打算堅持以曾經被教導的方法行事。有些人容許家裡凌亂，而有些人則被教育著要整齊和清潔，緊張的氣氛已經升高了。

在權杖六當中，他提醒自己，這幾乎和待在自己家裡一樣，因爲情況越來越像了。緊張和權力鬥爭處處可見，他又再度搬家了。這次他監督自己以及周遭的人朝向一個共同的目標，而營造出一個新環境。藉由集合思想一致的人，他已大幅地降低了緊張，並開始接受有關領導能力的挑戰，他一天一天變得更像他父親了。

在權杖七當中發現他又事事處於上風了。占上風是一件多麼興奮刺激的事，所以他總是會提醒自己還有更大的挑戰可以去迎接，以及更重要的目標要去參與，其中之一就是他起初的計畫——去旅行。現在他必須一人作兩份工作好存下錢來，雖然困難，但他仍覺值得。

在權杖八當中，他出發去旅行了，並發現他對生活的熱愛，以及他未曾經歷過的自由。他發誓絕不會停止旅行，而且對於那些可以只停留在一個地方的人感到奇怪，因爲整個世界都在等著你去觀賞和享受呢！「爲什麼沒有人告訴我這個，而我該如何讓別人不要發現呢？」這是他所發展出的態度。他覺得自己生氣盎然，而且也體會到，在權杖七當中所有的努力的重要性。

在權杖九當中，完成旅行，他發現他需要另外的衝突或挑戰來餵養他對刺激的渴望。檢討他過去的失敗和成功，爲自己做好迎接新的而且更重大挑戰的準備。注意他依然往外尋找衝突或挑戰，卻不知道衝突的來源實根植於他的心中。

在權杖十當中，他發現了更大的挑戰，那些他尚未處理完成的事變成了他的負擔。這張牌的課題是組織、授權、計畫和解決。

當他精通了這個課題，馴服或修練了內心的火之後，他就變成了權杖國王。在這張牌中，他正展望他下一個挑戰，也在等著他的

皇后來加入他，如此一來他們便可一同旅行了。

　　現在他明白了過程遠比結果更重要，而權杖皇后正是那個使過程變得美妙而有價值的女人。

宮廷牌

有時候對於一張宮廷牌應該是指一個人或一種狀況，可能會令人困惑，不過，多做一番練習你很快就可以自動做出決定。

最近，有一個年約三十五、六歲的人來找我占卜，而且很害羞地問我有關兩性關係的事。在他選好牌之後，他很緊張地解釋說，他以前從未擁有過任何一段兩性關係。然而開牌後所有四張皇后和女皇都出現了。我笑了：

「或許你到目前為止都不曾有過一段兩性關係，但是在未來的兩年內，你將會補償你所失去的光陰。」

「嗯……最近我碰到了一名女士，事實上是上星期。」

「一個火般熱情而獨立的金髮女子嗎？」

「對啦，那是她。我是透過介紹所認識的。」

由於加入這個機構，他將會遇到許多女人，而所有的皇后牌都出現了，正足以證實這點。

有時候我會視倒立的聖杯皇后，是當事人在情緒上無法原諒或對過去釋懷的表現。倒立的聖杯國王也可能暗示同樣的事情，而不管在你面前是何種類型的人。例如，五角星騎士的典型也可能以倒立的聖杯國王出現，假如他們都對過去感情上受的傷害仍耿耿於懷的話。

倒立的寶劍皇后可能象徵詢問者曾經在精神上傷害過自己，而倒立的五角星皇后則可能象徵缺乏自信或自我價值。

兩張國王牌，或一張國王牌與一張騎士牌，可以形容在同一個人身上交替出現的兩種特質。

最近有個女人在問她丈夫的事情時，翻到了寶劍國王和聖杯騎

士。在確定那並不是指兩個不同的男人之後，我暗示說他是個思想敏銳而生意手腕機伶的人，而情感則比較幼稚及理想化。她笑了：「那是戴瑞歐，白天他是個律師，到了晚上他就成了我個人的詩人了。他在房子裡到處留下給我的詩，甚至有一天早上他把自己藏在一個超大型的箱子裡，請人把他送到我家門口。當我告訴他我想要有個孩子時，他一連十六天每天都送我一對兔寶寶。到了第十七天他把自己打扮得像艾洛斯（Eros，愛神），並帶了一瓶香檳和一部嬰兒車回來。」

　　通常四張國王牌和騎士牌指的是男人，而四張皇后牌則是指女人。侍衛則代表年輕的男性或女性。

　　其他很明顯指男性的牌在大阿爾克納牌中包括了：魔術師、皇帝和戰車。形容女人的大阿爾克納牌則有女教皇、女皇以及偶爾也可以代表的星星。女性以國王的身分出現的機率是相當小的（或許兩千副牌中會有十次）。

單張牌的算法

最簡單的塔羅牌算法是只切一張牌，對於只要回答是／否的問題，或者想要迅速地洞察一個問題或狀況，這是一個好的算法。

切一張牌的算法其程序如下：

1. 迅速地洗牌，只使用那些你所熟悉的牌。假設你是經由本書來學習，那麼就先只用權杖牌，直到你已經學過了其他牌組。

2. 把這些牌面朝下放在桌子上，然後很明晰地想著你的問題，接著切牌。

3. 把你手上這些牌翻過來，好讓它們面朝上。你翻過來的最上面的這張牌就是你所要算的牌。

最好每次只問兩或三個問題，否則你很容易混淆。如果你不能把最上面那張牌和你的問題連接起來的話，只要直接翻下面那張牌就可得到進一步的訊息了。

你應該問那種你有心理準備的問題，免得答案讓你受到不必要的驚慌。而且你要把你的問題一字一句地講清楚。

例如，有一天，一位朋友在我不知情的情況下切了我的牌，接著整個午飯時間人顯得相當憂慮。我問他出了什麼事，他卻問我戀人牌是什麼意思。我說那可能代表一段新的兩性關係的開始，或者是既存關係的一個新階段，同時它也可能意味著要做決定。

我問他為什麼對此感到好奇，他說他用牌來問是否他的伴侶已經陷入很深的兩性關係。從切一張牌的算法所得到的答案讓他證實了這一點。

　　「當然有一種很深的兩性關係。」我告訴他說：「她是很希望和你建立一種深厚的關係。」

　　你問問題的方式不一樣，得到的答案可能完全不同。如果你想到莫斯科旅行度假，你可能會問一連串的問題，例如：

　　1.到莫斯科度假是一種明智的選擇嗎？

　　2.在未來六個月內到莫斯科度假是明智的嗎？

　　3.對我而言，有沒有更適合的度假地方呢？

　　4.對我而言，今年內去度假是否明智？

　　如果我問的是問題1，而得到正立的權杖四，那麼我會把答案解釋為「是的」。如果問題2的答案是權杖三的倒立，我會將答案解讀為「不」。

　　如果問題3的答案是權杖國王的倒立，我會解讀為「沒有」，而關於第4個問題的答案若是正立的權杖十，我會把它視為「是的」，但是需要一番努力，也就是說，你必須要很努力地工作，才付得起這趟假期的旅費。

　　盡量不要問一些過度情緒性的問題，因為對於某特定結果有太多感情因素的話，可能會影響分析。例如，你可以問牌：你該怎麼做來確保未來兩年內，你的兩性關係會呈穩定發展；而不要問牌：在未來兩年內你的兩性關係是否即將破裂。因為前面這個問題會在你的生活及兩性關係上賦予你若干責任。

　　做切一張牌的練習是個好主意，因為你早一天開始做一些簡單的分析，你就可以早一天領悟塔羅牌的奧祕。

倒立的牌

當一張牌對分析者倒立（放顛倒了），即應做反面意義的分析。牌會顛倒是因為詢問者在洗牌時就已經把它反過來了。

可以預料的是，有些牌在詢問者拿起來之前就已經放反了。身為分析師，你也不必特意地將牌放正，因為這樣做既無意義，也浪費時間。例如，假設你是在市場裡，或者命理博覽會中一列分析師當中，那時間都相當有限，而且通常客戶會大排長龍。

大阿爾克納牌和小阿爾克納牌的倒立，都象徵詢問者尚未精通前一張牌正立時的課題。例如，權杖三的倒立意味計畫的延遲。這意味須回到正立的權杖二，以決定他們所想要的。

權杖十的倒立可以形容太忙碌於任務，而沒有看到前面的路。這可能意味需要回到正立的權杖九以衡量過去的失敗和成功，如此一來，詢問者才能決定他們需要做什麼，以及將什麼自生活中排除。

例外的有小阿爾克納牌的王牌、宮廷牌（因為它們不是照號碼順序排列）。當王牌出現倒立時，意指詢問者還沒有熟練該色牌中正立十的課題。權杖王牌的倒立出現在有關展開新的兩性關係的問題時可能意味著遲延。詢問者必須先解決先前關係（權杖十）中懸而未決之事，然後才可以開始著手新的關係。

顛倒的權杖五則是比較正面積極，不過也有可能意味著回到正立權杖四的穩定狀態。其他表示轉為正面積極的還有教皇（大阿爾克納中的五）、魔鬼、高塔、寶劍八、寶劍九及寶劍十。

當宮廷牌倒立時，身為分析師必須決定是否再加一張牌來確定詢問者是因為事情太多而感到疲累，或是意指對方個性中消極負面的部份。

　　倒立的權杖國王可能表示對方為生活中的瑣事或重大挑戰所累，也可能表示對方拒絕承擔、追求自由和成功的捷徑。

　　倒立的權杖六意指無法達到目標的失落，或是（回到正立五）分散的能量與不能專心一致而導致失敗。

相關的牌

意義	符合這種詮釋的牌
死亡	死神；高塔；空牌；審判；十；六；寶劍的十、六、四、三。至少要有上述牌中的四張才算是暗示肉體上的死亡。
因果循環	正義；審判；星星。
即將出現的合法性	正義；寶劍國王和寶劍五。
冥想	聖杯和寶劍的四；女教皇；懸吊者。
花掉的錢	倒立的五角星王牌、四、六。
借來的錢	五角星六和十。
賺來的錢	五角星的六、八和九。
缺錢	倒立的五角星王牌、二、九和十；正立的五角星五。
存下來的錢	五角星王牌和四。
搬家	權杖騎士、四和三。
懷孕	女皇；五角星的九加上未來的位置上出現四個侍衛中的任何一個。
兩性關係的付出	權杖六和四；五角星八；聖杯十和三（慶祝）；女皇（家庭關係的穩定）。
學習	五角星三和八；寶劍王牌；節制。 女教皇代表心靈的或精神層面的學習；正義代表學習法律；教皇代表宗教或哲學的學習；隱士代表自我探索；魔鬼代表對事業或實際計畫有幫助的學習。
旅遊	節制；權杖騎士；權杖王牌、三和八；寶劍六。
航空旅遊	寶劍侍衛；權杖八。
陸地旅遊	戰車加上寶劍侍衛；權杖八。
海外旅遊	權杖八；寶劍六。
生動的夢	月亮；寶劍九。

3
增進你的技巧

▼
聖杯牌組
▼
聖杯牌組的故事
▼
空白牌
▼
寶劍牌組
▼
寶劍牌組的故事
▼
塔羅牌占卜的準確性如何？
▼
五角星牌組
▼
五角星牌組的故事
▼
回答有關錢的問題
▼
利用直覺來分析

聖杯牌組

聖杯牌組代表的是水的元素。水不會自尋挑戰或衝突，並自得於隨生命之波而逐流。火堅持獨立和分離，水則理解，由宇宙的角度來看，我們都是整體的一部分，任何與他人的衝突都是我們與自己衝突的一種反映。火象徵我們的行止，水則顯示我們是什麼，因爲雖然河流中的水經常改變，但河流本身則維持不變。雖然生活改變了我們的外表、處境，及落腳於何處等等，而我們眞實的自我則完整如初。

聖杯代表愛和想像，及被動的創造力（它們也可以代表積極的創造力，當它們與權杖的行動力和五角星的世俗結合時），還有和諧以及透過情感來理解人生。聖杯的典型態度是透過愛來給予和接受。

聖杯的宮廷牌代表占星術中水的象徵——巨蟹座、天蠍座和雙魚座。聖杯牌指的是某一種類型的人，或是一個人的創造力，而非只是指占星術上的符號。

一般而言，聖杯類型的顏色是藍或淡褐色的眼珠，以及棕金色的頭髮。很明顯的，並非所有的聖杯類型者都是這樣的顏色，所以除了指顏色之外，還可以指一個人的本性。

當一張小阿爾克納牌伴隨一張宮廷牌時，通常比較能夠詳細描述出這張宮廷牌所代表的人的顏色。例如，聖杯牌的皇后伴隨著五角星的四（五角星類型的顏色是黑色的頭髮和眼珠），可能是形容一個有藍或淡棕色眼珠，以及棕黑色頭髮的女人。她仍是個敏銳而富創造力的人，只是顏色稍微深些。假設一張權杖牌伴隨聖杯牌的皇后時，那麼她可能有著紅色的頭髮。

　　水的元素告訴我們：愛是通往心靈滿足的途徑。不論是付出或接受愛都很重要，因為感恩和迎合他人的需求都是同樣重要的。容許別人為你付出是很重要的，因為當你心存感激接受時，你表現了你對他們的重視。這會使得友誼或者一段兩性關係更形親密，彼此更互信互賴。

　　消極的聖杯類型常常不能在愛當中得到滿足，或者是不能原諒過往生命中的某人，重新去愛。我們的生活重心是讓愛的需求得到滿足（不過這也可能被金錢、權力等的需求所取代）。當這個需求沒有被滿足時，聖杯類型者可能變得壓抑、冷酷和憤世嫉俗，或者乾脆以其他的需求或某種更容易被滿足的需求來取代愛。嗜吃巧克力或嗑藥與喝酒都可能是需要愛的一種偽裝。

　　如果聖杯類型者無法滿足他們對愛的需求，他們可能會終日沈浸在白日夢中。最後，他們可能會向外尋找刺激，通常是找那些過於刺激之物，例如藥物、酒精、肉慾或賭博。這可能會造成一種觀念：他們所尋找的愛或滿足是來自他們的身外之物。

　　當聖杯牌以倒立出現時，可能意味著以壓抑或扭曲的態度去愛。在這種狀況下，聖杯類型者害怕愛是匱乏的，或者假設他們付出愛，他們將失去他們所擁有的愛。結果，我們就可經常在不平衡的聖杯類型者的人際關係當中發現權力鬥爭。當生命並沒有給他們所渴望的，他們就可能會變得冷漠，而且還會藉由幻想來逃離現實生活。就像水，他們會停止生命之流，變成一灘死水。

　　大體而言，倒立的聖杯宮廷牌可能暗示一個人還放不開感情上舊有的創痛。該是他們寬恕的時候了，如果還想讓愛的新養分進入他們生活的話。聖杯牌象徵接納和理解到愛不能被占有，只能被接受。

聖杯王牌

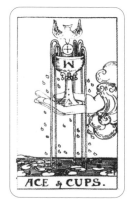

聖杯王牌意味情感的連結和
滿足。

聖杯王牌代表一個開始。當牌局中出現王牌時，暗示生活當中存在著快樂、愛和喜悅的機會。它可能意味著你正要進入情感滿足的一段時期。

這張牌上面的白鴿和聖餐代表心靈上的基礎，這基礎賦予情感機會真正的意義。如果沒有這個心靈上的基礎，情感的滿足無法包含於你的靈魂，或你生命的核心中，而原本可能成為持久的滿足的東西則變成僅只是一些新奇之物而已。

王牌不只意味一個情感滿足的時間，也是持續你心靈發展的一個機會——透過愛，這個最令人振奮、有用的方式。

牌中的手從雲（心靈）中伸出，握著一個聖杯，水自其中溢出，流進下方池塘這象徵情感滿足的來源是心靈，而且當你與心靈越加投契時，你就能享受更多的愛以及比你所預期更豐盛的感情。當心靈在我們生活的許多瞬間契合了，即使是一些小小的事情也能讓你充滿喜悅，像是一個陽光燦爛的日子、一朵孤零的小花、一抹嬰兒的微笑，或是看見一隻小昆蟲在卷曲的葉子當中建造家園。而當你失去這種契合時，你會在挑戰中尋求滿足。

當我走筆至此時，我兒子正坐在我後面的地板上，置身於他的玩具中。他太小了還不會說話，但是他的笑容簡直勝過所有言語所能表達的。他的笑容發自內心，並直達我內心深處，讓我充滿喜悅。我看到了最純潔的愛，我體驗到聖杯王牌的意義。我知道這份愛是純潔的，我感動得想哭。一個微笑這單純的動作竟使我變得謙卑。

大體上的意義

聖杯王牌代表某種感情的開始。相對於權杖王牌所代表的肉體上、體力上的開始，它暗示你已打開心扉接受新機會。它可能是一

段新的兩性關係，或既存關係的新階段，例如，一個更深刻的承諾、嬰兒的誕生，或一種新層次的滿足。此時正是你感覺情感滿足的時刻。

王牌描述的是透過感情和生活產生連結。你可能正經驗著正立王牌的滿足感或滿意感。或許你正展開一項你全心期待的計畫，或是一次旅行。

兩性關係上的意義

在兩性關係的算法中，聖杯王牌確實是一張相當積極的牌。它可能是在暗示你兩性關係當中的某個人正在幫助你和你的心靈目標連結。這段關係正提醒你心靈的泉源，並以愛將你和那泉源連結起來。

王牌也可能意指一段新關係，或一段既存關係中的新階段。

倒立的聖杯王牌

當這張牌倒立時，牌上面畫的手就不能握住杯子了，而杯內也裝不住任何東西，上面的鴿子也找不到入口進來，那麼牠就無法帶來心靈上的祝福了。

當王牌倒立時，杯內的東西就會洩出來，意味情感和心靈上的空虛。它可能暗示不快樂是因為某種情感破裂的狀況。為了克服這種狀況，你需要發展出內在的和平和寧靜。沒有了這種和平，你的情感可能會遮住你對生活的視野，或是限制了你的成長和發展。

王牌倒立意味你已經和心靈目標失去連結，失去這份連結，你將逐漸在情感上、創造力上以及肉體上越來越感到饑渴。你須觀照內心尋找愛的泉源，而且從對人生的期望中解放自己。這張牌可能意味你與生活以及心靈之路脫節，所以你才會無法辨識生活所提供給你的各種機會。花些時間深思你真正的目的，可幫助你重獲清晰

的遠景。

　　王牌倒立可能還意味著你無法包容生活所提供給你的情感上的機會。或許你認爲你正在做的那些不必要的事遠比心靈上的價值還更重要。例如，當我坐在這裡打字時，我感到困厄。當我看到我身後那小寶貝時，我爲我的緊張嚴肅啞然失笑，因爲我看見了心靈的能量透過肉體的形式呈現出來。他在最簡單的事情當中發現歡樂，而我卻在複雜而結構化的世界當中失去快樂。

聖杯二

聖杯二意指一種平等的伙伴
關係或兩性關係。

聖杯二是形容一種合夥、朋友或親密關係。牌上畫著一男一女面對面，手中各持一個杯子。天空相當晴朗，身後的樹當中有一間房子。

兩人把杯子舉在同一個高度，意味著平等互信。這可能是在暗示一種平等的愛或生意關係，或任何密切的團隊努力或有利的合作關係。

由棒子上的兩條蛇和長翅膀的獅子顯示出，這男人和女人有一種心靈上的契合。棒子象徵人類的脊椎，蛇則代表由能量中樞傳達能量到脊椎的管道。就男人而言，這能量中樞位在脊椎底部，而女人則介於兩個卵巢之間。

這對男女上方長翅膀的獅子代表能量中樞的頂端，其間充滿了心靈和性的能量。就是這種能量導引你去形成各種人際關係，並可能讓你對愛有更深入的了解。

經由結合男性在行動、力量、活動方面的特質，以及女性在情感、想像及直覺上的特質，他們可以互相學習，同時都變得多產而富創意。

大體上的意義

聖杯二意指一種心靈上的契合。它形容一種既豐富又有創意的友誼或兩性關係。當牌局中出現此牌時，它意味著透過愛來連結你和對方的特質，那麼你可能會獲得某些比你單打獨鬥的成就還要來得大的東西。這或許可用一句話來作結論，即全部比部分的總和還要大。

在事業的分析上，這張牌說明一種平等的合作關係，而且均蒙其利。他們都能各自貢獻出一些東西，他們的努力也各有所獲。

兩性關係上的意義

在兩性關係分析上，聖杯二可能暗示結婚或是你和伴侶之間深入的承諾。這種深刻的互動使你可以超越肉體的束縛，如同長翅膀的獅子所象徵的。遠處的房子暗示這份結合將可穩固。

在兩性關係分析當中，翻到它可說是一張正面的牌，因為它說明了一種兩個人之間的受與授是平等的關係。這份關係的特色是承諾、親密、興趣和分享，而且通常會令他人由衷讚賞。

倒立的聖杯二

當聖杯二倒立時，是在形容一種極端的兩性關係。今天還充滿愛、和睦、和諧，一如這張牌正立時的特質，但是明天就變得緊張、衝突和權力鬥爭。

當這張牌倒立時，愛退讓而恐懼登場，而且由於愛和恐懼是對立的，兩者無法共存。它暗示你的兩性關係可能是極好或極恐怖的，並且在兩者之間擺盪。當你恐懼對自己或情感失控時，你會設法去控制它們，而你的伴侶亦如是。這張牌亦可形容由於一種不平等或不平衡的友誼或兩性關係，而令你耗盡心神。

有時候二的倒立也暗示著一種兩性關係的結束，不過是不是這個意思還得看它周遭出現了什麼樣的牌來決定。或許伴侶之一對對方並沒有那麼深的承諾，或對對方沒有那麼的在乎。

當此牌倒立時，它可能象徵火和水之間的衝突，而這又是導致行動和情感的分裂。這張牌強調的是平衡的需求。一個人有可能正在消耗另一人的創意、情感或心靈，使對方幾乎喪失自發性和成長的空間。

以生意夥伴而言，這張牌是形容兩人陷入一種權力鬥爭，或是合夥人或同事意圖控制對方。

伊娃在做整體分析時，這張牌出現在過去的位置上。

「老實說，我從不曾有過任何一段兩性關係，就更別說兩性關係的權力、鬥爭了。」她解釋道。

為了澄清這件事情，我要求她選出另一張牌放在聖杯二旁邊。她選了權杖十。我問她這種權力鬥爭是否發生在事業上，她想了好一會兒，然後回答我她很滿意目前的工作，其中並無權力鬥爭。我們似乎摸不著頭緒了。

「那麼在這之前的工作有沒有權力鬥爭呢？」我問她。

「不，根本沒有。」她回答。

「那麼妳為什麼會離開上一個工作呢？」

「是因為我上司，她幾乎令我抓狂。她暗地裡利用公司的錢來支付她購屋費用，而由於我知道這件事情，她讓我六年內無法升遷。」

「妳覺得妳應該獲得晉升嗎？」

「當然，而且當公司發現我想要時，他們也這麼做了。」（權杖十意味著她工作努力，而聖杯二倒立則意指一種權力鬥爭。）

「妳和妳上司的關係，妳認為那是一種權力鬥爭嗎？」我持續地問下去。

「那絕對是的。」她回答。

聖杯三

聖杯三意味慶賀或重聚。

聖杯三意指歡樂、分享或慶賀。這張牌通常會出現在聖誕節之前的幾個星期中，因為大多數人即將舉行祝賀。這張牌上所畫的三個女人正在慶祝豐收，她們辛勤的成果就展示在她們的腳邊。這是一張意味通過障礙的勝利，或者工作產生成果的牌。

聖杯三通常指一次出現了若干個機會，有時也指一種不是「充滿機會就是完全缺乏機會」的狀態。換句話說，當你得到一次機會時，一定還會有其他的選擇機會。

牌上面所畫的三個女人，被周遭成熟的果實包圍著，而其中甚至有一人的左手拿著一串葡萄。這意味努力已產生結果，或工作已經得到了報償。開牌若出現這張聖杯三，即表示報償或經驗的分享。正立的聖杯三亦可意指團體、聚會和開會。

大體上的意義

聖杯三是一張代表慶祝、團圓或當所有參與者帶來歡樂的一種聚會。這張牌可以暗示由三人或更多的人來分享成功。我的一位顧客最近來問我，在近期的一個方案中，她這一隊是否會雀屏中選，結果這張正立的聖杯三證實她將會成功。

在另外的例子中，珍妮絲被解雇了，然後花了十星期的時間找各種不同類型的工作，結果都失敗了。接著她的牌局中出現了這張牌，我向她解釋說，她會有幾個工作機會可以選擇，在那之前，她可以放輕鬆一點。一個月之後她來電說，在一個星期內她得到了三個工作機會，隔一個星期又得到一個。

兩性關係上的意義

在兩性關係分析當中，聖杯三通常意指快樂及分享，或者一次成功的重聚。它也可說明在一種特殊兩性關係中的某個第三者，而這可能是指一個小孩（聖杯二的產物），或者，如果是指大人的話，它可能在暗示從幾個伴侶當中選擇一位。

再說一次，這張牌表示兩性關係的可能人選「不是太多就是根本沒有」的狀態。在某個時期當中，你可能無法找到一個合適的人，但是一旦你找到了，可能將會有兩個以上的伴侶可以選擇。

倒立的聖杯三

聖杯三的倒立象徵因沒有得到預期的結果而感到不快樂或失望。此時杯子倒轉過來，而無法承接在正立時所容納的愛。這張倒立的牌可意指由於缺乏支持而導致友誼或兩性關係的失敗。有時候兩性關係中的第三者是導致不穩定的因素。

短暫的相聚或飛逝的機會也是這張牌的意思。當開牌時出現了寶劍七，則暗示一段桃色事件，或是某位朋友或親人從中阻撓。

這張牌也可能意味著積極、成功，然而卻短暫的狀態。假如你能接受它是短暫的，那麼你就會覺得快樂；如果你堅持要使這種暫時的狀態成為永久，那麼失望當然就會跟著來了。

許多年前，有位朋友在代表現在的位置上翻到了聖杯王牌，而聖杯三則出現在代表問題周遭的能量的位置，聖杯騎士出現在代表她兩性關係問題的答案的位置上。

我向她解釋道，在四個禮拜之內，將會有一位既溫柔又有創造力男性走進她的生命之中，對方有著藍色或淡褐色的眼珠，以及金棕色的頭髮。這張牌所顯示的是說，雖然這是一次心靈及情感成長的大好機會（因接著她又選到了一張聖杯二，位於王牌旁邊，出

現在代表現在的位置），然而這兩性關係將是短暫的。

「無所謂，我不介意這是不是短暫的。」她說。不過我倒覺她有些言不由衷。

四十八小時之後，我所描述的那名男子果真進入了她的生活，而且他們幾乎可說是立刻就愛上了彼此。六個星期之後，他離開她繼續他的環球旅行，因為他是一名四海為家的演藝人員。她既悲痛且憔悴地回來找我。

「為什麼他非走不可呢？」她連續不斷地問我。

我再一次解釋道，那是一次相當成功的兩性關係，也是讓自己成長的絕佳機會，因為她愛過、笑過，而且在那幾個禮拜內紮紮實實地享受人生。接著我又強調她目前這種進退兩難的處境，實在是因為她無法接受這份關係的本質原就是暫時的。

在工作環境當中，這張牌倒立可能暗示這些人並沒有如一個團隊般地一起工作，而是互相競爭。這當中看不到牌正立時所顯示出來的喜悅，因為每個人多多少少都在防著別人分享或侵入他的工作領域。

聖杯四

聖杯四暗示要留意目前感情上的機會。

聖杯四可說是一張代表冷漠無情或不滿足的牌。牌上所畫的這個人無法從三個杯子中得到滿足，或無法滿足於他眼前的機會，不過只要他準備好向自己的內心尋找，他還是有很多可得到滿足的機會的。這張牌告訴我們，你必須將自己和心靈的目的結合起來，如此才能確實掌握住滿足的泉源。

男子的旁邊，一隻心靈之手拿著一個杯子。當他夢想杯子王牌時，他的眼睛緊閉以拒絕肉體上的機會。在聖杯四當中所必須學習的課題是，和心靈維持連繫或記取在王牌中所得到的經驗，同時也要和肉體的世界保持連繫。

此人是以冥想的姿態席地而坐，打開心靈之門，準備好迎接到來的一切。如果他只準備好追尋外在的東西，那麼他很快就會對他生活中的事物感到厭煩，但是他如果只打算探索自己的內心世界，也可能會失去肉體世界清晰呈現出來的愛。

在他面前的三個杯子可說是他內心世界的直接反映。如果他能和他的內在或精神層次的自我，以及內心的需求相結合的話，那麼他就較容易和身外的人們、狀態，以及機會產生關連。而倘若他一味地和他的精神需求疏離，則身外的機會亦將無法滋養他。

大體上的意義

聖杯四在告訴我們，應該睜開我們的雙眼，在那些機會自眼前溜走之前好好地把握住它們。當你內心感到越充實時，你對外在的需求則越少。你越深思熟慮或將焦點放在內心，你就需要越穩定的基礎（或與土地有更強的連結）來平衡你自己。

聖杯四可以指你正在納悶，你先前經驗到的滿足跑那裡去了。

瑪莉安這麼說：「彼得和我，我們一開始進展得很好。簡直就是天堂。我們之間是那麼緊密地連結著，但是在這過程中，我們卻似乎喪失了什麼。」

在聖杯王牌當中，你的伴侶可說就是你的一切，然而到了聖杯四，就該是找一個適當的位置來安頓你伴侶在你人生中角色的時候了。你的伴侶關係是重要的，不過朋友也很重要。將你生命當中所有事物做一個適當的連結，可說是聖杯四所必須迎接的挑戰。

兩性關係上的意義

在兩性關係分析當中，聖杯四意味著由於你和心靈能源缺少一種內在的連結，而發生感情不滿足的現象。它暗示你有逃避肉體關係的傾向，而且太過依賴別人來滿足自己。

這張聖杯四代表探索自己內心世界的一段時期，並且由若干你所需的簡單事物中來重新認識你自己。這張牌的另外一層意義則是：為一段新的合夥關係或親密關係（第四個杯子）找尋它在你生命當中（他面前的三個杯子）的一席之地。例如：它可能是指為你的新伴侶在你生活中找一個位置，那個位置不會干擾到你和前一段關係所留下來的孩子的關係，或者是你目前的友誼。

倒立的聖杯四

當這張牌倒立時，牌上的這個人就被四個翻過來的杯子所包圍了。這四個杯子再也無法容納任何東西，所以他需要向其他地方尋求滿足。這意思是：花時間來沈思將成過去式，此時你應立即積極地追尋新機會。

有一些新機會正等著你，但可不是你目前所著眼的這些。你必須透過將自己和肉體世界，以及它所擁有的潛在機會重新結合，而出發去追尋你的滿足。

聖杯五

聖杯五意味悲傷和失落。

聖杯五畫一名黑色外衣的人，這象徵著悲傷。他的頭下垂，這是人在釐清感情時的一種自然姿態。前面躺著三個翻倒的杯子，象徵失去或浪費機會。不管怎樣，生命的河流繼續流著。

這個人因河流（目前所發生的事件）橫阻而孤立於城堡（情感的穩定）之外，當他們向內探索，或將焦點集中於情感時，對目前的機會就顯得茫然無知。

當你經歷了一種失落，悲傷則是一種自然的過程，經歷悲傷也包括將你和生命之流一刀兩斷。有一段時間，你對生命的感覺變了，被你內在的感覺或經歷扭曲了。在你接受這份失落後，你就會有能力去辨認那些仍留下的部分。

當痛苦或悲傷平息下來之後，這個裹著大衣的人將逐漸認識到仍站立著的兩個杯子（或機會），以及能夠引領他回城堡（平穩狀態）的橋。兩個正立的杯子代表來自朋友的支持，或者一如聖杯二中所代表的，不久即將有一段新的兩性關係到來。不過，在你判斷出一個明確的意義之前，你必須將牌局上出現的其他牌一起考慮進去。

聖杯五中的長大衣使人聯想到「隱士」牌（一張大阿爾克納牌），這隱士正在學習如何獨處而不感到孤獨，而且需要從內心尋找出過去種種行為的因果關係。

聖杯五表示負起感情上的責任，雖然朋友們在你悲傷的時候支持你，但你常常會切斷和他們的連繫，只想從自己的內心去尋找支持。而這麼做窄化了你向內探索的焦點，並使你失去某些客觀性。不過當那種失落感或悲傷感平息之後，你又會慢慢地去注意到他人了。

大體上的意義

聖杯五形容失落和悲傷。它可能是張代表分離的牌，或者有種和人生疏離的感覺。這段期間內，那些平穩而熟悉的事物似乎都逃離你了。在新機會現身前，你必須經歷這段失落或孤立期。這張牌和所有的「五」（包括隱士牌）一樣，在正立時都代表心胸窄狹，而倒立時，則有心胸寬大的意味。

兩性關係上的意義

在兩性關係的分析中，聖杯五是形容一種分離的狀態，以及回顧過去，將目前所擁有和過去擁有的做一番比較；也可以代表說，沒有能力讓自己從過去某種情緒狀態中釋放出來。

舉個例子，傑斯汀透露他只談過一次真正的戀愛，而且已經是幾年前的事了。那時他坐火車從義大利到法國的巴黎。有個金髮女人在法國邊境上車，坐在他對面。他們的眼光相遇了。「在那一刻我便沐浴在愛河中了。」傑斯汀沈吟道。

接下來的旅程中，車廂內只剩下他們兩人，他們面對面、眼神未曾有片刻離開對方，然而卻都一語不發。傑斯汀整個人充滿愛，眼中泛著淚水。她的眼睛亦流下了淚水，但仍是默默無語。他們在巴黎的里昂站下車，在月台上短暫地互擁。當他再回過神來，發現自己孑然一身，置身於開往海岸一個擁擠的車廂內。

聖杯五透露出傑斯汀無法看清他眼前的機會，而且對往事仍耿耿於懷。當這張牌出現在兩性關係的分析當中，它可能是說你仍將焦點放在過去的關係上，而不願意多關心一下你目前所擁有的關係。

倒立的聖杯五

聖杯五倒立，通常是描述終於了解到兩個杯子和橋的存在。在這段期間，你願意讓朋友及家人來支持你，或是決定要跨越這座橋

到達一個新的、可能更深刻的穩定狀態。

　　這張倒立牌意味該是你放開過去的時候了。失落可能已經發生了好幾個禮拜、好幾個月、甚至好幾年了，不過當這張牌以倒立出現時，即暗示你正準備好要釋懷、寬恕以及遺忘。

　　這張倒立牌在兩性關係的分析當中，亦可意味著從某些過去的情感狀態中解脫了，使你擁有更深刻的兩性關係，或對既存的關係有更深刻的承諾。

聖杯六

聖杯六代表保障和安全。

聖杯六描繪的是一種溫柔而隱密的情景。其中有某種程度的保障和安全，它帶有一種可預知性。保障和安全備受珍惜，不過這是以極高的代價換來的。因爲沒有什麼冒險，所以通常沒什麼成長。

這張牌描述一種兩性關係，其中一人會去教導或保護另一人。然而或許你在保護伴侶使其遠離傷害上做得面面俱到，但你仍冒著不讓他們直接經歷事件，以及有所成長及發展之機會的危險。結果便是停滯不前。這種關係很快地就會形成一種不允許對方成長及發展模式，無法超越這張牌上城堡的高牆。

這張六代表發展某個兩性關係的一個階段，這階段既必須且重要，我們必須記住，不論如何，這只是一個階段，當你們朝著聖杯十前進的時候，你或是你的伴侶早晚會超越這個階段。

六也可以代表過去：對童年時光的緬懷、對前一段兩性關係或熟悉環境之回憶。在有關旅行的問題方面，它可代表回到熟悉的地方。

牌上面這兩個人有著成年人的臉孔和孩子般的穿著，這即在強調在一段兩性關係中，他們需要付起更多個人的責任。他們對過去以及牌五當中所經歷的悲傷有著清晰的記憶，並且他們會以行動走出恐懼，創造一個安全的處境。這件事情可以根據社會規範，在兩性關係中扮演自己可以接受的角色來達成。他們在兩性關係中扮演「媽媽和爸爸」的角色，並且讓身邊充滿各種合適的衣物和財物，希望這些可帶給他們滿足，以取代牌五當中所經歷的失落。通常在六當中，可以增加安全和穩定的任何事物都是他們蒐集的對象。

大體上的意義

聖杯六暗示以成長爲代價而得到保障、安全和親密。它可以意指你的居家或家庭狀態的穩定。也可能是過去的事物或人們又出現

了，等著你去處理。它也可以表示一種舒適的狀態，讓你有時間靜下來，重新灌注活力或安頓下來。

六也可能暗示某個工作或兩性關係環境當中充滿了習慣和模式。在這種情況下，你根本不需要塔羅牌來告訴你，即將會發生什麼事，因為事情總是那個樣子。

在有關旅行的分析中，這張牌表示你會回到你的出生地，或某些充滿強烈兒時回憶的地方。它讓你從聖杯五和七的努力中掙脫，這對你而言是非常需要的。

在事業的分析當中，這張牌表示一種安全有保障，然而缺乏挑戰性的事業。它也可能是在描述一項和孩子有關的事業，譬如教書、當褓姆或照顧學齡前兒童；或者是一項協助他人使其有安全感的工作。任何和護育有關的工作，包括諮商、按摩、芳香療法或冥想教學等，都可能是聖杯六所意指的工作。有時候，六也可能意味著重操舊業。

兩性關係上的意義

在兩性關係分析當中，聖杯六是形容有保障、安全且熟悉的模式狀態。它可以表示你的兩性關係中或你選擇伴侶時的一種熟悉的模式，此一模式確保先前種種模式的延續。

這張牌形容一種建立在良好基礎上的關係，但卻由於伴侶中的一方或雙方的害怕而使關係的發展受限。對勇敢追尋的人而言，他們應該還可以擁有更多。

倒立的聖杯六

當聖杯六倒立時，意味在一種較多冒險和成長的處境中。它可以代表邁向一種更深刻的關係，並且遠離過去的安全（或不安全）。它也可以表示檢視內在自我以及過去種種的一段時間，好讓

你從徒勞無功的模式中解放出來。

　　你需要再回到正立的五當中，好精通如是課題：接受失落爲人生當中一個自然的部分。有了這層認知，你就能找到由內在散發出的自信以及勇氣，好繼續迎接七的挑戰，並充滿希望地走到十。

　　六的倒立代表捨棄安全而就成長，並將安全感的來源由外在轉爲內在。當你內心感到安全時，你就眞的長大了。那有安全感的嬰兒開始探索這個世界；沒有安全感的孩子會想繼續停留在熟悉的環境當中。即使是成年人也常常會有這樣的行爲。

　　它可以形容一種離開安全狀態，去找尋某些更具挑戰性事物的行動。或許你正遠離家園，或正在第一次海外旅行當中。

聖杯七

聖杯七代表應該認知你內在
需求。

聖杯七是一張代表自我發現、心靈成長以及認識內在需求的牌。提醒你，充分了解自己與自己的行動，你需要行動，也需要思考。對行動有所思考能幫助你將直接的經驗轉變為知識，並更向智慧與理解靠近。

沒有思考，行動很快就會變得重複，而沒有行動或經驗，思考則可能變得索然無味，且毫無意義。

這張七代表你需要向內探索自己，以追尋所有愛的來源。你應該確認你所真正需要的是什麼，並發現什麼東西足以填滿你的感情。接著你可能認識到：假設你不愛你自己，那麼也沒有人能給予你足夠的愛。這是明白「滿足必須是來自內心」的時刻。

這張牌描繪你在追尋你真正的身分。左上方杯子中的臉代表有時候你會以此面具或偽裝來面對這個世界。左下方杯子中的城堡代表家，或家的感覺。你帶著這種感覺從一個家到另一個家。

旁邊的杯子中裝著珠寶，象徵物質的力量，是吸引或排斥具有同一物質性的事物的力量。第四個杯子裡裝著花圈，象徵著個人的力量。下一個杯子裝著惡魔，代表你必須時時面對的惡魔，它們來自你潛意識的深處。

第六個杯子中的蛇代表性及創造的能量。而遮蓋住第七個杯子的壽衣則隱藏你真正的或精神上的認同。當你和前面的六個杯子達成妥協後，你就有能力透過第七個杯子更深刻地認清你自己了。

大體上的意義

聖杯七代表你應該認清內在需求，或者確認在某既定處境中你的需求為何。你需要向內心探索，並了解你不能老是藉由外來的手

段來尋求滿足。

在事業分析當中，這張牌是說在這段期間內你必須自問，目前這種處境將把你的人生帶往何處。你覺得滿足嗎？如果不，又是為什麼呢？你需要什麼？只有你確認自己的需求和欲望之後，才能判斷該如何滿足它們。

它也代表你應該離開一段時間，或是暫避內心安靜之處，看看如果你的生命當中錯失了些東西，那到底是什麼呢？

兩性關係上的意義

聖杯七意味這時候你該退縮，你應該確認在這段關係中你需要的是什麼，並觀察這些需求是否被滿足了。它可能暗示，你認識到這段關係中缺少了某些東西。

花點時間了解你內在的需求，並深思你真正需要的什麼，而非你可能想要的是什麼。你將可以辨認出一種你的伴侶會樂於讓你滿足的需求。

伊蓮覺得在她和蕭恩的關係當中似乎缺少什麼，但就是無法明確指出那到底是什麼。她和一位女伴到一處健康休閒中心度了兩個禮拜的假。她待在那裡的時候，做了一次按摩，這使她清清楚楚體驗到什麼是她所需要的：撫摸。她明白了蕭恩幾乎很少碰她的身體，而較喜歡以文字來和她溝通。一回到家，她鼓勵蕭恩多觸摸她，而且後來他們都完成了一項按摩課程。

如果伊蓮沒有自那段關係中抽離出來一些時日，或許她還得花更長的時間摸索，才能了解她生活中到底少了什麼東西。透過沈思，她也有可能會獲得同樣的理解，但應該也需要若干獨處的時光。七代表給予自己那樣的時間。

倒立的聖杯七

　　當聖杯七倒立時，象徵使美夢成真的一個決定。這張牌代表將你的夢想化為實際。也可能暗示說，基於精神的原因，某種處境需要的是靈感和超脫，而你卻太重視物質或實際的東西了。你可能忙著賺錢和花錢，而忽略了你精神上的需求。換句話說，你可能完全為了追逐金錢，以及錢可以買的東西而活著。

　　倒立的牌再次表示你必須回到前一張正立的牌上，去精通其中所揭示的課題。以這個例子而言，或許你應該返回六的舒適狀態，以提醒你自己，那些東西同樣會令人厭倦；或者提醒你，所有那些舒適的東西本身並不足以滿足你的需求。

　　格列葛芮成長於戰爭期間的東歐，所以他知道貧窮的滋味。現在他是一個相當富有的人，但是舊記憶仍然縈繞不去，世界上所有的安全對他來說都是不夠的。由於內心缺乏安全感，他無法相信外面世界任何看得見的安全。他身陷聖杯六中，無法自拔。

　　他仍然辛勤地工作，不過現在已經開始思考在賺錢和花錢的過程中是否可以找到任何的滿足。這種「賺錢與花錢」的情況正是倒立的聖杯七所呈現的。

聖杯八

聖杯八意味你已經突破某種狀況，並顯示你要追尋更多的東西。

在聖杯八當中有八個正放的杯子，而且留了一個空間給第九個杯子。牌上有一個人正走離這些杯子，朝向更高處而去。這八個杯子代表快樂的機會，而且還可以容納過去快樂的事物。

你知道的，不論如何，遠離你所擁有的以追尋更多事物的時候已經到了，這點我們可由牌上留給另一個杯子的空間看出來。聖杯七中的內在追尋使人理解到必定還有更多的東西，八則顯示肉體上的追尋已經開始。這是水的元素真正的意義。在某種處境枯竭或倒塌之前，它使你有能力去感知此狀況即將結束。

那個人朝高處走去暗示著進步，而且可能會產生一個更好的視野。這張牌和隱士牌類似——要達到更高的地方，或者獲得更好的視野，必須先將日常生活中的尋常事物置於身後。

月亮正移過太陽，這暗示兩件事情：內在的認知比外在的行動還來得重要，而且這追尋將是日以繼夜的（包括在夢中和清醒時）。而「醒著」的狀態可包含閱讀書籍、治療、上課或聊天。

大體上的意義

聖杯八意味你正超越某人，或突破某特定狀況。它表示一個人光理解還不夠，還包括離開一種穩定的狀態（聖杯六），去發現聖杯十所提供的滿足感。

沒有任何人事物強迫你放棄目前的狀態，除了你內心想達到更強烈滿足的需求。要圓滿地挑戰成功，需要內在的力量，當八出現時，你就會擁有相對的勇氣和力量。在大阿爾克納牌中，第八張是

力量牌。而所有塔羅牌的八也都和力量有關。

兩性關係上的意義

在兩性關係分析當中，聖杯八描述的是離開某段關係的行動，或對於你目前關係追尋更深刻承諾的行動。這可經由身體的出走、找時間沈思，或浸淫於書籍中來完成。你需要更進一步理解到，目前的狀況是不夠的。

倒立的聖杯八

當聖杯八倒立時，暗示你拒絕離開某種狀態。你不想離開，即使你早就知道它已經無法再提供任何新事物予你了。你需要確認一點，只要你去追尋，生命將會提供你更美好的狀態。

另一種意義是，要離開的時候還沒有到來，而你卻急切地想離開，而不願意面對這個狀態，並以勇氣去追求它。聖杯八倒立可意味著缺乏信心或內在的力量，致使你放棄一個其實值得投入的狀態。它也可以形容當困難來臨時，或是在需要真誠承諾的時候，你就想逃開。所以當這張牌倒立時，你得要仔細聆聽你內心的聲音，而不是你非理性的恐懼。

這張牌倒立時，通常代表情感的力量寥寥無幾。你要不是對某種能滿足你需要的情況缺乏承諾的勇氣，不然就是害怕離開那個根本無法滿足你的情況。它可表示你的思維、心靈，以及過去的情感模式都顯得很混亂。

現在是沈靜下來的時候，在你行動之前應該先回到正立的七，深思你的內在需求。重要的是，當你出發時你要能確定你會有所行動，而不是重蹈覆轍。

聖杯九

聖杯九意味對自己的滿意和
榮耀感。

在聖杯九當中有著內在的滿足,當你的內在需求得到平衡時,你又重獲自由而再回到人生的單純喜悅中。由於你接受了自己以及所處的狀態,你就能貢獻更多的時間和精力於那些單純的事物身上,並享受它們所帶來的樂趣。它意味在這段期間內你能平靜地反省過去的種種成就。

這張九描繪的是一個對他本身有著健康看法的人,而且他了解你對他的看法只不過是看法之一。他比較重視自己的看法。這些杯子放置在比他還要高的位置,別人不太容易拿得到。他了解付出的價值所在,所以不願意太輕易或太快付出。

他的雙臂抱胸,保護著他的愛和力量的來源。他是一個擁有很多成就,並以自己為榮的人。他周遭有許多色彩,但是除了紅色帽子和襪子之外,衣服上卻沒有任何鮮艷的顏色。他沒有色彩繽紛的服飾代表著雖然他已從自己內心找到很大的滿足,但還沒有找到一個可以和他分享這些感覺的人。在到達十之前,他還是得稍微加點油。因為他需要理解,雖然他的愛很有價值,但是能夠和別人分享時,則更具有價值(這對所有的牌都適用)。

大體上的意義

聖杯九形容一種對能圓滿達成工作而感到的驕傲和滿足。你內心所擁有幸福和喜悅的感覺,可能是來自於你的工作環境、人際關係,或是來自一種心靈上的成就感。

現在你內在的需求已經得到滿足了,而你也能夠思考你所贏得的成功。在這張九牌當中有著從你對自己的愛裡頭所滋長出來的快樂、滿足和平靜。

兩性關係上的意義

在兩性關係分析當中如果看到了聖杯九，必伴隨著許許多多的快樂和滿足。由於你已經學會了愛你自己，也能評價出你自己的需求和能力，所以你現在要從一段兩性關係當中尋求滿足的機會是大多了，因為對於那些無法提供你足夠需求的狀況，你已經不害怕去拒絕它了。你不會再一味地往某種矛盾的情況裡鑽，而夢想著它的可能性，因為你很清楚機會可說到處都是。你知道如果目前的或未來的伴侶無法愛你或重視你，那麼還會有別人可以給你該得的愛。

這張九暗示令人滿意的兩性關係，雙方伴侶都很珍視彼此的付出及獲得。

倒立的聖杯九

聖杯九倒立意味你追逐世俗的歡樂補償你被拒絕的愛，或藉此否定自己。你害怕付出你的愛，因為恐懼你的「庫存」將會耗竭。由於你不曾付出過任何的愛，也沒有得到任何新的愛，因此內心不會有空間可容納任何新事物，除非你將內心所擁有的部分付出給他人。你相當渴望深刻的感情，所以會透過事俗的事物，努力地想滿足這份需求。

這可能會導致耽溺或強迫性的行為，包括嗜食、酗酒、嗑藥，或任何可能讓你的內在渴望得到暫時性紓解的東西。這些耽溺通常可追溯到對愛的渴望。愛必須在你最需要它的時候到來，否則你無法感到滿足。

看到這張倒立牌，你彷彿也看到了自己在嘴巴裡放了些蜜糖，卻不將它們放在你的心中。也就是說你以對食物的鐘愛來取代愛的行動。

聖杯十

聖杯十意味一個互利的團體或家庭狀態。

聖杯十展現這整組牌的所有可能性,在權杖牌當中我們發現的是負擔,而在杯子牌中我們卻發現喜悅、驚奇和滿足。這對伴侶站在一起,展開雙臂歡迎他們四周的所有機會;而孩童們手舞足蹈,展現他們與生俱來的熱情和歡樂。孩子們期待快樂,且充分利用他們所擁有的每個機會來獲得快樂。

聖杯十是一張表示歡樂和分享的牌。它通常是在描述一個團體或家庭,他們在身體及精神上都能相互奉獻及合作,並且共享所有的利益。它暗示著我們明白目前狀況的價值為何。這個家庭關係正是聖杯六所努力爭取的,並擁有在融通了聖杯七、八、九的課題之後所帶來的附加價值。

這張牌通常代表一種最真實的兩性關係;代表即將成為伴侶的兩個人,超越了「熱戀」(聖杯二)的階段和性的階段,在友誼和愛情當中發現了一個長久維繫之道。他們並沒有喪失掉對彼此的愛及渴望,不過已經發展到了溝通和承諾這個更重要的階段,彌補那些早期階段的不足。

大體上的意義

聖杯十形容一個家庭或團體,而其中的每個人均能受益。因為每個人都坦然地付出和接受,因而團體的氣氛和諧,大家也樂於付出。它暗示對家庭或工作環境(包括團隊合作和分享)有所付出。

這張十意味一個成功的家庭狀態或聚合,其中每位參與者都充分地感受到對這個團體的歸屬感。

兩性關係上的意義

在兩性關係當中看到聖杯十時，它代表一張相當正面的牌。暗示透過對關係的承諾和成長而得到滿足。牌中的孩子代表的是家人，或是這段關係正歡迎孩子的到來。

這對伴侶彼此承諾，但各自仍擁有若干自由，以追尋他們個別的興趣和友誼。已經不再像聖杯六中以恐懼為基礎的親密，所以這對伴侶能夠從他們各自的追尋中，為他們的關係注入新鮮感及新能量。他們各自都擁有和朋友相處的時間，或是和自己嗜好獨處，於是他們總能帶回新點子、新觀念以及探險的故事來和對方分享。

這張牌所顯示的是一個穩固、成熟的關係。如果牌局中還包括了權杖六、審判牌或戀人牌的話，那可能是暗示一樁婚姻。

倒立的聖杯十

聖杯十倒立時，可能意味你脫離了周遭的人。家庭和團體中都看不到你的人，或許是你選擇離群索居吧。也許你還不了解，或並不感激生命所賦予你的快樂吧。

這張牌倒立可能是形容一個團體或家庭，在過去是相當和諧的，但目前卻是相互競爭，不願意彼此合作。容我再說一遍，牌倒立的意義就是暗示你要回到前一張正立的牌上，去領悟其中所包含的啟示。以目前的情勢來看，你應該回到聖杯九，學會愛你自己，以及發現你自己內在歡樂的來源。

在兩性關係分析當中，倒立的十可能是形容一種缺乏愛或和諧的兩性關係。你待在這種關係當中越久而不去改變它，你就會越來越感到悲傷。你的選擇不是去改變這種關係，就是去善用它（透過改變你自己）或者離開它。

在事業分析上，這張牌形容如一盤散沙的一群人。由於團體中的每個人都特立獨行，所以對任何的成功都極少分享。在牌局中，這張牌可能緊跟著一連串的拆夥行動後出現。一個曾緊密合作的團

體，如今因不安全感而四分五裂，任由個人的需求和野心來支配一切。

聖杯侍衛

聖杯十侍衛意味有益於情感
的奉獻。

聖杯侍衛代表水元素當中空氣的部分：透過思考、夢想或冥想等方式來接近情感。「思索情感」是描述這個侍衛的簡單方式。

聖杯侍衛暗示已經賦予你的一段兩性關係或夥伴關係。包括生意上的合作關係，也可以指別人提供你的一次機會。

塔羅牌中的侍衛牌都和學習有關，而且由於聖杯組牌涉及情感和直覺，所以這張牌可能意味著透過冥想，或其他任何類似的被動方式來進行心靈上的學習或發展。

這張牌和女教皇一起出現代表雙魚座，和聖杯其他的宮廷牌一起出現也多有這種意義。

侍衛牌可象徵新消息，不論是透過信件、電話，或傾聽你內心的聲音並留意其傳送的訊息。這張牌如果用來形容一個人，則是一個二十二歲以下，有著安靜溫柔性情、喜歡沈思勝過行動的人。如果是在形容一個孩子，那麼所意味的便是一個喜歡思考，而有創造力的人。

大體上的意義

聖杯侍衛代表一段新關係或生意合夥關係的到來。一個讓情感得到滿足的機會；也就是說，這樣的生意合作包含了你所喜愛的工作，或有創意的工作。

當出現在女教皇旁邊時，聖杯侍衛可指你周遭有一位雙魚性格的人，或者如果你本身就是雙魚座，那就是指你自己。如果聖杯侍衛出現在教皇旁邊，而你周遭又沒有雙魚座的人，那就很可能是指心靈或精神上的發展了。

兩性關係上的意義

在兩性關係分析上，聖杯侍衛可能意味著出現一段新關係，或既存關係進入了新階段的機會。在分開之後，這張牌可能暗示復合，因為它描繪的是有人要獻給你有價值的東西。在有關與朋友或伴侶的復合問題上，這張牌給了你一個正面的提示：那將會發生。

倒立的聖杯侍衛

聖杯侍衛倒立意味對某個伙伴關係或兩性關係的失望，或是指合夥關係的解散。因為侍衛代表新消息，那麼倒立的侍衛可能是暗示令人失望的消息，或是一段遲來的消息。有時候它是在形容你無法腳踏實地，或與目前的環境結合，直到你接收了在下個步驟中所需要的資訊或消息。它也可以指你還不了解自己的處境，卻急需下決定的一段時間。例如，在你辭去目前的工作之前，可能正等著確定下一個工作機會。這個侍衛意味著此一機會的不確定，或這個機會的確認來遲了。

侍衛也可代表你的想像阻礙到你的思考或內省的一段時間。它也可形容一種矛盾或沒有道理的供應。或許是提供你某些東西的人，沒有立場給你東西，或是負責這項供應的人，對此事並不確定。

聖杯十侍衛倒立可形容因為想要腳踏實地，穩定情勢，結果日思夜夢對精神所造成的干擾。例常性的散步、蒔花捻草、充沛的運動，或是多與大自然為伍均可幫助你返回精神上的穩定狀態。假設重大的精神發展，沒有建立在適當的基礎上，你可能就得冒著情緒和精神不穩定的危險。一棵昂揚屹立的大樹必須要深深地向下紮根，那麼在第一次強風來襲時才能挺直不搖。

聖杯騎士

聖杯騎士意味在感情和行動
之間做出決定。

聖杯騎士在發展過程中，學著融合火和水的元素。他的任務包括將他的想像力（水）引導到某些真實的挑戰上（火）。它是指跟隨靈感而來的行動，或由行動而導引出的靈感。這位騎士學著分辨想像和幻想的不同；也就是從無謂的、規避現實的夢想，與能夠產生行動和成長之間，了解人生想法的不同。

他的馬比起權杖騎士的馬要來得消極多了。由於他的想像，現在牠已經慢下來了，他需要「摸清」一種形勢，並了解自己的情感。頭盔和靴子上的翅膀象徵他的直覺和想像，那足以令他超越任何可能對抗他的障礙。

他的注意力被前面的目標和手中的杯子所分割。一邊是付諸行動的需要，另一邊是保持靜止的召喚。一條道路將引導他成為權杖國王，另一條路則變成聖杯國王。

這個騎士通常表面相當熱情，內心卻是溫和而敏感。各種人際關係、情感以及創造力的追尋都吸引著他，我們發現他在做決定時，通常會將伴侶的需求列入考量。如果這張牌是在形容一個人，那麼他的年紀應是介於二十一到三十歲之間，具有熱情和感情。

大體上的意義

聖杯騎士暗示來自某人的供給。例如，生意上的提供或機會的提供。有一個二十來歲的人，或年紀更長但感情年齡只有二十幾歲的人，要獻給你某種東西。它可能是指情感上的奉獻，或某種更為實際的事物。

騎士也意味著一段決定是否等待或行動，讓事情充分發展或找尋新機會的時期。為了發現滿足，或許現在是隨著心意（河流的象

徵）而爲的時候了。

兩性關係上的意義

在兩性關係分析當中，聖杯騎士是形容一種奉獻，它通常是來自一個二十幾歲熱情而敏感的人。在經營兩性關係及友誼上，通常是心地平和、溫柔而細心的。在兩性關係當中，他有一種與生俱來的親近與親密的需求，他所找尋的伴侶是那種可以分享他夢想的對象。

他的情感還沒有到達他應有的成熟度，而他也意識到這點，所以才會要找一個可以協助他、讓他感情趨於成熟的伴侶。他要找尋的那個人可以幫助他看清楚，他的夢想是否值得追隨，或者那只是幻想而已。

倒立的聖杯騎士

當聖杯騎士倒立是在形容一個人時，這個人習慣逃避生活所加諸於他的種種要求，而且他可能會承諾一些他無法做到的事情。他擺盪於內在的水與火之間，做事情只是起個頭，便揚長而去，然後再將過去及種種可能性加以美化。由於心智尚未成熟或過去的承諾尚未完成或解脫，所以他經常覺得承諾是一件困難的事。

他很容易將愛和色慾或迷戀搞混，而且可能會懶散、怠惰，喜歡沈醉在幻想中而不願面對現實。在某些情形下，這張倒立牌是形容一位由於某些尚未釋懷的悲傷，而不敢在情感上付出的人。他會不斷地拿過去的情形和現在做比較，而且可能會要求比自己所能回報的還多。

就一般的角度來看，騎士倒立暗示情感上的失望。它也可以暗示這一種供應或機會將不會實現。當遇上倒立的騎士時，應回到正立的侍衛，以便精通侍衛發展過程中的課題。他現在的行爲像個侍

衛，夢想著無窮無盡的可能，卻很少花心思去決定什麼是真的可能、什麼又是不切實際的。

查德是一名藝術家。在氣質上比在生產力上像藝術家，因為在我經常為他占卜的十年當中，他的生產和銷售都很少。他的伴侶，一個聖杯皇后，卻支持他，且沈浸在他是位藝術家的幻想中。

有一次他解釋說，他唯一真正需要的是一名有錢的贊助者，可以不時地來觀看他的作品，並供應他急需的錢。這樣的贊助者只是神話故事中的產物，所以他很珍惜他所擁有的——一個伴侶。她以她有限的方式贊助他，而他一直深信總有一天全世界都會為了尋找那不凡的天才而絡繹於他的家門。

只有相當少數的人被賜予無比的天才，而在他們的領域內傲視群雄，然而大多數的人都被賜予想像自己有此天才的能力。可以理解的是，一個孩子或年輕人在邁向成熟的路上，會有一段時期保有此夢想，但對一個將近四十五歲的人來說，他應該是有充裕的時間去了解，現實和他對人生的幻想並不一樣。

聖杯皇后

聖杯皇后意味透過傾聽直覺而成功。

聖杯皇后代表所有水元素的特質，是水元素當中屬於水的部分。她展現了融合直覺、想像、創意和行動的可能性。她的基本特質是情感和想像力豐富，然而卻有足夠的成熟度，可從她的靈感當中產生具體的結果。她的腳浸在水中，而王座卻置於陸地，爲她的夢想成眞提供了強而有力的支持。

她從經驗得知，雜亂無章的想像所產生的結果通常是有限的，因此她可以將精力用在對身體、情感、精神及心靈上都相當有價值的行動上。創造上的訓練是她最大的成就。雖然她可能顯得溫柔又細心，但眼神卻意味著一種堅強的意志。愛調和她的意志，並增加個性上的深度。她帶著愛心和憐憫行事，而且常常展現出濃濃的家庭感情。

這張皇后牌代表占星學中水的符號，包括巨蟹座、天蠍座和雙魚座。手中的杯子是她自己創造出來的，而且比這組牌的其他杯子更華麗。在她的杯子裡，她可清楚地看見她想要什麼，以及她該怎麼做才可以得到它。杯子給了她有關將來或各種可能性的一份憧憬，而這些別人卻不見得看得出來。她對周遭事物和本身有著超凡的敏銳度，並足以展現出強烈的精神力量。由於本性消極（也就是說，喜歡感覺勝過行動），所以皇后在某些不可預料的事情發生後，通常會說：「哦，我上個星期才夢見那件事情。」

大體上的意義

聖杯皇后意味透過傾聽感覺，以及利用富創意的想像力而獲得成功。

如果聖杯皇后是在形容一個人，它代表的是一個成熟的女人，並富有直覺及創造力的本質。屬於相當安靜的典型；什麼事都聽，但說得很少。這些能力使她適合從事諮商、心理學、社會工作、照

顧孩子、寫作、醫療以及任何創作性的工作。通常人們願意相信她，並把她的沈默解讀為允許他們說出困擾他們的事。

皇后可能有藍色或淡褐色的眼珠，以及金棕色的頭髮。但請記住，這牌著重的是她的本質，而非她的外表。

如果是一個問題的答案，聖杯皇后可能是暗示透過創造上的訓練而達到成功。

兩性關係上的意義

聖杯皇后是在形容一個思考重心從不曾遠離其伴侶或她所愛的人的女人。她認為情感的滿足比物質上的成功還要來得重要，而且她會貢獻出最多的時間和努力給她的關係者、家人和孩子們。她尋求團結，且通常不會像權杖皇后那樣，擁有與人競爭或獨立的特質。

如果發生問題，她可能不會說出她的感覺，但仍然會對周遭的人給予支持，把自己感情的困擾放在一邊。

在兩性關係的分析上，這張皇后意味著友誼上或兩性關係的一種賦予。它也可暗示在決定一連串的行動之前，應先傾聽心聲及直覺。

倒立的聖杯皇后

聖杯皇后倒立形容水和土之間連結的斷絕，而帶來兩種可能的結局。首先，她可能會淪入沮喪，並喪失所有創造的自發性，因為她切斷來自朋友的支持，以及來自她內在和外在的愛的供應。因此她可能會迷失在感傷或過去的失落中，而對眼前的一切感到茫然無知。

另一種可能是，她會變得冷酷而無情，以憤怒來掩飾她的痛苦，尤其是一旦她感覺到自己在愛情上吃了虧。於是，為了報復某

個人所給予她的屈辱，她開始懲罰新伴侶，製造出一個又一個的傷心人，而這可能是下意識的舉動。她可能會縱情聲色，鄙視愛情，而且她的兩性關係也變成一種權力的角逐場。

　　通常這張牌在暗示你有必要原諒自己或過往生命中的某人，好讓自己從過去中解脫。它顯示出你必須將焦點重新集中在周遭，並讓內心的火和土重新連合。也可以形容一份需要特別留意的悲傷。

　　聖杯皇后倒立代表對某些事情久久不能忘懷。或許她已經寬恕了，但卻不曾稍忘。我甚至聽到一個倒立的聖杯皇后說：「永遠不要原諒，永遠不要忘記。」

聖杯國王

聖杯國王暗示透過創造和情感上的訓練而成功。

聖杯國王代表水元素當中土的部分。這個國王的成功可說是想像力、訓練及執著的結合。他那堅定的眼神意味著自律，這使他能不斷地成功。

這位國王強壯又敏銳，能夠展現出巨大的個人力量。他最棒的決定都是基於他大膽的直覺，甚至在事業上他也能夠因預感而奏功。他很有耐心、創造力、深沈而敏銳，而且他將杯子放在靠近自己的地方，因爲他知道這些特性的價值，而且他要先確定你會尊重它們，他才會和你分享他自己。

侍衛急著要分享，騎士熱衷於分享，而國王則在行動之前靜候最佳機會的到來。經驗教會了他，事情不能只看表面。

他對任何需要創意的領域都很在行，譬如寫作、繪畫、表演、建築、音樂，或是水邊及水中的工作。聖杯國王也適合從事諮商、心理學、考古學以及哲學或宗教信仰的研究。在現實的事業當中，他可能成績中等，但是他的心將會一直處於創意的追尋。

國王展現深度和理解力，他適合一個以滿足他人的需求爲主的位置。他感情已經成熟到能夠清楚地考慮別人和自己的需求，而且常常以家庭及環境中的共同參與感爲榮。

聖杯國王和死亡牌一起出現時，可能代表天蠍座。否則，就可能是個巨蟹、雙魚或獅子座。事實上，他可能是任何星座的象徵，但通常會擁有水相星座的特質。

大體上的意義

聖杯國王暗示透過情感和創作上的訓練而成功，經由落實精力在有創作的目標上，可以達到所追尋的成功。一種成熟、有創意的

方法帶來成功，尤其是在創作和藝術的努力上。

這張國王牌意味你應該信賴你本能——別放棄。它暗示一種堅強又冷靜的方式。想像加靈感，再加上實際的努力就會得到回報。

兩性關係上的意義

在兩性關係的分析當中，聖杯國王可以表示兩性關係中所牽涉到的那個男人，或是一個具備這種性格的人加諸此一兩性關係的影響力，例如父親或朋友。

這張牌顯而易見地是代表一段成熟的關係，男主人翁通常是三十歲以上。這名男子知道自己的優點和缺點，而且他很珍視和伴侶之間的情感上的親密關係。計畫裡總有伴侶和孩子，不像權杖國王只重視自己的獨立。

這張國王牌也可以意味著，以一種自律而富創意的方式來經營兩性關係，而且將帶給你回報。

倒立的聖杯國王

當這張牌倒立時，聖杯國王個人能力的消極面就浮現出來了。他可能會以不誠實的手段來支配各種人際，以及他周遭的人。他很少透露有關他本身的訊息，但是可能會細察你的一舉一動，以找出你的弱點。他的內心充滿恐懼，而且可能展現出天生對人性的不信任，這可能導因於從過去至今仍揮之不去的情感傷害。

假設他感覺到他已經受到傷害，他就會尋求報復，而且可能會把他花在這上面的時間，一起算進這筆帳裡。他很少寬恕，而且永遠不會忘掉。除了這點之外，他還會一再地引述你曾對他說過，或你說過的有關他的話，即使是十年或二十年前的事。他對於感情受傷的記憶力似乎是非凡地強烈。

這倒立的國王代表那些被壓抑得太久的情感，而今正在尋求解

脫之道。在他早期的生活裡，愛和被愛的需求被某些行為或決定給阻撓或扭曲了。

他的反面就是他的選擇，而且他並不須終其一生都像是一個倒立的國王。在紀伯倫的《先知》裡有段話：「……而什麼是惡呢？惡豈不就是受自身的饑渴所折磨的善？的確，當善饑餓時，甚至在黑暗的洞穴中覓食，當它渴時，連死水都喝。」

說到藝術方面，聖杯國王倒立意味不明顯的成就，或暗示他需要更加成熟和更多的經驗，所有的創意潛能才會被開發出來。創作的訓練可帶來更多的獎勵和成果。

就一般的角度來看，國王倒立是說你需要對過往釋懷，好引導創造力到某些有意義和值得的事情上。這是該諒解和忘懷的時候了。你拒絕對過去釋懷，適足以耗竭你的創作資源，或許還封殺了整個創作上的表現。

聖杯牌組的故事

容我再說明一次，四張花牌就代表一個家庭，有父親、母親、兒子和女兒。這是一個相當和諧的家庭，每位成員都會去關懷其他人的情緒好壞。然而，小男孩已漸漸長大，有自己情感上的需求，這是父母親和姐妹所無法填滿的。

王牌表示這個年輕人決定要找尋他自己的需求，雖然他不那麼清楚知道自己的方向，結果就墜入愛河了。

二這張牌表示他找到了他第一次平等的人際關係。他過去所有的關係幾乎都是不平等的，在和父母親的關係當中，父母對他的支配比較多；在和妹妹的關係中，則是他扮演較多控制者的角色。二這張牌告訴我們，他正在學習如何轉移對媽媽的愛到女朋友的身上。媽媽讓他感受到力量、智慧、成熟以及安全感；然而透過性關係的建立，一種平等的、親密的愛的關係更令人達到一種新的貼心的層次。

三則表示，他認為如果這種一對一的關係是如此美妙的話，為什麼不再加入第三個夥伴到這份關係當中呢？這回第三者來接近他，和他建立性關係，因為他顯得快樂、有自信又積極。一開始他便顯得精力充沛，而且每件事都進行得很順利。

一直到四的出現。四代表他瞭解到這種情況正逐漸轉變成某種和他原先預期有別的東西。他開始懷念起某些東西，並渴望他所經歷過的二那個階段的完美結合。現在他有三個機會在他面前，然而他卻閉眼不視，反而喜歡夢想著完美的關係，這或許是來自他的過去。當他沈浸於白日夢中時，機會也就溜走了，而且他也沒有想要好好把握住它們的念頭。

在五這張牌中，他終於看見自己人際關係的疏離，他坐視機會的喪失，而在為此感到悲哀的同時，他並不知道他背後還有路，而且可以把他帶回到以往感情穩定的狀態中。

六這張牌則告訴我們，他會害怕別人介入他和伴侶之間，是因為他需要的是一個安全而無憂的關係。這對伴侶幾乎做任何一件事情都會在一起，他們所發展出來的關係通常是重演他們父母親的角色。他們會假裝又回到往日天真無邪的樣子，所以他們的關係是安全、無憂而可預料的。

七代表的則是，他開始明白無法透過別人來發現幸福，或許這份關係並不是他情感需求的答案。他開始展開一段心靈之旅，且發覺到目前的關係確實是缺少了某些東西。他審慎地檢查自己的需求，開始理解到他一點也不愛他自己。

在八這張牌中，他從肉體或情感上的兩性關係中出走，找尋比他之前所經歷過的更深刻的愛。他知道在追尋的過程中必定是孤單的，他也明白除非別人也經歷過這種追尋，否則不會真正了解其重要性。

而九代表著他從自己身上發現了這份愛或自我價值，而且發覺它一直跟著自己、深藏於自己本質之中。它表現為對他自身精神及情感價值上的一種不可撼動的認知。他不再需要依靠別人對他的意見來支持他對自己的看法。他覺得很滿意，內心充滿滿足感，而且覺得有需要把這種快樂和某個特別的人分享。

在十這張牌中和聖杯國王一樣，他現在已經準備接受一個充滿愛和分享的兩性關係。它也將會擁有六的安全感、七的理解力、八的力量、九對自己的愛，以及國王的感情成熟度。

聖杯三再度出現，有一個新人進入到他的兩性關係當中，現在它代表的是個小孩，是聖杯、權杖、劍或五角星的侍衛，在這份成熟的關係中，有足夠的空間讓孩子在愛、安全感和獨立的條件下成

長。

　　從侍衛變成皇后的路也和上面的故事大同小異，除了一點，她可以直接從侍衛換成皇后。

空白牌

假如你的那副塔羅牌包含了一張空白牌，那麼當你在進行解牌時也要把它放進去，因為它有它自身特殊的意義。在「如尼石牌」（the Runic stones，一種北歐民族傳統的占卜方式）中就有一塊空白的如尼石，而空白的塔羅牌其意義和它相當類似。

空白牌象徵生命中為你所保留的計畫，比你自己的計畫更大。對於何去何從，你可能有著明確的計畫和強烈的信念，然而當這張牌出現的時候，生命自會引領你走向意外的方向。雖然一旦你到了那裡，有可能會喜歡你的目的地，不過你還是會對這一連串把你帶到那邊的事件感到些許的驚訝。當空白牌出現在過去的位置時，它可能意味著你正在想著你的人生變化有多大呀；舉例而言，「我開始是當警察，後來怎麼會搞自然療法呢？」或者「我開始當會計師，後來怎麼又變成一名專業的音樂家呢？」

當它出現在未來的位置時，空白牌倒沒有明確地告訴你，生命中還有什麼事在等待著你，只知道那不太可能是你計畫中的事物。通常我不會藉著在它旁邊加牌來解釋它。這是因為你可能會爭辯說，這結果並不是你所想要的，或你並不想要被生活牽著鼻子走。在極少數的案例當中，我讓顧客在出現空白牌之後再加一張牌，那是當空白牌出現在長遠的未來的位置時，而他們都堅決地表示，他們不想要那些在前面等著他們的事物。甚至當我試圖向他們解釋，當時候到了，他們可能會發現那是他們所期待的和值得等待的東西，但他們卻拒絕接受有這樣的可能性。

舉個例子，當空白牌出現時，凱文堅持想要得到更多關於他兩性關係的訊息。我要求他要有耐心，但他仍決定要多知道些。於是

他又加了兩張牌：五角星牌的皇后和聖杯牌的二，且兩張牌都是正立的。我爲他描述這將會走進他生活的女人，以及在展開和她的互動關係之後，他將會發現樂趣無窮。

「錯！那是徹徹底底的錯誤。我對女人一點也不感興趣。我是個同性戀。」

「你有可能眞的是個同性戀，不過這是我從你的長遠未來（大約兩年的時間）中所看到的。不管怎麼說，你有自由的意志，所以我所預測的任何事情都不必當成是聖旨。」

「這個我當然知道，而且我才不打算和女人發生關係呢。」

差不多兩年以後，他又來做另一次占卜，隨他來坐在我會客室裡的，就是五角星的皇后。

「你不會相信我去年所經歷的事。」他開始說道。在他的第一副牌中，這是一般性的分析，空白牌出現在過去的位置。五角星皇后則出現在有關兩性關係的牌形中，而這次他就能討論和她有關的事了。

空白牌並不明確地告訴你生命還有哪些事物在等待你的另外一個原因是，因爲你必須爲生命所提供給你的機會做好各種準備，而且如果你因爲知道在某些情況中你將會成功而產生安全感的話，你可能就不會嚴肅的嘗試了。如果你只想坐待生命中的機會到來的話，你可能就達不到你眞正的目標了。

爲了讓生命能提供給你某些更適切的東西，你還是需要做些努力的。繼續追求你目前的目標，但是當生命提供任何機會時則要能接納改變。假如你隨生命之波逐流，它將會帶領你走向一個比你原先爲自己所規畫的更爲完滿的境地。

大體上的意義

生命中對你的安排比你自己的計畫更偉大。所以你應該一面追

尋你的目標，一面抱持開放的態度，接納生命所提供的各種可能。
你目前的軌跡正引領你走向各種料想不到的機會。

兩性關係上的意義

在兩性關係的分析當中，空白牌暗示以目前的狀況而言，明確
的答案並不恰當，因為你不知道生命當中還有哪些事情在等待著
你。某個兩性關係當中在等著你的東西可能是令人滿意的，然而它
卻不可能是你所期待的。

信任生命將會支持你，帶領你到你最滿意的所在。這可能是一
段新的兩性關係，或是你目前關係的一個新階段，不過從目前的角
度看來，那似乎不可能或沒必要。

塔 羅 牌 與 星 座 的 關 係

星座名稱	健康部位	相關的塔羅牌
牡羊座	頭部	權杖王牌、寶劍騎士、皇帝
金牛座	頸部和喉嚨	教皇、五角星國王、五角星騎士或四
雙子座	手臂和肺部	戀人、五角星的國王、寶劍騎士
巨蟹座	淋巴腺系統、胃和胸部	月亮、戰車、聖杯國王或皇后
獅子座	心臟和脊椎	太陽、力量、權杖皇后
處女座	腸、胰臟、手	隱士、寶劍皇后
天秤座	腎臟、卵巢	女皇、正義、五角星皇后
天蠍座	鼻子、膀胱、性器官、扁桃腺和腸子	死亡、聖杯國王、其他的聖杯宮廷牌
射手座	臀部、大腿和肌肉	節制、權杖騎士
魔羯座	膝蓋、關節、皮膚、膽、膀胱和牙齒	魔鬼、五角星騎士
水瓶座	視網膜、小腿和足踝、身體的能量和血液循環	星星、寶劍國王
雙魚座	腳、腳趾、淋巴腺和汗腺	女教皇、懸吊者、聖杯的宮廷牌

寶劍牌組

寶劍這組牌代表空氣的元素或智力。刀劍可以帶來痛苦，然而也可以帶來理解力。這組牌是關於我們如何通過試煉，而改變我們對人生的理解。

想法、理念、信仰及態度都是以劍這組牌為代表。在占星學上的象徵則包括雙子座、天秤座和水瓶座。空氣永無休止的運動可比喻為我們的心。這組牌的挑戰在於維持思考的理性、清晰和有用。思緒漫無目的運轉是輕而易舉的事，然而在這種情況下要產生有價值的想法，其機會是微乎其微的。面對一種形勢的許多層面，或行動方針的種種可能性時，往往很難做選擇。

權杖的類型是行動第一，憑著熱情和力量，盡其可能地排除任何障礙前進，寶劍的類型則是思考每一種行動可能造成什麼後果。要將某種能力加以訓練並導入有用之途，心智能力可能是所有力量當中最具挑戰性的一種。

和現實世界比起來，心智可能會造成更多的痛苦和悲傷，因為我們對現實世界的知覺決定了我們所看見的東西。最近我有一位朋友向我抱怨，現在的他已經不值一百萬美金了，這是一個令他感到沮喪的想法。和他先前的身價五百萬美金相比，他是變「窮」了，但是和其他許多人相比，他還是很有錢的。這完全取決於他如何去理解他的處境。他就是可以忽略掉自己所擁有的大房子、游泳池，和花園盡頭的小港灣，而將焦點放在他所沒有的東西上。

這組牌中的寶劍都是雙刃的。其中一刃切入其他人的身體，或切入生活和你面前的障礙；另外一刃則切入你自己。你的思想和信念會影響到你周遭的人，而他們也同樣地影響著你。「你相信它是

真的，它就是真的。」是一句古老的諺語，這句諺語適切地說明了思想的力量。

　　寶劍類型的外表通常是較深色的頭髮和眼睛。他們可能思想敏捷且詞鋒銳利，而當牌倒立時，他們的心智可能是相當渙散的。

寶劍王牌

劍牌的王牌代表開始或計畫
一項新的冒險。

寶劍王牌描繪的是一隻從雲（或是精神）中伸出的手，掌中握著一把劍，劍端由一頂黃金皇冠的中間穿過。背景是一系列的淡灰色，而劍本身則是鮮明的藍色。劍代表的是通澈的思想，亞瑟・偉特（Arthur Waite，本書所使用的塔羅牌設計者）就是利用「藍」這個顏色來強調它。這把劍是朝上，而且雙刃都看得到，表示說狀況的兩面都清楚地呈現在眼前。它表示注意到了生命的二元性。

皇冠代表的是物質世界，而劍刺穿了這個世界，由精神層面來看，它暗示您的心智可以看透物質世界，而看到事件的精神面因素，以及思想在物質世界中所造成的結果。這是一種理解，理解到宇宙中既沒有獎賞，也沒有懲罰，只有結果。

這張王牌告訴我們的是，計畫或開始一項新的冒險行為。生命提供你一項新的可能，而你必須謹慎地評估任何所採取的行動所可能帶來的後果。

大體上的意義

寶劍王牌代表的是一個開始，是設計一項新冒險或方案的行動。權杖王牌描述身體上的行動，杯子牌的王牌則是情感上的行動，而這張王牌敘述一個意念的形成，或是為未來的行動所準備的計畫。

這張牌代表清晰的思考，或明確地了解到完成一項計畫所需要的是什麼。請注意這張王牌是寶劍牌組中僅有的兩張垂直向上的劍牌中之一。一張是皇后筆直地握著她的劍；而大阿爾克納牌中，正義這張牌所畫的則是一個女人筆直地握著一把劍。至於其他所有劍牌中所呈現出來的劍，都有一個角度，暗示偏頗的思想，而倒立的

劍則表示思想轉而朝內影響思考者本身。

就日常生活的角度來看，正立的王牌可以表示清晰思考所帶來的成功。確實的計畫和清楚地將焦點置於想望的目標上會帶來獎勵。王牌也可以代表改善您物質生活的想法或計畫。

兩性關係上的意義

在兩性關係的分析當中，寶劍王牌暗示一個你想從兩性關係當中得到什麼的明確計畫。由於有了一個清楚的目標，通常你會比較容易獲得你所想要的，因為你已經可以輕易辨認出什麼是你不想要的，然後立即修正方向。

這張王牌所隱含的兩性關係是，你和夥伴間有種強烈的心智結盟，可能有共同的目標和興趣；也可暗示彼此理念的結合。

倒立的寶劍王牌

倒立的寶劍王牌暗示思考、想法和計畫上的困惑。或許你沒有辦法看清楚在這個關鍵點上應做的選擇。在下決定之前，先讓自己集中注意力是比較明智的。你的想法可能脫離了現實和環境，而非務實和有用的。

這張牌可能意指你的想法或計畫是行不通的，或是由於你缺乏明確的目標，所以在實現計畫的行動上會有所遲延。你的情緒將會遮蔽你的思考，而且如果你沒有明確目標的話，獲得成功的機會將是十分渺茫的。

你應該多花時間來想清楚，檢視每一種選擇，並將那些不切實際或難以實現者排除。此時此刻任何草率的行動似乎都很難有什麼成就。你可能正焦急的要開始進行新事物，但是卻不知道該從哪個正確的方向著手。放輕鬆，並且讓你的腦袋沈澱下來，在開始任何新事物之前，先形成一個有凝聚力的計畫。

寶 劍 二

寶劍二意味該下決定了。

　　寶劍二畫一個女人坐在一張石凳上，蒙著雙眼，雙手交叉於胸前，手中握著兩把劍。在她背後的海洋將她和陸地分開，而此時正是夜晚。這張牌中唯一強烈的顏色是月亮和鞋子的黃色。

　　這兩把劍交叉於她胸前，是為了要保護她遠離痛苦的感情，身上的衣服和石凳一樣，是灰色的，暗示著感情漸趨冷漠，因為她拒絕面對令她痛苦的因素。假如你不讓任何東西接近你，就沒有任何東西能傷害你了。她的眼罩是自己綁上去的，因為她的雙手是自由的，如果她決定要將它拿掉的話，自然辦得到。

　　在這張牌中有著憤怒和恐懼的混合物。劍是隨時蓄勢待發以攻擊威脅她的事物，而眼罩則代表她企圖躲藏起來，不願面對讓她害怕的原因或事實。她已經從生活中撤退，並等待這些事情平靜下來。與其造成更嚴重的騷動，她寧可選擇無聊和停滯不前。

　　事實上，事情是已經平靜下來了，唯一留下的騷動是她的思想和心中的騷動。這張牌所敘述的是，為了明白那些情緒的意義，而自生活中退出的行動。對外面世界的恐懼，可能是沒道理的，而唯一能確定的辦法就是摘掉眼罩，親自去看清楚。

　　身後的水暗示情緒上的不穩定，而這個不穩定可以在她自己內心得到解決。有時候這個二代表的是規避某些特殊的話題和場合，因為它們讓人聯想到某些尚未解決的恐懼。

大體上的意義

　　從日常生活的角度來看，寶劍二意味你需要做決定或在兩個選擇（兩把劍）當中擇其一。在你做出明確的決定之前，要盡可能地解決任何感情上的衝突。為了釐清並解決感情上的衝突，現在正是

從生活中退隱的時候了。

正視你所恐懼的，如此你才能明瞭你周遭事物對你有什麼意義。一個正確決定的報償正等著你，它的第一個回報是解脫感，這解脫感來自於你能夠鎖定一個方向。

兩性關係上的意義

寶劍二意味有一段時間會從兩性關係當中退縮下來，這是為了要理清你對事情的感覺。或許你曾經在某個兩性關係當中受過傷，而在你重返正常的生活之前，需要一段時間來療傷止痛，並從這些經驗中得到一些教訓。

有時候這張牌可能是暗示在兩個兩性關係的機會中做選擇，或是決定你準備讓伴侶和你有多接近。如果你所下的這個決定能夠結合思考（劍）和感情（水）的話，那它將有效用得多了。

倒立的寶劍二

當寶劍二倒立時，意味著你的情緒相當混亂，如此一來你要下決定就更加困難了。情緒、恐懼或怨恨無法永遠被壓制，當這張牌倒立時，即代表著情緒或壓迫性的恐懼一步步地占上風，因為當事人不去面對它們。通常這些恐懼都是毫無由來或脫離現實的。

當你越努力地找尋正確的選擇時，更多的選擇機會就會出現。這張牌代表你試圖透過思考來控制你的情緒，或讓你的情緒理性化。在情緒得以沈澱下來之前，去感受和認知它們是相當重要的。由於你越來越清楚自己的感受，因而你對自己及自己處境的理解也越多。

就日常生活的角度來看，倒立的寶劍二表示遲疑不決所引起的情緒上的不安。

舉個例子，安到我這裡占卜的三年來，她和伴侶一直處得不

好。每次當我建議她花些時間去感覺她的需求時，她總是舉出一大串可能的選擇，以及每一種選擇的不切實際或不明智的理由。當她努力地要去下一個決定的時候，並沒有考慮到她的感覺，而心智則提出無數的選擇，但鮮少具有真實的可能性。她花了三年時間思考她的兩性關係，卻依然找不到解決的良方。

寶劍三

當寶劍三出現，請接受你的痛苦和悲傷。

寶劍三畫的是，一顆心被三把交叉的劍刺穿過去，而背景則是風暴肆虐。這顆心是鮮紅色的，和灰濛濛的雲形成強烈對比。寶劍三暗示著悲傷、失落和哀痛。絕望和失望通常會伴隨著這張牌。有些人覺得這張牌說得太赤裸了，然而我們在生命的某些時候都曾經歷過悲傷和痛苦，這可以使我們變成熟、憐憫和包容別人。

當寶劍三這張牌出現時，可以預期你將遭遇某些痛苦。不要拒絕這份痛苦，因為如果你拒絕了，可能會導致感情上的停滯或沮喪。如果你從內心的痛苦中退卻的話，即冒著脫離生活，脫離周遭環境的危險。

許多疾病的根源可以追溯到拒絕痛苦。某些慢性的健康上的問題都可能和迴避正當的痛苦，或不願坦然接受生命中的種種傷心、悲痛或失望有關。

當這張牌出現時，你要知道：去體驗你的悲傷是很重要的，因為在這麼做的同時，你也掃除了障礙，讓即將到來的機會可以接近你。記住，悲傷是會過去的。

大體上的意義

寶劍三代表的是，你正強烈地經驗著悲傷和失落的一段時間。當出現這張牌時，內心的困惑、悲痛和沈重是很明顯的，它表示強烈的失望。在有關健康方面的分析中，它可能暗示心臟方面的毛病。

幾年前有位朋友來問我，他的一項事業計畫未來發展性如何。計畫中包括一位合夥人，為期四個月。答案是權杖六，這暗示成功，然而他又在六上面加了一張額外的牌——寶劍三。我們感到困

惑，為什麼一項成功的計畫卻是以失望收場呢？原來這項計畫需要投入大量的工作，也得到不同凡響的成功，但他的合夥人卻帶著所有的好處一起消失了。

兩性關係上的意義

寶劍三敘述的是兩性關係上的痛苦和受傷。它所顯現出來的幾乎可說是一種令人難以承受的失落和悲傷。只要記住這是會過去的，重要的是要誠實地去體驗它，不要壓抑它。

倒立的寶劍三在兩性關係的分析中，可能是在強調過去未解決的痛苦，這痛苦使你無法在目前的情況中得到滿足，這個過去可能是指現在這份關係中的過去，或早先的兩性關係。為了保護自己不再受到進一步的傷害，你可能會在情感上和你身邊的人保持一段距離。

倒立的寶劍三

當這張牌倒立時，表示你有著類似的痛苦，不過這次你會抗拒你的感覺。去否定或壓抑痛苦及失落所需要的力量必定是從某處得到的，而且通常來自你用於謀生的力量。這份痛苦越大，要用來壓制它的力量就越大，而你所殘留的維生的力量就變得微乎其微了。

三的倒立可以代表你目前的視野被過去的痛苦所遮蔽了。或許當時你覺得被自己的情緒壓得快喘不過氣來了，而唯一的應對辦法便是去壓抑它們。在當時這個方法或許還管用，不過現在該是找出另外辦法的時刻了，也就是找出解決那些痛苦情緒的更適當的方式，否則那些還沒有被疏通的痛苦情緒永遠在等著你。

例如，當蘿絲瑪麗的父親去世時，她經歷了很長的一段沈痛期。她發現自己所悲悼的父親角色是童年時所未曾體會的。這是一種存在已久的悲傷，要充份地體驗和釋懷非一蹴可幾。在童年時，

她沒有接受失去父親的悲傷（她的父母親在她五歲時就已離異），而這份悲痛感在他去世時浮顯出來。所以事實上，她是以一個成人及一個五歲大孩子的雙重身分在追悼她的父親。

三的倒立暗示沒有能力接受痛苦或傷害，它告訴我們的是一種壓抑痛苦，或逃避可能引起任何痛苦記憶的場合的傾向。

寶劍四

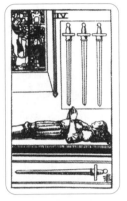

寶劍四這張牌暗示隱退及深思熟慮的一段時期。

寶劍四的牌畫的是一個男人以閉目沈思的姿態，躺在教堂內的棺木上。有一把劍橫置在他的下方，另三把劍則是劍尖朝下放在他上面的位置。透光的彩繪玻璃上生動地描繪一名使徒，正接受他所敬重的某個人的祝福。

這張牌暗示的是消極的思想、退卻或沈思。黃色前景意味著使用中的智慧。因為黃色在傳統上暗示對生活的知性態度。這牌暗示為了重獲力量及理解力而離群索居。該是退下來，好好把事情想清楚，好好養病，或暫時隱居一段時間的時候了。

在四這張牌中，這個人為了想通事情而暫告退隱。假設他想清楚事情以後，就會再返回生活當中，這將是一個很有意義的過程；而假設他沒有再回來，他就會冒著讓所有事情停滯不前的危險。塔羅牌所有的四都和強化、統合有關。這是一個和穩固或加強地位有關的行動。寶劍四代表他經由連結或組合他對人生的思想及信仰來強化他自己。在反思過他以往的行為和經驗之後，他終於對人生有了更深層的領悟了。

大體上的意義

寶劍四這張牌可能象徵自生活中撤離：身體上退隱到自家當中，或在精神上退隱到夢想和幻想當中。它也可能暗示健康方面的問題（一段被強迫內省的時間），或只是一個身體缺少活力的階段。

葛林在婚姻觸礁之後，幾乎有兩年的時間都幽居在自己的家中。他幾乎沒有娛樂，也不去拜訪朋友；相反地，他待在家裡看書，學拉大提琴，並深思過去的婚姻關係。

他問道：「為什麼這段婚姻會結束呢？」這是劍牌面對人生的典型態度。他需要答案，而他在獨處及自我探索時找到了。

在健康方面的分析，四暗示著身體出現狀況的一段時期，可能是進行手術，或健康活力的低潮期。你需要一段獨處的時間來重新平衡精力。

有時候這張牌可能是強調你需要多做沈思，以便重新認識在寶劍王牌當中所看到的事件的基本精神成因。而透光的窗戶則暗示在你內心有條通路正在召喚著你，即使你還處於休養的狀態。

兩性關係上的意義

在兩性關係的分析方面，寶劍四這張牌可能暗示，你正在統合或加強你自己，或對人生的理解的一個階段或一段關係。有時候它也可能是在描述，一個伴侶為了思考生命的意義而從生活和兩性關係中抽離，而對你造成傷害（影響）。

依照牌面上其他的牌可能表示一位伴侶從兩性關係的肉體或精神上抽離，而遁入了書堆或某種消極的嗜好，甚至是睡眠當中。

倒立的寶劍四

倒立的寶劍四意味一段改變的時機。在這個關鍵時刻，你知道你不想要什麼，然而你可能並不清楚自己想要什麼。趕緊投入，看看到底發生了什麼事。它也可以指在一段獨處之後，再重返日常生活當中。

這張牌可以暗示迅速地自疾病中復原，或經過一段安寧和冷靜的時期後，迅速返回生活當中。在反躬自省及探索過去種種之後，現在正是你運用你對人生新的理解的時刻了。

寶 劍 五

在寶劍五這張牌中，有五個人在爭吵，而牌面上我們還可以看到三個人。在前面位置的這個人贏得了這場戰役，然而整個戰爭究竟鹿死誰手還未定，因為事情還沒有真正的解決之道出現。畫面上的雲反映出一種充滿情緒、憤怒、恐懼的氣氛。

這張牌意味著爭辯、衝突和失落。雖然打贏了這次戰役，卻失去了更多東西，包括學習和成長的機會。這場戰鬥可能是兩性關係、合夥關係，或是工作環境中，兩個或兩個以上的人的戰鬥。關於事情該如何進行，彼此之間的意見不能協調，而使緊張的氣氛上升。當衝突越來越強烈時，某一方透過武力、脅迫或技巧

寶劍五意味爭吵和緊張，而且解決的機會十分渺茫。

性的操作來得到他們想要的東西。他們可能因此小勝一回合，但卻失去了其他與此事有關者的尊敬和合作意願。

寶劍五暗示妥協而非解決。沒有解決的問題還是有再回來的可能，它可能會以不同的面貌降臨，而且有持續出現的可能，直到整個事件解決為止。「要是我能掌握這一切的話，該有多好！」正是這張牌所代表的態度。

所有塔羅牌的五都有一種共同的意義。正立的五通常象徵心胸狹窄，而倒立的五則意味著心胸開闊。

大體上的意義

寶劍五這張牌代表爭吵、緊張和衝突，這可能是指你與自己內在的交戰，或是和你周遭人的不協調。假如這個衝突是指你和別人的，則其前提很有可能來自你的思想。在這種衝突的情況下，每個人對於事情的解決方式都各有見地，卻沒有人願意聆聽他人的心聲。當一個人嘗試著要去說服另一個人採納自己的方法時，第二個

人卻在想，輪到他發言時，他打算說些什麼。所有相關的人之間根本缺乏真正的聯繫或溝通。

在事業的分析方面，五這張牌意味著你有很快離開工作或轉變職業的傾向。五是一張在困難的環境底下就會離開的牌。這群人在目前的工作當中並不是一個團隊。這張牌帶來的改變是強迫性的、不尋常的，而且在日後當懸而未決的問題以另一種姿態出現時，則有可能需要做更多的改變。

兩性關係上的意義

在兩性關係的分析方面，寶劍五這張牌意味分離、衝突和失落。兩個人或更多人（如果親戚或朋友牽連在內的話），都已經決定如何做一件事，但大家的決定卻都不一樣。除非每個人都願意聽聽別人怎麼說，否則事情是不可能有真正結果的。

在這種情形下，不論是在肉體、情緒或精神上大家都被捲進這場紛爭。也許這種衝突已經不是第一次出現了，而且每個人都有可能因先前的衝突而留下若干未解的心結。錯綜複雜的前因後果使得明確的溝通更顯困難。

倒立的寶劍五

倒立的寶劍五可能仍是一張代表不協調和分離的牌，不過在衝突之後，每個當事人會去反省他們的爭執點和行為。當出現倒立的五時，表示有進行溝通的可能，因為這些相關人員的思想是比較開放的。

或許該是你解釋對問題的看法，以及聽聽別人是如何看事情的時候了。現在整件事情的模式就攤在你面前了，而你也準備要對衝突的根本因素多負起些責任了。你並不是第一次處於這種狀況，而且或許你正在做某些造成這種衝突的事情。

　　艾恩在占卜的過程中抱怨說，女人是不能被信任的。他相信一旦她們得到他完全的付出之後，便會離他而去，另覓伴侶。他最近五次的兩性關係都是以悲劇收場，簡直令他痛苦萬分。

　　「你可別告訴我，我應該爲這次關係的破裂負責任。她告訴我，她並不確定自己想要一份固定的關係。她說她想要分開幾個禮拜，所以我們就間斷了一些日子，而三個星期以後我去看她，她竟有了新男朋友，而且就住在她的房子裡面！」

　　「所以你是在告訴我，你一點也不認爲你應該爲那次關係破裂負上一點點責任囉？」

　　「一點也沒錯。我仔細回想，在我的生命當中，根本就沒有一個女人曾經給過我所需要的愛和關心，一個也沒有。」

　　「有沒有可能是你總是讓自己去吸引那些無法滿足你需求的女人？或是你本身可能不容易讓別人愛你？」

　　「或許吧。但那也不能合理化她的行爲呀。」

　　「也許不能。不過，你最近的五次關係都是在非常艱難的情況下結束的，而最後一次更是既驚嚇又傷害了你。或許你已經陷入無法滿足情感需求的一種模式了。」

　　雖然艾恩沮喪地離去，不過他已經做好要檢視他過去兩段關係的準備了，包括回溯到他第一次和女性的關係：他的母親。

寶 劍 六

寶劍六暗示在混亂之後,逐漸回復平靜。

寶劍六的牌描繪的是一名男子駕著一艘平底船,從激流處駛向平靜的水面,另有一個女人和一個小孩也陪著他度過這段旅途。船上有六把劍,代表過去和現在對生活的信念。他們的重量使得船身下沈,進展顯得格外困難,但如果把他們移開的話,船上會留下六個洞,而且船也會沈沒。

這張牌暗示你對生活的信念使你行動趨緩,不過也別嘗試急切的改變,因為進步本來就是緩慢而穩健的。急切的改變可能會導致更多的問題,而非帶來解決的良方。

六這張牌暗示你正帶著你的劍(問題),從過去走向未來。或許你根本沒注意到它們,然而它們卻是與你緊緊相隨。這是一個從艱困時刻過度到一個較為平衡狀態的過程。

六這張牌也可能是一張哀痛的牌。它暗示一個寧靜的轉移,例如:生病之後的死亡,或慢慢地接受某種狀況的結束。平靜的水面指向前方的陸地(代表穩定),是這張牌在告訴我們,更多和平的時光即將到來。這張牌上面倒立的劍暗示,你的思想已經回到真實情況中了,換句話說,生活正反映著你的信念。

大體上的意義

寶劍六當中所畫的平底船意味著海外旅行,特別是如果這張牌是伴隨著寶劍牌侍衛、權杖八、權杖三或節制。寶劍六可能是在說明當你轉移向新的經驗時,你也正慢慢地遠離困境,情緒從過去釋放出來。

兩性關係上的意義

寶劍六這張牌意味，在你關係當中的任何困難將會很快地被你拋到身後，而且你的關係將會逐漸地成長和發展。一種新的肉體或精神上的狀態，將讓你有機會以截然不同的方式去經歷這段關係。

現在掙扎都過去了，正是放開過去，將它留在屬於它的地方的時候了。雖然許多的事情都在逐漸改善當中，不過現在你可能在財務上有點困難，或有健康方面的隱憂。

西奧和克莉絲汀娜購買了一棟房子，而他被裁員六個月了。接二連三的財務困境使他們的關係壓力重重，因為克莉絲汀娜為了付房貸而經常加班。在為西奧所做的分析當中，寶劍六出現在現在的位置，我解釋為：過去的困擾會慢慢地從他們生活當中被解決。

一個月後我們在當地的一家購物商場偶遇，他熱情地向我說，他已經找到一份新工作了，收支慢慢地平衡了。

倒立的寶劍六

這張牌倒立暗示，當你揭開尚未癒合的傷口，想讓它們完全地癒合時，這將會是一段充滿暴風雨的旅程，可能是肉體上、可能是精神上。而且可能以談論新問題的形式出現，即使可能會引起騷亂。

這張牌也可能是在描述晃動船身的行為，或為了尋找解決之道而製造新的問題，因為有時候對抗反而可以消除誤解，達成協調。這就像從鍋子跳進火堆中一樣。六的倒立意味你知道自己在某種狀況下不快樂的原因，而你正在進行必要的轉變，好在將來得到快樂。

舉個例子，在妮綺的兩性關係分析中出現了六的倒立，當我在解釋的時候，她笑了。

「有一天早上我醒來，望著羅伊，忽然了解到他並不打算改變。他是個酒鬼，而且那正是他想做的。我離開了，而且從來沒有

回去過。剛開始過得眞苦，沒有水壺、鍋子和基本的傢俱。不過如果再重來一次，我還是會離開的。」

在六的倒立中，你把劍從船板上拔起來，面對著沈溺、游泳或在船進太多水以前抵達陸地的選擇。你迫使某特定議題達到結論，以這種方式積極地尋找加速改變之道。

寶劍七

寶劍七意味如果你想要成功的話，你需要一種新的方法。

塔羅牌中所有的七有著共同的意義：不要放棄。而寶劍牌的七則意指在精神上不要放棄。此時正是另覓途徑，以不同的解決之道來因應眼前問題的時刻了。

這張牌畫的是一個軍營。前景中這個人正在偷取敵人的武器。他拒絕投降，所以在還有時間的情況下，他做任何可能扭轉局勢的事。

在早晨，這些劍的主人打算利用它們來殺死畫面上這個人，然而他可還沒放棄呢。

他知道偷走部分的武器，就能增加生存的機會。他是一個窮則變、變則通的人。他正在找尋心目中認為可達成生存目標的方法。

這張七暗示經由審慎評估各種可能，你就能找到有效的解決之道。

綜觀歷史上某些偉大的發明，都導因於人們能夠以不同的角度來思考事情。透過「不按牌理出牌」的思考方式，有時候還真能讓你走向意想不到的目的地呢。

大體上的意義

寶劍七所傳達的訊息是：不要放棄。去找尋另一種可以達成目標的方法吧。坐下來，檢查一下你所有的選擇。和這個挑戰玩點心智遊戲，以便發現先前未曾預見的可能性。你當然還有時間來完成你的願望，然而在方法上需要更有彈性。

簡單地說，如果你得不到想要的回饋，那就去做不同的事情吧。各種行動的不同組合方式，就有可能會帶來不同的結果。

七同時也是一張祕密、隱藏動機和不坦誠的牌。例如，蓋瑞打算要做一椿買賣，而排出來的牌當中有一張寶劍七。我警告他，在

把他的錢財投進去之前，要非常嚴密地檢核這項生意。後來他果然證實了我的懷疑。因為老闆對目前事業的成功並不坦白，有一位資深經理在毫無預警的情況下帶走公司五十萬美元的資金，這件事就發生在蓋瑞檢查這項投資計畫的一個月以後。

兩性關係上的意義

在兩性關係的分析上來看，寶劍七並不盡然是張積極的牌。它所敘述的是不坦誠，而且假設是在聖杯三的旁邊出現，那它可能暗示一段三角關係，例如，其中一個人可能有外遇。

這張牌也可能暗示，對一段既存的兩性關係採行新作風，可能讓你得到你所追尋的回報。別放棄你的兩性關係，找出一種新方法來達成你的目標吧。

倒立的寶劍七

倒立的寶劍七可能是在暗示，你正在使用一種過時的方法來處理事情。該是聽聽別人意見的時候了，因為可能會有人提供你所需要的忠告。如果你想達成目標，需要的是一種截然不同的態度。

做同樣的事情通常會產生同樣的結果。如果你並不想要你目前所得到的結果，那麼改變你的態度吧！

七的倒立可能還暗示著欺騙或自我欺騙。自我欺騙會窄化你的認知，而結果就會影響到你處理事物時所做的選擇。塔羅牌中七的倒立有一個共通的含意：不要把持不放。換句話說，不要死守著你舊有的思考方式、做事方式或是對事情的感覺。

或許你正死守著一個對生活不合理的信念不放，同時還騙自己說，事情從以前到現在一直都進行得很好。寶劍對生活的一個態度是：如果你不喜歡這個世界，就改變你的想法吧——這世界將會順從你的意思來改變。

寶 劍 八

寶劍八暗示限制及喪失個人的能力。

在寶劍二當中，這女人自行蒙上雙眼，而在這張寶劍八當中，從她被捆綁的方式暗示她是被他人所囚禁，或因他人而喪失力量的。在她背後小山丘上的城堡所代表的是權威。而也就是這項權威說服了她（至少在她的心裡），使她相信她的選擇是有限的，或她是被束縛的（被迫，被限制等）。

這名女子穿著橘色和紅色的衣服，暗示她肉體上的熱情和勇氣被她的想法絆住了。她的雙足處有水，暗示她的情感是容易接近的，只要她選擇去感受它們的話。眼罩使她無法認清遠方的城堡比她所想像或記憶中的來得小。

注意看她的腿並沒有被綁起來。事實上只要她想走，隨時都可以得到自由，然而她的恐懼和困惑卻令她停留於原地。如果有人綁住你的身體，那要釋放你很容易，然而如果有人在精神束縛了你，那要恢復你的自由可就是一段緩慢而需要戒慎小心的過程了。關於這點，許多諮商輔導員都可以證實。

八這張牌可能暗示，你相信除了被役使之外，你別無選擇，果真如此的話，你就沒有任何選擇餘地了。你可能會被你的伴侶、家人、社區、政府、心靈或宗教信仰所壓迫。

神智學（Theosophical）協會的創辦人博拉瓦司基（H.P.Blavatski）認為，我們經常被我們自己或別人所欺騙。寶劍八代表這種欺騙及其結果：喪失力量。

當寶劍八出現在一副牌中，不論別人向你說些什麼，你要傾聽你的感覺，因為他們將會讓你了解事情的真相，以及找到你自己。這個時刻你要相信自己內在的感覺，而不要去管別人告訴你的話。

大體上的意義

寶劍八代表的是你被限制住的一段時間，或是在某種情況下你失去個人的能力。你覺得動彈不得，受到限制，而且沒有辦法看清楚你前面的路。

去探索那等待著你的道路吧，利用你內在的力量和個人的能力，將自己從目前的情況中釋放出來，並且把那些曾經屈服於他人的個人能量重新召喚回來。你的信念其實才是你最大的限制。好好自省並檢視這些信念，因為事實上目前的「眼罩」是在幫助你，因為它可以讓你不會分心。

在健康的分析方面，寶劍八可能暗示氣喘或胸腔方面的疾病，因為當你感覺到受壓迫的時候，通常呼吸是有困難的。

兩性關係上的意義

寶劍八顯示兩性關係上的限制。它可能是兩性關係中的一個約束性的角色，或可能是你在這種情況下感覺到被套牢或被束縛。

珍妮絲在詢問兩性關係問題時翻到了八這張牌。她覺得她和麥可之間的關係是一種嚴重的限制，在他意外受傷的時候，她正打算離開他。他在床上躺了六個月，康復之後，他需要感情上的支持。她覺得現在是不可能離開他了，且更因此覺得被捆綁在這份關係中動彈不得。

珍妮絲的自我探索，再次去發掘她內在的力量或許會對她有所助益。或許她會發現她以前沒有察覺的解決之道。

倒立的寶劍八

當寶劍八出現倒立，你可以把眼罩除去，看清楚事物本身的面貌。這八把劍，每一把都代表一種對生命的特殊信念，而現在已經鬆綁了。你可以從對生命種種限制性的信念中解放，給自己自由。從日常的角度來看，它意味最壞的情況現在已經過去了。基於更清

晰的認知，現在你可以做出比較健康的選擇了。

　　這是一張象徵限制之後解放了的牌。那些曾在某種程度上束縛過你的舊信念，正被新的理解所取代。

寶劍九

寶劍九暗示由夢境傳達的直覺,或對問題的擔心。

寶劍九的牌描繪的是一個人坐在床上,宛如剛從惡夢中驚醒。這九把劍是水平放置的,而第九把劍則位於此人心臟的部位,把思想與感情或憂慮與感情連結在一起。床單上飾以紅色玫瑰和黃道十二宮圖,在行星的運行及時間的流逝過程中,象徵我們每個人都會經歷到的生命週期。

在《塔羅牌圖解》(The Pictorial Key To The Torot)一書中,亞瑟·偉特是以「監禁、猜疑、困惑、合理的恐懼和羞愧」來解說這張牌。它可能會擁有上述的每一種意義,這端賴它周遭出現了哪些牌而定。

九是一張代表擔心和情緒騷動的牌。這種擔心可能是對自己或周遭的一切。九也可以代表鮮明的夢境或夢魘,而夢魘則可能是在傳達一種強烈的訊息,即你生命當中某些不對勁的事物,已由潛意識而浮現在你的意識層面了。當你醒過來,你可能會發現你對夢境有著清晰的印象,或者你會覺得很疲累。這種疲累感可能是那鮮明的夢境干擾了你的睡眠品質所造成的。假設你將你的夢境寫成日誌,或許會發現一個共同的線索或是明顯的訊息。那麼你的夢就可以變成一項接近你潛意識的有效工具了。

九這張牌可能暗示,你身體的能量有太多是位於頭部了。或許你的焦點和注意力都集中於思考,而沒有意識到情緒或身體的部分。在這種情況下,你需要腳踏實地。這其實就是藉著接觸大地的行動,來重新認識你自己,譬如散步、運動或多花時間親近大自然。體能的活動通常有助於重新分配能量至全身當中。

大體上的意義

寶劍九代表的是強烈的夢。或許你的潛意識正努力教導你某些

事情。傾聽你的夢境。或許你是在支持某種狀況或哲理，而它並不相對的支持你。

憂煩、頭痛和睡眠的困難也同樣是這牌所意指的。在健康的分析方面，九是有關心臟、上脊椎、頸部和頭部方面的問題。

假如九這張牌是和五角星牌一起出現的話，那麼你可能有金錢方面的困擾；而如果它是出現在聖杯牌的旁邊，你可能是在為兩性關係或情感上的事情而煩心；假設它和權杖牌在一起的話，那麼有兩種可能，即你正在為旅行或改變的事煩惱，或是你有太多身體上的事情需要你馬上去關心它。

兩性關係上的意義

在兩性關係的分析中，寶劍九暗示你正為一個兩性關係煩惱，或是你有很鮮明的夢境告訴你，在某段關係中基本問題是什麼。

九這張牌也可以象徵，你恐懼一段關係的破裂，而這種恐懼可能是毫無由來的。你必須連同牌面上其他的牌一起看，才能證實這方面的意義。這正是傾聽你自己心聲的時刻了，如此你才能確認及滿足你所有的需求。

倒立的寶劍九

寶劍九出現倒立時，它意指夢境所帶來的直覺。你很可能會依夢境所透露的訊息來行事。這張牌以暗示預言式的夢境，詳述著你未來生活當中的重要事件。

簡單地說，九這張牌說的是你的潛意識將你的恐懼和欲望，透過夢境傳達給你的意識。當九出現倒立時，你要更加留意這樣的訊息，因為該是你不再隱藏你自己、真實的價值、恐懼，或未實現之欲望的時候了。一旦你能面對你的恐懼，惡夢將沈澱下來。它也可能意味著，對某種特殊狀況你已經不再那麼耽心了。

寶劍十

寶劍十意味在另一個開始之前某種狀況的結束。

寶劍十的牌描繪的是一個難以忘懷且不吉利的意象。有一個人臉朝下地躺在地上,而且背部和頸子共插了十把劍。天空是一片漆黑,只有遠方隱隱地透露出一點象徵日出光線。那一池水澄靜如玻璃,而周遭杳無人跡。

這張牌暗示在某種情況下,你已到了最低潮的時刻,但遠方微弱的陽光暗示著,尾隨這艱困時刻的將會是新的以及更好的事物。

你對人生的思想或信念導致你此刻的境遇,從這裡,你的思想將會帶領你到任何你認為能夠去的地方。

它或許能幫助你從物質環境、對生命的信念中抽離,以便能鉅細靡遺地檢視它們。你也可能是被一些無用的事物,或對生命具破壞性的信念給絆住了。

通常,在這種低潮的時刻,你會設法去抓住那些你平日棄而不用的事物及態度。要讓你自身與這些事物分離,理論上聽起來是蠻簡單的,但是真要做起來可能會有很多危險性,在真實生活及想像上均然。這裡所教導的是屈從,並且容許改變發生。

大體上的意義

寶劍十代表一種情況的結束。可能指兩性關係的結束,或某關係中一個階段的結束,或一項事業的失敗。你生命中的某些事物已經結束了,接受這個事實有助於新事物來取代舊的。在健康的分析上,這張牌指的是脊髓毛病、頸部僵硬或喉嚨吞嚥困難。

如果寶劍十和死亡、高塔、審判等牌一起出現的話,它可能象徵肉體的死亡。

幾年前我幫一個女人占卜,她在剩下的一個小時內花十分鐘問

了一連串的問題，而最後一個問題，是有關她父親的健康情形。

在他的健康分析中有寶劍六和十、死亡、高塔和審判牌，然後她又加了一張空白牌在結果的位置。

我花了好幾分鐘的時間來研究這些牌，以做出絕對的確認。而實在是找不出另外的可能，於是我只得告訴她，有個很明顯的可能性顯示出來，她父親會在下個月去世。我小心翼翼地向她說明這件事情，以免驚嚇到她。而她卻是以微笑回報我。

「好吧，我知道他的來日無多了。他正在醫院裡面依我們的要求打嗎啡。我只是想知道在牌上是不是看得出來。」

如果沒有其他這幾張牌一起出現的話，十可能只是暗示一種改變，而如果出現這幾張牌的話，肯定是最終的改變。

兩性關係上的意義

寶劍十可能代表整個關係的結束，或是其中一個階段的結束。例如，當一個嬰兒出生，只有兩人的互動關係就會因他的存在而結束，並轉變爲包含了另外一個人的新關係。有時候十也意指分手之前的低潮經驗。

倒立的寶劍十

倒立的寶劍十意味在一段艱困的時光中，得到暫時的喘息，你應該明智地利用這個機會讓你本身或處境做一個眞實的改變。如果你不圖謀改變的話，情況還是又會回到以前的樣子，而十這張牌還是會以直立的姿態出現在你的分析當中。

這可不是一個可以鬆懈下來的時刻，而是做眞正改變的時候。當牌倒立時，表示你已走到了谷底，但是沒有任何事情是會自動改善，現在正是你邁開腳步，朝一個嶄新的方向出發的時候了。

寶劍侍衛

寶劍侍衛可能象徵太多的夢想，而行動卻不夠。

寶劍牌組代表的是空氣的元素，而這張侍衛牌則是空氣元素中空氣的部分。你可以發現到這個侍衛的雙腳離地甚遠。這表示一種生活的態度，這種態度要求你透過夢境和思想讓自己從現實抽離出來。

對那些倚賴創意和思考維生的人而言，這可說是一張正面的牌，但是也可能暗示腳踏實地是必要的，假設你想生產實際或有形的東西。

侍衛代表新消息，例如一通電話或是一封信，因為傳統當中的侍衛是幫朝廷傳遞消息的人。由於這個侍衛是浮在陸地上方，暗示航空旅行。如果權杖三、寶劍六、權杖八、節制或世界出現在牌面中，則這個意味就更加明顯了。

如果用來形容一個人外表，那他們的顏色通常是深色的頭髮和眼睛（這適用於每一張寶劍的宮廷牌）。如果這個侍衛所代表的當事人少於二十一歲的話，他們可能是充滿創意、計畫和夢想的人，然而可能會缺乏付諸行動必要的實際基礎。若當事人已超過二十一歲，則他們的生活態度可能是不成熟或孩子氣的。

大體上的意義

寶劍侍衛可能代表一趟搭飛機的旅程、任何與你問題有關的訊息，或是在一般的占卜中，有關你目前所擁有的一個構想或計畫的消息。一個心思活潑、容易沈浸於靈感中，而想法卻並不怎麼實際的年輕人，也可能是寶劍侍衛所暗示的。

在事業的分析上，它可能代表創意和夢想會幫助你，或變成事業的一部分。有時候寶劍侍衛暗示你對某個方案或狀況仍處於幻想

的階段，所以在你判斷自己的想法是否可行之前，你需要先回到現實當中來。

兩性關係上的意義

寶劍侍衛意味你正在夢想一段你想要的兩性關係，然而卻沒有爲了讓此夢付諸實現而有所行動。它暗示你對兩性關係抱持一種神話般的態度，或是說你從現實或痛苦中退縮，而將一切停留在腦海當中（那就是說，透過思考接近生活，而不去考慮你的感受爲何）。它代表一種對情感的知性態度，然而對你本身或處境卻缺乏取得深刻了解的基礎。

倒立的寶劍侍衛

寶劍侍衛倒立時，可能象徵遲來的消息。它也暗示你的根基尚未穩固。飛機的飛翔倒比較像侍衛牌的倒立，而不是此牌的正立。在事業的分析上，它可能意味著和飛翔相關的事業。飛機上的工作人員和駕駛員常常會選中這張牌。

愛說閒話也是侍衛牌的一個意思，因爲傳遞消息是他的任務，不過這回他所散播的對象可比他所想像的還多。它也可能暗示著，你比較擅長思考及談話，而不是行動。

寶劍侍衛可能意味在使夢想實現上，你做得不夠多。或許你是嘴巴上在說做這件事，而身體卻在做另一件。

例如，珍妮不停地談論她的寫作。每一個她所認識的人，都會很快地就知道她書的取材，及它如何改變她的生命。然而事實上是，她的創作熱情跑到了她的嘴巴，而非她的筆端，所以十個月內她一頁也沒寫出來。她活在成爲一名作家的夢想中，卻沒有實際寫過任何東西。當寶劍侍衛出現倒立時，它所表達的就是：停止做夢，開始行動吧！

寶劍騎士

寶劍騎士暗示，要達成願望需要有敏捷的行動。

和其他的騎士相較，寶劍騎士不論在活動、行爲和思考上都是最快速的。他代表空氣元素中火的部分，是思想和行動的組合。

他在思想、言談和行動上都很急躁。慌慌張張又沒耐心的他，總是急著要衝往某些新事物，甚至於根本不知道自己的方向在哪裡。他對事情的可行性往往毫無評估就開始行動。

這張騎士牌在占星學上象徵著牡羊座和雙子座。當皇帝或權杖國王也同時出現時，是代表白羊座；而當寶劍牌的宮廷牌或戀人牌一起出現的時候，就是雙子座。

寶劍騎士描述一位年齡介於二十一和三十之間的人，有著敏捷的思想和身體，他喜歡行動甚於審慎規畫或深思熟慮。這個人對重複的事很不耐煩，而較喜歡行動、新鮮事物以及改變。

這個騎士可以選擇變成權杖國王或寶劍國王。若要變成權杖國王，他必須稍加規範自己的熱情，而若想成爲寶劍國王，則必須約束自己的思想。

大體上的意義

寶劍騎士代表的是迅速的行動：躍進或跳出某種情境。作爲某個問題的答案，它暗示著一個快速的動作或出其不意的行爲是有需要的。已經沒有時間去想該作何選擇了——去做就對了。

這張牌通常是代表一個年輕人，他不按牌理出牌、缺少耐心、思考敏捷。如果這個人要來幫忙你，你只有很短的時間可以考慮要婉拒或接受，因爲很快地，他又會將注意力轉移到其他地方去了。

兩性關係上的意義

　　寶劍騎士通常意味，有個人走進了你的生活，然後又在短時間內離開了。對他而言，這是路過，所以你大可享受和他在一起的時光，不過要記住，他可能改變主意、方向，或落腳處於一瞬間。

　　對騎士而言，兩性關係是一種心智上的交會。他的點子層出不窮，而且在交談時可以很快地找到一個新方向。海倫的伴侶布列德雷就是一個例子。當海倫在慶祝結婚十週年時，她仍記得和布列德雷的電話交談，那便是一切的開始。

　　「妳正在吃什麼？」

　　「吃橘子。」

　　「哦，這讓我想到我們在布萊登附近住時，妳那條艷橘色的皮帶，它還在嗎？」

　　「沒有，已經不在了。」

　　「我聽說那棟房子上個禮拜已經賣出去了，賣了差不多有二十五萬元哪，簡直是離譜！妳不覺得嗎？」

　　「嗯，的確是。」

　　「我彷彿還看得到在馬克的宴會結束之後，妳穿著那件漂亮的綢緞洋裝在泥濘的道路上摔了一跤的情形哩。說到馬克，他結婚了嗎？」

　　「不，還沒有。」

　　「我已經選好我要舉行婚禮的教堂了。」

　　「你打算和誰結婚呢？」

　　「還不知道，不過每個人心裡總要有一座教堂，萬一有人很在意這些事情的話。」

　　「哦，布列德雷，你還真說得出口！」

　　「過獎，過獎。所以到時候妳願意嫁給我嗎？」

　　寶劍騎士很少在你預料的地方結束談話，因為他的思想老是跳來跳去。他就是天馬行空思考的一個例子。

假設你是寶劍騎士，或許你會發現自己因爲某些人的思考方式，或因他們某些詭異的特質而被吸引。當你發現自己對他們如何思考，或他們是怎麼樣的人的好奇心已經滿足之後，你可能就對他們失去興趣而想離開了。

倒立的寶劍騎士

從日常的觀點來看，寶劍騎士的倒立暗示，由於缺乏事前的考量以至無法成功。這可能是說你無法規範自己去完成你已著手的事。這張騎士牌代表一種脫序的思考，以及因新奇和感動而迷惑。

倒立的騎士可能是浪費的、粗心的和膚淺的。這裡還暗示著沒有耐心，無法停下來好好反省過去的種種行爲。他經常犯同樣的錯誤，使他覺得更沒耐心。他可能會發現自己急著要彌補逝去的光陰，於是做出一大堆動作，卻毫無結果。

騎士牌的倒立可能代表著，你開始去做一些你不會或不可能完成的事，因爲你很少或根本沒有去思考它的完成。你可能會承諾得比你能做的還多，或是發現自己無法信守諾言，因爲情況遠比你當初所理解的更複雜。

寶劍皇后

寶劍皇后暗示，經過深思熟慮所得到的成就。

皇后代表空氣元素中水的部分：情緒和智力結合所帶來的理解。她是理性的、思慮清晰及有耐性的。懸掛在她左手腕處的墜飾是在暗示，她必須利用她的劍（心智）來砍斷束縛。她對生命的理解已經還給她自由了。

她身旁有許多雲圍繞著，不過她的頭卻位於雲的上端，暗示她能夠超越生命中情感的起伏不定。她的手向前方的生命召喚，而劍則隨時在握，以分析因應之道。皇后的這把劍筆直朝上，露出兩端刀口，因爲她知道人生的二元性。

她的思慮相當敏捷，是一個優秀的組織者，也是對人性相當機靈的審判者。她可能會是個完美主義者。她會給予美好而明智的忠告，這是根據她對自己痛苦經驗的深刻記憶而來的。這是一個喜歡說話的女人，良好的對談似乎會使她感到振奮。

這可能是一張象徵處女座的牌，尤其是它和隱士一起出現的話；或者它也可能代表雙子座、天秤座或水瓶座。

寶劍皇后所表示的這個人適合從事的事業有教學、管理、生意的經營者或顧問、諮商（比較接近一種知性的層面）、人事管理。她可能也會喜歡政治、醫藥、法律、科學研究、出版、編輯／校對，或任何要動腦的工作。

大體上的意義

寶劍皇后是一張思索感情的牌。它可能意味運用心智到情感中的行動，好讓感覺有意義。作爲某個問題的答案，寶劍皇后暗示透過清晰思考而獲致成功。

現在正是你反省過去的行爲或目前情況的時刻了。密切地觀察

那些接近你的事物，以確認你不會再重陷困境中。你可能會想從生活當中撤退，好好地思考你自己，以及未來的方向。

兩性關係上的意義

以一個人而言，寶劍皇后是一個思考敏捷的女人，而且也是個對人性相當犀利的裁判，她喜歡和那種心思靈巧的人為伴。她經由交談及觀察對方的行為、習性來發現她的伴侶，謹慎地發展每一段關係。她有著很微妙的幽默感，不過如果你不仔細聽的話，有可能會忽略掉。

寶劍皇后可能象徵你對兩性關係的戒慎態度。例如，在你投入之前，你會希望觀察這個可能的伴侶一段時間。過去的困境已經教會你要小心投入、小心承諾。你並不怕孤單，也不見得會孤單。

倒立的寶劍皇后

當寶劍皇后出現倒立時，她可能會是一個悲觀主義者、完美主義者和冷漠的人。她可以利用她的劍來挑起麻煩，並將她對人性犀利的判斷和冷漠的好奇心結合在一起。她可以創造出一觸即發的情境，因為她喜歡看著別人戰鬥。在那原本會成為朋友的人，在她巧妙的操縱之下會反目成仇。

她自身痛苦的經驗已經嚴重地傷害到她，所以她會一方面以一種開放的姿態來召喚人生，另一方面卻在它向她靠近時，以她的劍將它擊倒。

她可能會不誠實，你卻很難使她面對這個事實，因為她總是為自己開了一扇小窗，隨時準備奪窗而逃。她可能會是惡毒的、心胸狹窄的（她稱偏狹的人生觀為「純潔的信念」）、尖酸刻薄的。她會處心積慮地找出別人的弱點，好對他們進行操縱或控制。

她經常對自身的能力抱持懷疑，而她也將使你對自己產生懷

疑。她相當渴望接觸人生、渴望成長，然而她卻害怕冒險。對人生僵化的信念使她的情感常處於饑饉的狀態。

當寶劍皇后出現倒立時，代表她極少善用自己的思考，而寧願讓自己停留在舊習慣、傷害或負面想法當中。

在健康的分析方面，這張牌可能暗示胰臟方面的疾病，可能和血糖過少或糖尿病有關。有時候這個人一點親切感也沒有，有的只是尖酸刻薄，因爲她相信生命從來沒有善待過她，而她也無法在別人身上找到一絲絲的仁慈。

這張牌倒立的另外一種意義是，你有一種苛責自己的傾向，即使你只是犯了一個小小的錯誤。這可能是暗示你是一個完美主義者。果眞如此的話，或許你應該記住：生活還包括了那些隨時會把手給弄髒的事物。或許你還沒有理解過去所發生的事情的意義，而且爲那些你做過或沒有去做的事情而懲罰自己。

寶劍國王

寶劍國王意指透過清晰的思考，和實際的努力而成功。

寶劍國王代表空氣元素中土的部分。他象徵實用的思考和構想。這張牌是在告訴你，你需要利用你的構想去做一些真實的事，並擁有一些物質的東西來代表它們。

寶劍國王可以代表占星學上的水瓶座，尤其是當星星出現在牌面上時；而當和正義或女皇一起出現時則代表天秤座；如果是和戀人同時出現則代表雙子座。

國王代表一個在心智上擁有自制能力的成熟男人。他深諳規畫的價值，也明白思考和行動結合的重要性。他是一個擁有良好、清晰、實用構想的人，而且那些點子都經得起試煉和考驗。他可能會太偏重實際思考，而對於那種未經合理化的感情則會顯得無所適從。他是一個思想和目標有條不紊的人，也是一個很好的組織者，以及傾向於從事管理他人的工作。

做生意、政治、法律和行政官僚等工作都會吸引他，而建築和機械他也有興趣。這個國王的外表可能是深色的頭髮和眼睛，不過探討他的本質會比他的顏色來得可靠。

這張牌裡面飛得比他還高的鳥兒顯示出心智高飛的可能，他仍是穩坐於寶座之上，置身實際而可掌握的事物當中。他對於邏輯和實用主義的熱衷，使他沒有太多的空間去經歷像侍衛那麼豐富的感情和夢想。國王總是讓有目的思考佔滿自己的腦子，不像侍衛喜歡把思考當做他從限制重重的真實世界裡逃出來的方法。

就實際的角度來看，他的建議是值得遵循的，也喜歡從事法律方面的工作。他也適合像醫藥、科學、教學、傳播、生意上的顧問及著述（非小說創作）等工作。

大體上的意義

寶劍國王代表對清楚的思想的追求、誠實，以及將知識導入現實的需求。作為某個問題的答案，這張國王牌可以說是透過清楚而有效之計畫而達到成功。它也可暗示健全的構想及經營會帶來成功，因為擁有一項計畫、目標和持續的努力，正是一個贏的組合。

這張牌可能暗示，有人正在對你做明確而合理的忠告。在牌面上當正義牌隨同出現時，這張牌即暗示即將有一場官司要上場了。

兩性關係上的意義

寶劍國王敘述一個思路清晰而務實的男人，他需要的伴侶是在心智上和他對人生有相同理解的人，而且要言行一致。它也可以代表一種有著明確目標，而且彼此心智能交融的兩性關係。

倒立的寶劍國王

當這張牌倒立出現時，可能意味著喪失了清晰的思路。他或許是不成熟，或在精神上無法自制的，或甚至是殘忍和狡猾的。當牌倒立時，他可能會變成心胸窄狹而虛偽的或精神渙散，對任何人或任何事都無法付出。一如騎士牌的倒立，他在兩性關係上變得難以預料。他可能會跑掉好幾天或幾個禮拜，然後又再度出現，卻不做任何解釋，就好像什麼事也沒發生過似的。

他擁有一種自由揮灑的思考方式，然而儘管他的點子絢麗而創意十足，真正能落實的卻極為有限，因為他缺乏執行和堅持的力量。由於他在表達自己，及自己的創意和構想上相當出色，於是他在那些對他並不熟悉的人的腦海中會留下一種深刻的印象，但如果要產生結果的話，最好是由寶劍皇后或五角星皇后來加以安排。五角星類型的人比較能夠完成這個國王所著手進行的事。

就日常的角度來看，這張牌顯示一個正立的國王正遭遇著困難或某種危機。而當他可以站起來的時候，他又會以一個正立的國王

的姿態出現。寶劍國王和倒立可能意味著由於思緒和計畫凌亂，又缺乏毅力，所以無法成功。

國王的倒立可以象徵一種追尋自私動機的強烈念頭。例如，一個野心勃勃的人，盤算或策畫著如何攀上權力高峰。身為法律顧問，這個國王很可能建議罪犯鑽法律漏洞，犧牲他人來致富。他夠狡猾所以行藏不露痕跡，也可能因為自己的行為而去陷害別人。

寶劍牌組的故事

國王、皇后、騎士和侍衛是一家人：爸爸、媽媽、兒子和女兒。這天是聖誕節，國王送給他兒子第一把劍。皇后明白這小男孩有限的能力，以及這把劍的潛力，因此堅持騎士去學習某些基本的劍術課程。

騎士對試新劍很不耐煩，於是在課程開始的前一天帶著它跑出去尋樂子。

在十當中，騎士在一場打鬥中被一名技巧比他高超的人殺死。

在九當中，他的妹妹，也就是侍衛，正悲傷著。她必須面對生命當中已經發生的某些可怕事情的事實。她無法理解哥哥為什麼死了；是誰的錯，或為什麼一開始他會有這把劍？她的夢幫助她明白了這場悲劇。

在八當中，她覺得自己無法替哥哥報仇，因為她用劍的經驗比她哥哥還少，所以，結果她就被抓住，綁了起來。她被自己的悲傷和對生命的信仰給束縛了。她對他的死亡，以及她的痛苦充滿了無力感。

在七當中，由於害怕面對現實，她祕密地實現她的願望。她找到了操縱這個世界的方法，那就是與世界保持距離，以確保自己不會步上哥哥的後塵。她害怕表露她自己或暴露出自己的缺點。

在六當中，時間治療了她的創傷，而恐懼感也沈澱下來了，即使它並未被完全地處理妥當。在經過這段情緒狂亂的時光之後，她已走到一個較為穩定的狀態下了。她開始感受到生命還是不錯的，而她的混亂乃是來自她的內在。

在五當中，她企圖以她對生命狹隘的觀點來欺騙她的家人和朋

友。爭辯和緊張的氣氛蔓延開來，而她贏了，或者至少她達其所願了，不過她也失去了他們的信任和尊重。

在四當中，她開始反省她的行為，以及和她家人疏離的後果。這使她開始檢視她的人生觀。在她深思的同時，她過去所經歷的悲傷又再度浮現；而在三當中，她體驗到了當年她哥哥死亡時，她無法接受的痛苦。她終於了解到在避免冒險的同時，她也喪失了成長的機會。

在二當中，她終於明白了思想的力量是巨大的，也理解到，對生命或自己所持的信念往往會成真，或者用她的話來說：「如果你是靠劍維生的，你就有可能會死在劍下。」

在王牌當中，這把劍終於直立，而且現出它的兩面刀鋒了。它刺破了對現實的幻想，揭露了隱藏在事件背後的原因，以及那些決定我們生活的種種。

她握緊了這把劍，而且在這樣做的時候變成皇后。她穩穩地持住這把劍並小心地運用它。她所找尋的伴侶是思想受過訓練，而且對人生的理解相當透澈的人。慢慢地，當她自己的小騎士逐漸長大，他的伴侶將會給他一把劍，她知道這個小孩沒耐性，於是，她將會堅持在送出禮物的同時，他需要去上某些課程。

這個故事跟其他不同，是以倒敘的方式進行。因為在十張牌中，王牌裡的劍是唯一直立向上的。而寶劍皇后是唯一另外一張有直立的劍的牌，表示她腦筋明晰。有時在塔羅課程裡，一張倒立的寶劍皇后會引出這個倒敘的牌組故事，課堂裡自然是一陣爭論。

塔羅牌占卜的 準確性如何？

「你的準確度到底有多高？」電話那頭傳來這樣的聲音。我笑了，我的回答就像我一貫對這個問題的回答。

「這真是個很難回答的問題，因為通常只有在人們覺得我上一次的占卜正確時，他們才會再回來。而那些不覺得我的解讀正確，或是不喜歡我的方式的人，就不會再回來。當然啦，你必須記住一件事情，作為一名分析師，不論我有多準確或多不準確，我都要告訴你，我是最棒的。畢竟在我們的交談底下，存在的是一份生意的往來！」

她笑了，而且同意我的看法。「你真厚臉皮，不過我就是喜歡厚臉皮，所以你什麼時候可以把我安排進去？」

當我們和分析師談話時，正確性是一個很難處理的話題。每位分析師都有他最喜歡的故事可以證明他的分析是準確的，絕對不容置疑。不過，我猜每位分析師對他們所做的某些分析的準確性多少還是會有點懷疑的。

許多年前我在一家咖啡店裡做分析，在那邊我必須學會將所有有關性別的參考資料加以排除。這家咖啡店生意興隆，而我是在每個禮拜的傍晚到那裡做塔羅牌分析的。有一天晚上，我為一個女人做分析，在她的牌裡面，我把權杖國王形容為一個積極、火性的男人，他有藍眼珠和紅棕色的頭髮，喜歡待在戶外。我說，他就是她的伴侶，因為他出現在大體的分析當中，然後又再度出現在兩性關

係問題上。在我算完牌之後，她搖頭了。

「那個就是我的伴侶，坐在門旁那張桌子的就是。」她說道，並指著一個穿皮夾克、雙手抱著兩頂安全帽，並且閱讀著菜單的女人。那女人有著強壯的體型，短而粗的紅頭髮，而且還停了一部她的哈雷機車在人行道上。她是個女人，但她是權杖國王，因為儘管她的性別是女的，但她擁有太多他的特質。

你沒有理由期待你的分析會完全準確，但那不應阻止你嘗試成為既有條件下最好的分析師。人們通常會問我，在那麼擁擠的市場裡，歌者和表演藝人就在我桌子邊兩公尺內工作，我怎麼還能保持專心？我回答說，我生長在一個有十個孩子的家庭裡，那教導我必須集中注意力。

當你在進行分析時，要記得你是在進行一項交談。假如都是你在說，你將無法確定顧客是否了解你所說的，或該如何調整適合顧客的用詞遣字。使用適當的字眼很重要。在你為一名律師及為一位藝術家進行分析時，你總不會使用完全一樣的語言吧，因為他們所熟悉的語言可能不一樣。

有一次我在倫敦市東端為一位十幾歲的小女孩進行分析，她是我一位朋友的女兒，這些人是貨真價實的東端居民，在每一次切牌之後，女兒就會望著她媽媽，請她翻譯。

「這樣子對妳夠清楚嗎？」每次算完牌之後我會問。

「一個黑頭髮的小伙子是什麼意思？我不認識任何黑頭髮的傢伙呀。」有一次算完牌後，她這麼說。

「那麥可呢？他不就是黑頭髮嗎？」她媽媽立刻回答。

「哦，當然是囉，死模活樣的麥可應該會出現吧？」

我們都說英語，卻經歷了解上的困難——被一種共同的語言給區分開來了。

　　有時候顧客無法把你給他們的細節放到合適的位置上，因為你沒有促使他們說出所有可能的狀況。我可以舉一個幾年前發生在某個市場裡的故事。一個年輕女孩坐下來，然後開始洗牌。最下面一張牌（現在是最上面的牌，因為我把整副牌翻過來，從側面看著它）是五角星國王，在它底下的牌是五角星四和五角星二。

　　我通常會在當事人洗牌之後，檢查這副牌的最下面一張，因為這張牌顯露出他們目前的關心或需求。

　　「你身邊那名黑髮男子是誰？」我問。

　　「沒有。我並沒有認識一個黑頭髮的男人。」她需要更多的細節，所以我又繼續說下去。

　　「他比妳年長，或許超過三十歲了，可能是金牛座的（五角星國王和四都代表金牛座）。他目前要做一個有關金錢或生意的決定（五角星的二）。」

　　「不，我實在想不起來有這樣的人。」

　　「他可能是自行創業，或至少他想要這個做。」

　　「不，我想不出這樣的人」

　　我留下了這個話題，然後繼續進行我們的分析。在第三副牌中，我問她父母親是什麼星座的。

　　「哦，媽媽是天蠍座，爸爸是金牛座。」

　　「你爸爸是自己當老闆的嗎？」

　　「沒錯，他是。」

　　「他現在正在為他的生意做決定嗎？」

　　「哦，太詭異了。他正在決定是要搬到別地方，或是結束它。你怎麼知道的？」

　　「記得妳剛坐下來的時候，我問妳金牛座的人是誰嗎？」

　　「哦，我所想的是我的男朋友，他是巨蟹座的。」

　　當你在敘述一個男人時，很多女人直接就想到她們的伴侶，然

而大多數的女人至少總認識個五、六名，對她們而言是很重要的男人——父親、兄弟、同事、鄰居、朋友或女性朋友的夥伴。現在我對這個問題的說法是：「他可能是任何一個在你生命中扮演著重要角色的男人，而非只是指你的伴侶而已。」

有時候的分析在我和顧客看來都沒什麼意義。但是如果每一副牌都證實你上一副牌所說的話，那麼請相信，它是正確的。

在最近的一次塔羅牌課程中，我看著四名不同的學生為另外一名特別的學生進行分析，他們全都說她已經和一名火性的男人（權杖國王）分開了，而且現在又有一位思緒敏捷的男人（寶劍國王）在她身邊。每個人都說，這段新關係也將只是過眼雲煙，因為是在重複和那火性男人關係的課題。

每次有人為這名女士做分析，她都無法相信這將只是短暫的關係。就我的看法而言，這是一段用來幫助她適應和那火性男人分開的關係，而在一、兩個月之後，它就完成這個使命了。

有一名幫這女人做過分析的學生向我透露，她很擔心自己在說明時可能錯得很離譜，因為她所分析的這個女人，並沒有印證她所說的話。

「告訴我，妳有沒有看到她身旁那個火性男人在過去的位置？」

「有的。」

「妳有沒有看到她身旁另一個男人出現在現在的位置？」

「有的。」

「那妳有沒有說，現在這個男人可能不會長久地待在她的生命當中？」

「有呀。」

「是不是在那個時候，她開始懷疑妳的能力？」

「嗯，沒錯，差不多在當時她開始顯得困惑。」

「在這裡妳不是第一個告訴她有關這個男人與這段關係的事。

只是她今天不想聽這個。」

「但是，為什麼呢？為什麼她會不想聽這個呢？」

「妳是否曾經想要強烈地相信某些事，所以妳只看妳想看的事情？」

「哦，沒錯，我明白了。」

「妳已經把妳最好的呈現給她了，慢慢地，她或許會記起妳曾說的話，那些話或許會證實對她是有用的。以目前來講，她似乎認為和這個男人有長遠的未來是相當重要的。讓她停止這種想法，這可由不得我們。我們也可能有一些錯誤的人生觀。我向來認為我臉上只有少數的雀斑。」

「真的嗎？但是你長了滿臉的雀斑呢。」

「沒錯，有一張照片終於說服了我。哦，照相機是多麼殘忍的東西啊！」

大多數人期望你做到百分之百的準確，但那幾乎是不可能的。不過和其他職業的準確度相比，或許你會感到有些釋懷吧。假設經濟學者在完整的統計資料和研究報告的幫助下，可以讓他們更準確一點的話，那麼他們應該能預測到一九八七年的股市大崩盤，然而他們沒有，不過這並沒有阻止那些經濟學者進行預言，當然也沒有停止人們對他們的信任。

說到這個，我倒想起，最近我做了一次不準確的占卜。有一位朋友打了州際電話來問，她的寶寶什麼時候才會出生。她老公猜測是在十月二十八日，我迅速地切牌並證實了那個日子。但到了十一月二日，她仍未分娩。對於這次錯誤的預測，我想有幾個可能的因素，可能是我切牌的時機太過匆促，也有可能是我的措辭有問題。我會這麼快地切牌是因為她得付出非常昂貴的電話費；而她是有自由意志的人，或許是她害怕分娩的過程而遲遲不把寶寶生下來；電

話上的占卜在解說的清晰度原本就比較困難，因為你和當事人之間的互動通常會比當面溝通來得弱。

　　如果你個人受到牌面或問題本身的影響，那麼你的準確度也會受到影響。例如，假設有位當事人問你，基於某種理由停止受孕是好還是不好，而你對這種事情又有很明顯的個人觀點時，你就不再客觀，如此一來你就不再適合為對方做分析了。對待顧客一定要誠實，你要告訴他們你無法正確地回答那個問題，因為你有情感上的涉入。大多數人會因你的誠實而感激你。這總比給他們一個誤導的解讀要好吧。

　　如果問卜者很強烈地想要一個特別的答案，就有可能影響解讀的正確性了。最近有個女人在我的答錄機上留了一個很緊急的電話，要求我立刻回話。結果是她那十五歲的女兒失蹤了。她四處尋找她的女兒，連警察局也報了案，但是就是沒有半點消息。這就是一個強烈的想要知道問題結果的慾望，所以我告訴那女人，一旦我能從牌上得到任何訊息，我就會馬上打電話給她。

　　這名母親因女兒而引起的恐懼或希望，很可能影響到我在牌上所看到的任何事情，所以我選擇在安靜，而沒有那麼多壓力的情況下來進行分析。我打電話告訴她，她女兒很安全，而且在那天晚上十點以前就能見到她。我看見她和學校（教皇）的朋友在一起，這次的麻煩是從她女兒所喜歡的一個年輕人（權杖騎士）引起的。母親同意這些看法。稍後她打電話來告訴我，他們在一名她的女性朋友的住處找到了她女兒的東西，而那個朋友已經外出，可能是她和女兒在一起。

　　在我告訴這個女人任何事情之前，我就指出情緒上的因素越多，準確性就會遞減。這名母親就像任何母親一樣，已經是完全地情緒化了，而這種恐懼與渴望混合將會降低塔羅牌占卜的準確度。她想要叫她老公立刻前來聽取解讀，不過我知道這樣或許是不對

的。因為在這種時刻，他可能就和他妻子一般的情緒化。遇到像這樣的情形，占卜是幫助不了任何人的，而且可能有損於你作為一名分析師的名聲。我只好再告訴她，她會在當天晚上看到她女兒，如果她丈夫還想做分析的話，我會很願意在早上幫他進行。

事實上，那個媽媽當天晚上真的就見到她女兒了。那一天她就是和一名學校裡的朋友一起出去的。

數年前我曾經和另一名塔羅牌分析師同在一家小店內工作。某個星期天大約下午三點左右，有個女人走進店裡要做分析，我實在沒有辦法不聽到他們的分析，而且也漸漸地對其分析內容瞭若指掌，因為在接下來的七個禮拜，她每個禮拜天都來做分析。

我的同事有點遲疑地以一種新的措辭告訴她說，那個為了一個紅髮女人而離開他的黑髮男人不會再回來了，她對於自己的人生應該採取一個新方向。

「過去在妳身旁的男人已經走了，而且似乎是不會再回頭了……。」

「這個紅髮女人目前正和黑髮男人共同計畫著他們的人生，妳應該要好好地向前展望妳的下一個機會……。」

「我看到一個金髮的男人即將取代那個離你而去的黑髮男人。結果你會樂見他和紅髮女人在一起……。」

「妳身邊曾經有過一個黑髮的務實男人，但顯然他已經離開了，或許是和一名紅頭髮女人在一起……。」

她總共接受了八次分析，結果不是聽到他上面說的那些話，就是聽說她錢已經用完，或遇上了一個金髮男人。讓我驚訝的是，一個禮拜接著一個禮拜，每次分析所含的牌幾乎都一樣。

這使我深信塔羅牌占卜的準確性，因為這女人在超過兩個月的期間所進行的八次分析當中，竟選擇了許多相同的牌。要知道她選牌的時候眼睛是閉上的，然後從她洗過的牌中，用她那非專業的手

隨意抽出來的，你不難體會要選中同樣的牌，機會是多麼渺茫！

每個禮拜至少有一個顧客會在三或四副牌的同一個位置上選出同樣一張牌。在占卜的過程中所形成的巧合和模式讓我深感興趣，此一興趣讓我相信，那些看似巧合者，通常是一種我們尚未辨認出的模式。

由顧客洗牌、選牌，然後讓分析師進行解讀。隨便幾件事情就會造成不準確，例如顧客的精神或許並沒有集中在問題上，或是詢問一個模糊的問題，或是你、分析師，並沒有看出一個模式，或是對牌的意義並沒有精闢的了解。

如果進行分析的過程相當慎重，顧客也能集中精神於他們所問的問題上，分析師有著良好的工作知識，並善解所有牌的意義，那他就可以做出明晰而正確的分析了。一次準確的分析會讓當事人對於自己置身於人生的何處有一個明白的印象，並且向他們詳細說明他們所具有的抉擇為何。

五角星牌組

五角星牌代表土的元素。土所表示的則是眞實的、物質的東西，或是一種肉體的形式。權杖表明熱情和一種對人生積極的姿態。聖杯敘述敏銳的心思和創造力；寶劍意味思考、構想和理解；而五角星則和上述這些東西的最終產物有關。

五角星就是一種有五個尖點的星星，而其中一點是垂直向上的。每一點都代表身體的一部分（頭、雙臂和雙腿）。垂直向上的那個點象徵控制身體熱情的心智。包圍五角星的圓圈，是爲了容納這顆星的能量，好讓它運用在實際的用途上。

五角星的類型是土型的。他們喜歡大自然，崇尚實際，喜歡生意往來和物質性的東西。權杖是傾向於活在未來，而五角星則活在當下。比起其他三種類型，他們對於自己的身體更能處之泰然，也更會好好地照料自己的健康，通常顯得健康、活潑及腳踏實地。

當幾張五角星牌出現在牌面上，這意味著財務或物質性的東西是你思想當中最重要的東西。當你在詢問有關事業或財務問題時，你很可能看到這些牌。五角星類型的人總是說：「這眞是個棒透了的點子，它可以爲某人賺進大把鈔票，不過要推動這個案子總得花點錢。目前你口袋裡有多少錢呢？」

五角星王牌

五角星王牌暗示，你有足夠的錢好執行你的計畫。

五角星王牌代表一個開始。它可能是一個嶄新的開始，或是某種狀態中一個新局面的開端，這可由和其他牌的組合來印證。如果你有所質疑，在王牌旁邊再加另外一張牌看看。

這張牌中，一隻手自雲端伸出，捧著一顆五角星。這顆有五個角的星星（代表人體的五個部分：頭、雙手、雙腳）指向上方，並有一個圈圈圍繞著它。而方形的大拇指指甲象徵五角星類型的土型的、務實的本質。感情用事的身體或氣氛在這隻手的周圍可以看得見。這隻手延伸自精神層面——宇宙或萬物之源。

在它之下有一個繁花盛開的庭園，被籬笆圍起來，避免受風害。有一條道路延伸到庭園之外，通向遠方的山丘。這庭園象徵五角星類型和自然的連結，通向群山的道路暗示，以五角星的務實作風，你所投資的金錢、時間或精力可能會帶來極大的回饋。

這隻安全地捧住五角星的手暗示著，此時此刻你足以掌握住你的財富。

大體上的意義

五角星王牌和務實的開始有關。它意味你有足夠的金錢、精力，或充分的條件，來開始一項新計畫。它暗示你可以平衡掉花費。不論目前花掉了多少錢，賺回來的絕對夠本。

在事業的分析當中，五角星王牌可能暗示一項新事業，或事業當中的一個新階段。那條通往庭園之外的道路就是在告訴你，這個機會可以帶你走多遠。如果你拿到了這個五角星，為它投資、為它工作吧，它將會讓通往你目的地的道路平順。

在健康的分析方面，這張牌暗示花掉的錢是用來增進或維持你

身體的健康。它亦象徵你在維持健康上面的投資。

在旅遊的分析方面，它代表著你享受得起一個假期，在有關你住家環境的問題上，它暗示你供得起這個房子的花費，包括翻新或維修。

兩性關係上的意義

五角星王牌可能暗示，透過你的事業或工作環境，你正要和在其中認識的某個人開始一段關係。這個關係可能帶來事業上的機會——生意上的合夥關係或財務合併。

不論在金錢或肉體上，你都有能力去追求這段關係，它在物質上的成功並具有潛力。這張王牌代表堅決而穩固地開始一段關係或關係中的一個新階段。

倒立的五角星王牌

當五角星王牌出現倒立時，從精神世界中伸出來的手就沒有辦法再握住五角星了，這暗示金錢或機會正從你的指間流逝。在財務分析當中，這張牌可能暗示不論你賺進多少錢，花出去的還會更多。

大體而言，它象徵著喪失機會，或沒有能力去開展新事物。這些延遲可能是因為缺錢而引起的。雖然這個機會可能是一個肉體的機會，然而它依然可提供精神上的成長。

沒有辦法掌握住物質（真實）世界，是王牌倒立時的一個暗示；「我想做這些事，但是我沒有錢。」它也可以表示一個不腳踏實地的人錯失了一個機會。你可能比較會花錢，而比較不會賺錢。

五角星二

五角星二暗示和金錢有關的
決定。

五角星二畫一個雜耍藝人。他正在要弄他
的金錢、體力或才華，以便在那些他必須去
做，以及他所想做的事之間找到一個平衡點。
他也可能是在要弄一項事業和個人的興趣。

繞著兩顆五角星的環，形成一個無限大的
符號，暗示錢是能量的一種形式，會不斷地運
轉著。

波浪上面的船隻象徵生命的浪潮。當屬於
你的浪進來時，金錢和機會就會很輕易地流向
你；而當你個人的潮退了，這些物質上的機會
就沒有那麼明顯了。

這個雜耍藝人的注意力是放在下面的五角
星，或即將要被花掉的錢。

他身著橘紅色的衣服，而兩腳則不停地動著。這證實了他賺取他的五角
星和花掉它們所付出的體力。

二描述著權衡各種機會的輕重，而這次它們是屬於身體或物質的層面
上。這象徵著介於兩個選擇之間的決定。你有沒有辦法現在就抉擇，或是再
等一會兒會不會比較好呢？

大體上的意義

五角星二可能是在描述，做出兩難之間的抉擇，譬如說玩弄你
的時間或金錢、或是先付這筆帳拖延那筆帳。它也可以代表一個有
關金錢的決定，或僅只是規畫你的時間和精力，以便有能力做那些
你想做的事情。

在事業的分析方面，二暗示在兩個可能的工作，或是兩個生涯
方向當中做出決定。

兩性關係上的意義

在兩性關係的分析當中，五角星二代表著權衡兩性關係的機會，或決定一段基於金錢考量上的兩性關係。

例如，最近的一次分析當中，有個女人向我解釋她在兩個男人當中做出的最後決定，是取決於男人能提供她多少錢財。她選了比較富有的男人，而不做任何情感上的考量，然後又抱怨他在情感上沒有辦法滿足她，而且又太忙了，日以繼夜地工作著。

二可表示考慮進入兩性關係中的一個階段，這個階段會用到很多錢。或許你正在考慮買棟房子，或決定組織一個家庭，而你正在衡量這些費用。

倒立的五角星二

當五角星二出現倒立時，表示對於必須放棄什麼你已經越來越清楚了，因為你必須去實現某個通路或方案。

二的倒立可能暗示在兩難之間做出選擇，而沒有兩全其美的辦法了。它可能意味著你投入太多事情或太分散你的錢財，以至一事無成；或者是因操之過急而失敗。低潮總是跟隨著高潮而來，而現在正是你丟掉那些貴重而用不上的東西的時候了。

五角星三

五角星三暗示,透過研究、學習,或者將構想付諸實現,而改善自身的境遇。

在五角星三當中,有一位雕刻家或石匠(左)、一位牧師(中間)和一位建築師或旅行者(右)。當技藝工人在施工的時候,牧師和建築師則在檢閱教堂的藍圖。

這張牌結合了空氣(謹慎畫出藍圖)、水(這座建築在心靈上的目的)和火(為建築教堂而付出的體力)的元素,其目的是製造某些有形的、確實的和屬於土的東西(教堂本身)。

這三顆五角星形成一個直立的正三角形(火的標誌),而它的下方有一個倒立的三角形(水的象徵),裡面有一朵花。這火的三角形讓我們明白精神的價值,而水的三角形則鼓勵我們要和周遭的人們分享這些價值,遵循我們的信仰來生活,而不要執迷於那些高高在上而遙不可及的理想。

這張牌代表著紮根於穩固的基礎上,建立某些具有持久價值的東西。也許你是在建造一棟房子,開始學習一個對你有助益的課程,或為穩固的兩性關係或生意打基礎。

五角星三對自我發展而言是張正面的牌。在一副牌中,當它和教皇或聖杯七一起出現時,可能象徵因為學習或理念的落實,使得精神或心靈的發展即將開始。

大體上的意義

五角星三表示去做某些將可以改善你環境的事情的一段時間。它可能是開始一個課程、閱讀書籍,或如果它是出現在事業的分析中,那就是你在工作當中學習擁有一個機會去建立某種具有永久價值的東西。

在健康的分析方面，三暗示你正在學習有關健康的課題，以及要長期維持下去需要些什麼。爲了長遠的報償而建立穩固的基礎，也是這張牌所顯示的意義。

兩性關係上的意義

五角星三可以表示你在建立及維持一段兩性關係的努力。你可能正在閱讀有關兩性關係的書，學習兩性關係的互動，更努力於經營現有的夥伴關係，或正在治療導源於先前兩性關係而殘留的問題。它意味著你正在建立某種持久的兩性關係，或透過努力來改善某個兩性關係。

倒立的五角星三

五角星三的倒立意指你忽略，或浪費了透過學習或研究而使自己提昇的機會。它也可能暗示，由於你沒有完成某種學習的課程，或是太快就放棄了，而無法讓自己進步。

在詢問某一項他即將展開的課程時，喬治翻到了這張三的倒立。我告訴他，如果他想完成這項課程的話，他就必須要更加努力。他大聲地抗議道，他已經夠努力了，然而最近六個月他錯過了一些考試，有一個科目被當掉了，而且有很多課程他都沒去上。上了八個月的課之後，他開始對這個維期一年的課程感到無聊，於是他出現了一個念頭，與其去完成它，還不如計畫去旅行。

五角星三倒立可能意味著，沒有從某種狀況中得到教訓，導致這種狀況周而復始地出現。例如，你可能有一連串的兩性關係都是在同一種狀況下結束的。如果你不能從第一個兩性關係中得到教訓，並負起你應負的責任的話，你就會一直冒著重複這種模式的危險，直到你領悟了其中的教訓爲止。

就一般事情的角度來看，五角星三的倒立暗示著，這並不是你

第一次經歷這種狀況。你需要反躬自省，想想自己能從這種情況得到什麼教訓，如此才能在將來避免重複犯錯。從這張牌也看得出來，當事人對將某事付諸實行的恐懼。它同時也意味著某種一成不變的狀況，例如一件工作，或一段關係的停滯不前。為了將來，你可能需要先打下穩固的基礎。

在事業的分析方面，三的倒立可能暗示教學。因為學習的反面就是教學。如果在一副牌中，這張牌和節制一起出現的話，就更能證實這種看法了。

五角星四

五角星四意味節省你的金錢
或精力的一段時間。

五角星四是在描述，一個有錢心裡才會覺得踏實的人。塔羅牌所有的四都有一個意義：鞏固。而五角星的四所指的就是財務上的鞏固；換句話說，它是指使財務狀況堅固或實現的行動。

這張牌上的人是獨處的，不過為了金錢或一些有形的事物的緣故，他必須要小心不要讓自己和其他人疏離了。對安定和安全的強烈需求，使他難以離開金錢，投入生活。

五角星四意味占星學上的金牛座，尤其是和教皇或五角星國王一起出現的時候。屬金牛座者的部分人生課題是，認清在人與財富的關係中，人真正的價值是什麼。

就做生意的角度來看，它代表一種穩固而有利的狀態。它可能暗示著財務大體上穩定。在協調談判的情況中，四暗示這個人對於新意見或改變的接受度不高。

大體上的意義

五角星四意味你正在節約金錢、節省精力，或是節制。在有關旅行的問題當中，這張牌暗示對某個假期，你會儘可能量入為出。

它也可能意味經由節約金錢、償還債務及量入為出，而使你的財務狀況日趨穩定。或許你在設計增加收入或減少支出，以確保自己進來的錢比出去的多。四表示你正在進行其中一項，或兩者同時進行。

在最近的一次分析中，一位女士問我，在目前的投資到期之後，她是否應該再把她的錢投入某項生意。這張正立的四暗示著，一項穩固的投資是可以繼續下去的。

兩性關係上的意義

五角星四可能暗示，伴侶中的一人對物質的重視更甚於關係本身。

它也可能是在暗示嫉妒和占有慾，因為想要掌握住有形的東西，而不先去掌握住對方的情緒和心理的話，這是很難辦到的。伴侶中的一人可能會覺得，他的另一半是屬於他的，他的東西也順理成章地屬於他。

這張牌顯示，在你付出時，你已經清楚自己想得到的是什麼；這就表示說，它代表利益的交換，而不是饋贈。這張牌也可以意味著自私，以及如果沒有辦法得到對等的回饋，或取回更多的話，那麼要他付出是很困難的。

倒立的五角星

由財務的角度來看，五角星四的倒立代表金錢由你的指間滑落。而這有可能是故意的，例如，當你在度假時就有可能會花掉比平常更多的錢。

四的倒立可能意味著慷慨和自由。在兩性關係的分析中，它暗示你給自己充分的自由，對伴侶也不加設限。有時候它也可能表示，你付出的比你所得到的還要多。

四的倒立也可能是在說，你沒有能力建構你的生活、工作或兩性關係。它正立時暗示著穩定；而倒立時，則可能代表著不穩定或沒有改變的自由。

假設這張牌出現在有關旅遊或一樁大買賣中時，而不是結果或答案，那可能暗示著你並沒有朝著目標在節約。假如它是這個問題的答案或結果，那它指的是花錢，或實際的買賣正在進行中。

五角星五

五角星五意味對那些充實你
的事物的疏離感。

五在塔羅牌當中代表的是改變。而且當這些牌正立的時候，都有著心胸狹窄的意思；而倒立時則代表心胸寬大。人生當中唯一可以確定的就是，所有的事情都會改變。改變是好或壞、對或錯，端賴你的觀點。

五角星五畫著兩個饑寒交迫，而且疲累不堪的人。其中一人的身體狀況很差，這表示他長期以來的辛勞。在他們後面有一扇教堂的窗戶，為他們在物質世界中提供了精神上的選擇。它意味他們身體狀況的根本原因，就是精神上的空虛。

他們可以選擇如何去發現、跟隨及落實精神之路。教堂其實只是他們的一種選擇。它代表把精神價值介紹給那些無意去追求的人。在五這張牌中，這些人沒有看見它，因此喪失了一個改變的機會。

雖然他們在一起，但感到孤單，當你精神無比空虛時，你就會強烈感受到內在的饑渴、寂寞和孤立感。在某種程度上你變得和人生疏離。這張牌上位於人後面的教堂象徵他們內心的聖堂。只要你讓某個人、或某件事，阻擋在你和上帝或你的精神泉源之間，你就是在冒著迷失方向的危險。

五角星五代表的是分離。它是一種對分離或孤獨狀態的認知，即使你是處於群體之中，而非只是身體上和一個人或某種狀況分開。有時候當你處於一群心靈無法相通的人之間時，可能會比你獨處的時候更加感到孤獨。

外在悲慘是內在悲慘的一種反映，所以當五角星五出現時，你需要接受生命提供給你的改變機會。「如果你想改變這個世界，請先改變你自己。」是這張牌的答案。

大體上的意義

就整體觀點來看，五角星五說的是財務上的困難、貧窮、疾病

和內在的寂寞。在不斷地掙扎當中，你很容易窄化你對問題的焦點，而忽略了你的機會。

當這張五出現時，深度的心靈改變是有其需要的，否則雖然有外在的助力，可能還是解決不了你的問題。你目前的人生觀並非你的支柱，而現在你必須問自己，是否仍願意保有這些信念。

五角星五代表心靈空虛所反映出的身體徵兆。在事業分析上，它意味著失業或對工作不感興趣；並且暗示由於你的態度一直不變，所以情況也一如往昔。

我曾經和一個女人共事過，她痛恨每一分、每一秒的上班時間，工作時總是游來盪去。當我建議她辭職，找一份更適合的工作時，她回答：「才不呢，我再過十二年就可以退休了。」她把自己置於一種毫無選擇的情況下，使她變得十分淒慘。

兩性關係上的意義

五角星五暗示你和伴侶的分離，而且無論你們是分開，或者仍在一起，你都是孤獨而寂寞的。這種關係顯示的是心靈空虛的症狀，你的饑渴已經到了一種沒有任何肉體或情感關係能夠餵飽你的程度了。

這張牌暗示或許是到了你重新認識自己真正的人生目標的適當時候了。為了平息你的饑渴，內在的改變是需要的。

倒立的五角星五

五角星五倒立比正立時更為積極。它暗示一項改變即將來臨，不論你對於未知事物有多麼恐懼，這項改變都會為你帶來機會和選擇。

它可以說是從一個人或一種狀況的束縛中解放出來，因為你讓改變發生了。所有塔羅牌五的倒立都屬於改變的牌，並且你認識到

目前處理某種狀況的方式，並不是唯一的方式，這確保你會願意改變。生命不必是靜止不動的。你可以改變，而且當你改變內心深處，生命將會改變它在表面上所提供給你的東西。

　　五的倒立暗示你的思想會越來越開放。現在最糟的狀況已經過去了，當你繼續改變，生命會在它呈現給你的機會中反映出你內在的自我。

五角星六

五角星六是在形容一種結構性的關係，其中一人比另一人更有控制力。

五角星六是一張有很多層面的牌，而它的意義又會隨著問題或周遭的牌而改變，在這張牌中，我們看到一個富翁把他的錢分給兩個乞丐。這看似公平和正當，不過，請注意，兩個乞丐是跪在富翁的面前。在這個關係裡，他是處於有權力的地位。六是在形容一種關係：一個人支配另外一個人。

在事業或工作的情況中，五角星六表示為了換取一份酬勞，你同意付出時間及努力。這是一項公平的安排。富翁手上的天平處於平衡狀態，暗示雙方都會對此安排感到滿意。或許是一個人想要支配別人，而另外一個人則願意順從。穩定而舒適使這項安排顯得穩定。例如，在職場上，員工對於一個方案的成敗並不負有最終的責任，而資方也不必逐日地盯著他們的方案執行進度。在一個儘可能朝互利局面的管理中，每個人都有他們自己的角色要扮演。

大體上的意義

五角星六意味你正要換工作、得到一份新工作、聘用技術人員或其他員工，或因某件大事而花錢，例如買一棟房子或一部車。在有關生意投資的問題上，它可能象徵借錢來開創事業。

五角星六可能表示某種穩定的財務狀態，並暗示你很樂意繼續目前的方向。當這張牌出現在牌面上，就表示財務狀況穩定。

兩性關係上的意義

五角星六形容一種兩性關係：一個人支配著另一個。這可能是以一種相當微妙的方式在進行。例如伴侶中的一個可能說：「親愛

的，現在別太興奮了，別忘了你的心臟不好。」雖然這聽起來像是對其伴侶一種責任上的關心，但也可能是一種控制對方的方式。可以確定的是，他的伴侶無法盡情享受，或是不能做控制的一方沒有準備的事情。

這張牌正立時暗示你支配你的伴侶，而倒立時，情形剛好相反。它可以表示，你只付出你不會失去的東西，或是即使你有很多，你也只會給一點點。接受你付出的人有可能只能接受這些，無法接受更多的東西。它再度暗示一種令人愉悅的安排。

在某段關係當中，不論你是支配者或是被支配者，當其中一人有較大的權力時，就不太可能有真正的親密了。

倒立的五角星六

五角星六倒立時象徵一種穩定的狀態已經結束，或是被破壞。或許你已經辭職或被裁掉了。可能某段兩性關係已經結束了，這可能是因為你（或伴侶）已經打破了你在這段關係裡的角色。

六的倒立也意味著花掉了很多錢，或是財務狀況失控。你目前的生活可能入不敷出。

在兩性關係的分析中，它意味你的伴侶對於這段關係有高於你的控制權。就精神層面而言，它可能表示在肉體、情感或精神上都得不到滿足。

五角星七

五角星七意味著思考未來的
財務或物質狀況。

五角星七畫了一個人，盯著一棵覆蓋了許多五角星的灌木（他的發財樹），而腳邊也有一顆五角星。他斜倚在棍棒上，正思考或夢想著他將如何處理他的這棵樹。他是以錢的角度來看它的。他已經採收了一顆五角星以因應他立即性的需要，並且照顧其他五角星的生長，他的努力就是為了蘊育果實。

五角星七代表一個十字路口。在這裡看不到偉大的夢想或急切的決定，因為平穩務實的努力已經可以確保農作物的豐收。王牌代表的是行動，不過現在是思考過去行動和未來計畫的時候了。望著他的農作物，他可以看出來哪些行動是有用的，哪些是白費力氣的。

如果他的行動是明智的，從現在開始他就會進入豐收期了。農作物可以自己生長得很好，而他也不必再像以前一樣去細心呵護它們了。這可能象徵一個兩性關係或一椿生意已經夠穩定，不再需要不懈的努力了。現在你有機會退後一步，以較寬廣的角度來看整個事情的狀況了。

大體上的意義

五角星七代表思考和計畫未來的一段時間。你的生活或目前的狀況尚稱平穩，所以你有時間可以安靜地計畫未來的步驟。這可能包括進一步的學習、強調休閒、謹慎地經營現有財物，甚至再創另一種事業，以補充現有的事業。

花些時間多做思考吧，因為你的決定有可能對將來產生很大的影響。七表示你在問自己：「我應該往哪裡走呢？」以及「從今以後的五或十年，我要何去何從呢？」現在正是思考和計畫未來的時候。

在有關生意的問題上，它可能暗示一項財務計畫的誕生或更新。這張牌上面所畫的人是依利息而非本金的投資爲生。因此，只有一顆五角星被取下來因應個人的消費。

兩性關係上的意義

五角星七描述的是思考某段關係的一個時期。或許你們正一起計畫著你們的未來，並將財務安全列入考量，作爲你們長遠關係的基礎。

你們或許正在構思新的，以及更重要的挑戰來確保你們這種伙伴關係的利益，或者假設你們目前並未擁有兩性關係，那麼你可能會考慮你長遠的需要和希望。現在是思考過去的兩性關係，或目前關係中過去階段的時候，以決定未來可能會是何種狀況。

倒立的五角星七

當五角星七出現倒立，它可能意味著對你目前狀態的一種內在不滿足，例如一個兩性關係或一項事業似乎就此停滯不前。導致這種不滿足的可能因素是，你沒有花時間去思考何者是有用的，何者是不必要的。結果，你的情形當然是一成不變。或許你還沒有瞭解到思考長期目標和計畫的時刻已經到來，相對的，你繼續工作、保持忙碌，因而喪失了思考與學習或計畫的機會。

如果倒立的五角星七出現在寶劍四旁邊，它可能暗示你已經停下來太久了，而且你會冒著失去接觸目前環境或內在需求的危險。「不要停滯不前」是所有倒立七的共同意義。別老是用老方法去做所有的事情。

這張牌可能是在說你總是用同一種方式在做很多事情，而不讓自己有時間或機會去了解改變是必要的。舉例而言，你可能已經把事業的規模建立起來，在一個龐大的組織當中建立了，但並沒有隨

著它的成長來調整步伐。有可能當這項生意需要你去計畫其長遠的方向時，你還在那裡埋頭整理帳冊。

　　有時倒立的七是在形容一種模式，在這種模式中，你開始一項計畫，但是沒有留下來照顧它，使它開花結果。七倒立時，牌中的男人種了他的樹之後，在還沒有結出果實之前，就會轉而他去。

五角星八

五角星八暗示對某人或某種狀況的承諾。

　　五角星八畫的是一個工匠。他專心地雕琢一顆五角星，另外一顆放在他腳邊，等著他訓練有素的巧手。六顆懸掛在牆上的五角星則象徵他過去的成就。遠處的背景可以看到一座城鎮，這是產品完成之後販售或交易的地方。

　　這張牌暗示對一個人或一種狀況的深度承諾。背景城鎮和五角星四中的城鎮是同一個。在四當中，你的焦點是錢，而現在你則著重於你的技巧以及如何變得更精煉。讓技藝更上層樓可以透過不懈的努力，或進一步的學習。

　　在五角星八當中，這個工匠知道城鎮裡面需要的是什麼，知道材料的品質和可塑性，且知道他想創造些什麼東西。八對於做生意而言是個很有利的數字，也是長久以來中國商人所偏好的一個數字。它也是一個和運用個人力量和內在動力有關的數字，這可由大阿爾克納牌的八是張代表力量的牌得到印證。（亞瑟·偉特根據命理學將力量列為八，正義列為十一。其它塔羅牌的排列方式或許會略有出入。）

　　這張牌是說你已經在群體當中找到了自己的位置，並且在做適合你做的事情。你明白工作不應該是沈悶無味的，而是一種自我完成的機會。工作不僅只是為了填滿你時間、胃、或口袋，更重要的是讓你的人生完整。

　　「工作是一種看得見的愛；」卡利爾·紀伯倫（Kahlil Gibran）在他的書《先知》（The Prophet）中寫道。「你工作是為了配合地球以及這世界的靈魂。因為游手好閒會使你變得四時不分，並且偏離以莊嚴和光榮的敬謹之心駛向神的生命軌道。」五角星八暗示，如果你並不喜歡目前的工作，那麼就離開，去找你所喜歡的工作。最適合你的工作將是一種愛的勞動。

大體上的意義

　　五角星八意味對某人或某種情況的承諾。在事業的分析上，這

是一張表示成功的牌，意味你有機會在過去的成功上建立基礎。在旅遊的分析上，它暗示一趟和事業有關的旅行。在健康的分析方面，它表示決定要照顧身體。

這張牌也可以表示學習某一門課程，那將使你在某特殊領域成為專家。例如，假設你是一位心理學家，你可以選擇完成一門諸如悲傷諮商、或工業工作場所關係等課程，以成為這些領域內的專家。或者假如你是一名職業音樂家，你可以選擇學習另一種樂器，以拓展你的專業領域。

兩性關係上的意義

五角星八意味你對某個兩性關係、滿足需求及建立某種持久性的事物等，有著深刻的承諾。它也可能是指，你必須對兩性關係的維繫多加努力，以使它成長另一個新的及更好的階段。它還可能表示舉行婚禮，生養小孩，或當伴侶在養育小孩時，你在一旁支持他。

倒立的五角星八

五角星八倒立表示缺乏對眼前工作或狀況的承諾。你想要得到許多的報酬，但卻不怎麼努力。或許是因為你缺少實現計畫所需的訓練或技能。你需要再回到七的課題當中，去深思應如何發揮自己，以及真正想要達成的目標是什麼。

在事業的分析上，八的倒立可能暗示你並不喜歡你的工作，然而卻視它為邁向成功的一個步驟。無論如何，由於你並不喜歡它，所強調的只是想要成功，那麼你將因工作而受苦，成功也只是短暫的，它也可能在告訴我們，工作是既沈悶且重複的，它無須技巧，也沒有任何獎勵。

在兩性關係分析中，八的倒立是表示缺乏承諾。如果牌面上也

出現了寶劍七，表示你已經對另外的事物許了更重要的承諾，例如另一段兩性關係。

　　有時候八的倒立也意味著沒有耐心、挫折、未實現的野心或草率的工作。

五角星九

五角星九提醒你，自信和適當的規畫可以帶來成功。

五角星九畫了一個女人，被她辛勤耕耘得到的果實所圍繞。她的右手停放在幾顆五角星上，大拇指扶著一串葡萄。一隻戴著頭罩的小鳥棲在她的左手上。在她為小鳥移開頭罩巾後，牠就可以得到自由。然而小鳥一旦還戴著罩巾，還是會乖乖地服從她。

這女人的服飾暗示她物質生活的優渥。她臉上有一種寧靜沈著的表情，而晴朗的天則是預測持續的成功，因為她安詳自在地置身於大自然當中。

從王牌的開始，到二的下決定，三的學習，四的報償，五改變的訊號，表示責任的六，重行評估的七，以及進一步承諾的八，現在我們到達了收穫的九。

她成功並非偶然，透過承諾、勞動、紀律、學習以及重新評估，她已經穩固地建立起某種具體的事物，並且也為將來打下良好的根基。她投入生活，並與它密不可分。經由謹慎的規畫及對目標的不斷投入，她掌控了周遭的一切。

大體上的意義

五角星的九是一張代表自信或自我依賴的牌，那可說是要達到超凡成就的必要條件。你的自信如果再搭配上自律的話，那將使你在許多層面上獲益。

在牌面上如果九出現在女皇旁邊的話，可能暗示著懷孕。而在健康、事業或兩性關係的分析當中，九所表示的是穩操勝券。

兩性關係上的意義

五角星九代表一種舒適而成功的兩性關係，物質上的成功讓你有餘裕去追求個人的興趣及目標。財務獨立和物質的目標應該是這段關係的重點。只要你一直保持穩固，許多事物都可迎刃而解。

牌中所畫的小鳥戴著頭罩，因此牠失去許多自由。這女人同樣失去她的某些自由，然而她知道這便是獲得成功的代價。自律所要求的選擇，有時候會強迫你放棄某些事物，諸如自發性。

倒立的五角星九

五角星九的倒立暗示由於缺乏自律而無法成功。它意味沒有辦法把一件事情從頭做到完成。你想要不勞而獲。

一般而言，九的倒立是描述放了太多的精力於錯誤的事情上面。例如，一個芭蕾舞者花太多時間在飯店當服務生，以致沒有時間、精力、或熱情去從事他的舞蹈工作。

九的倒立顯示耕耘太多而收穫太少，或沒有足夠的錢好享受所追尋的生活型態。這是你回到八的課題上，帶著愛去工作，或回到七去反省過去的行為，並決定出最好的行動模式。

它也可能意味著，在一件事情之後你又開始另一件，但是卻沒有完成任何事情。你不讓所栽植的種籽有時間結出果實。在事業的分析上，九的倒立可能意味一份連夜晚或週末都要上班的工作，或非正常時間上下班，或工作時數太長了。

九的倒立也可能暗示著懷孕，卻沒有完成它的週期，也就是說，墮胎或是流產。不過如果妳已經有了八或九個月的身孕，可能暗示生產。

五角星十

五角星十意味物質上的成功。

五角星十畫的是一個安穩而舒適的居家環境。從牆上盾形家徽看得出這是一個富裕而鞏固的環境。這裡有動物，小孩，結實累累的果樹，以及作爲隱密和保護之用的高牆。天空是蔚藍的，而城鎮則緊鄰於旁。簡單地說，這個家庭還擁有能提供舒適物質環境的一切條件。

那麼，爲什麼每個人都沒有面對著別人呢？這老人是坐著的，他的注意力放在動物們的身上，年輕人背對我們，而女人也沒有面對他，卻稍稍側著臉繼續和他談話。小孩子被忽略了，這些人彼此之間也沒有真正的關連。他們得到別人所渴望的物質世界，不過很顯然這也使他們感到沈悶，並陷入公式化的生活中，一旦這種公式消失，將無所是從。

五角星十是整組牌可能性的充分顯示。它缺乏權杖的熱情、寶劍的理想以及聖杯牌的情感。在這裡可以找到物質上的安全感和穩定，但也付出了代價。

大體上的意義

五角星十是一張代表物質成功的牌。它代表在生意上或大宗買賣（房子、車子、船隻或生意）的完成或成功。如果它和其它兩張正立的十，一起出現時，可能代表簽署合約。

十所意指的成功是長久的，而在事業的分析上，可能意味著一項成功帶來更多的成功。在有關賣掉房子或做生意的問題上，十顯示錢就在那裡，交易也快完成了。

在事業的分析上，十說明了一項基礎穩固的事業，其中包含了升遷和成功的機會。在有關法律案件的問題上，這張牌和五角星六

可以代表一項有利於你的支付。

兩性關係上的意義

五角星十描述的是一種和事業有關的兩性關係。或許你正在和伴侶做生意，或者是你經由工作或生意往來而認識了這個人。財務上的大成功是顯而易見的，因為你的伴侶在財務上相當可靠；或者它可能意味著，你和伴侶在生意場上是一個精明幹練的組合。

在這裡你找不到聖杯十的那種親密，不過在這段關係中，你所期待的優先順序或許原本就不一樣吧。

倒立的五角星十

五角星十的倒立可能意味一個企業缺少穩固的基礎。例如，羅傑和瑪琳達想要賣掉他們的公司，一家服裝店。將近七年來，他們每星期工作達六或七天，最後終於迫切想從壓力、帳單和這種生活型態中解脫。有個人來找他們，出了一個價錢。比他們所預期的還少，但似乎相當公道，而他們也不願意為了等一個更好的價錢而再撐六個月了。

瑪琳達來找我占卜，在有關把這個店賣給那個人的問題上，她翻到了五角星十的倒立。

「我不認為他有健全的財務背景。」我向她解釋。

「那個人開的是勞斯萊斯，當然是有來頭的！」

她又加了一張牌在十旁邊——倒立五角星九。

「現在我可以確定他沒有錢。」我明確地向她陳述。她搖著頭走掉了，但是十個星期之後我們又再度相遇。

「妳如何處理那個買賣？」我小心翼翼地問。

「他一毛錢也沒有，我相信那部車子是借來的。」她語帶厭憎地說。「不過我們找到另外一個買主了，星期五我們就要簽約。」

當十倒立時，有時候在正立十中顯示出來的苦悶，會引起財務或情感上的冒險。這是一張賭博的牌。不止賭錢，也在生意或財務上冒不必要的危險。

在事業的分析上，五角星十的倒立可能暗示著，在少數可能的機會當中卻有著許多對手。意味著缺錢，或相關公司的財務出了問題。

在兩性關係的分析中，倒立的十表示其中一方過於專注於工作，或是財務問題傷害了兩人的關係。有時是指其中一方對金錢的態度與習慣不佳，使兩人之間陷入膠著。提摩西雖然是個成功的律師卻債台高築，而他的太太對金錢又極端渴望安全感。倒立十確認了他們之間的金錢掙扎仍會繼續下去。三個孩子都讀學費昂貴的私立學校，一間得花不少錢維持的豪宅，養兩台進口車，讓孩子上鋼琴課，雇用兼職的園丁，加上提摩西本人又喜歡收藏稀有的紅酒，他們每個月靠著七張信用卡過著光鮮卻舉債的生活。每張倒立的五角星都代表等著滿足的慾望，而每個慾望都讓他們的債務愈發沉重。

倒立十在兩性關係分析中表示你過於注重物質生活，因此導致感情世界的孤寂感。它意指著不穩定的財務狀態；例如，如果提出買房子的問題，它意指你可能高估自己的財力，或是你可能會被房貸壓得喘不過氣。

用在分析職涯發展上，倒立的五角星十表示有許多競爭者在搶少數的機會。它意指金錢匱乏或是公司有財務吃緊的問題。有時也代表經濟衰退或蕭條。這時最好能回到正立的五角星九，以確保個人的經濟狀況穩定，並思考如何安然度過經濟寒冬。

五角星侍衛

五角星侍衛意味努力學習。

五角星侍衛雙腳堅穩地站立在地面上。手中握有一顆絢麗的五角星，他所著迷的東西。由於這侍衛是土元素中空氣的成份，所以思考及計畫和金錢、物質財富有關的事情是恰當的。

作為一個人的描敘，這侍衛有黑色的頭髮和眼珠，為人務實而穩健，並且喜愛大自然、戶外活動和動物。這是一個認真的土型孩子或年輕人。通常他們是少年老成，他們的夢想比實劍侍衛更務實，比權杖侍衛更謹慎，也沒有聖杯侍衛那麼理想化。

五角星侍衛可能是在說，需要認真地執行，以成功地展開一項新方案、或方案的某個階段。紮根於現實（他雙腳踏在土地上），當這個侍衛出現在牌面上時，你可以穩紮穩打地朝向目標工作。

明亮的天空暗示充滿希望的前途，以及可能是由於謹慎計畫而帶來的成功。這張牌通常表示，以學習來作為準備的一種形式。

這張牌也可能指年紀較大的人，如果他們正開始做某些新事物、或某些他們所不熟悉的事物的話。當開始一項工作或計畫時，這張牌代表獲得新技能。

大體上的意義

五角星侍衛可能象徵有關金錢、新工作或學習一門課程的消息。它可以表示去學習某些將會產生實質效益的事物。這個侍衛通常代表學生的勤奮向學。透過學習一門課程，或於工作中學習，發揮了自己的能力。有時候這個侍衛可能暗示你對於正在學習的科目，變得更專注，甚至更重視學習的成果。

五角星侍衛描述的是一名認真的年輕人，他正專注於長遠的目

標上。它可以代表一張開始新工作或學習的牌。

　　我認識一個十四歲的五角星侍衛，他擁有好幾百塊美金，那都是他的家人，包括他的父母親所給他的。他認真地存下所有的零用錢，並在星期六下午打工賺取額外的錢。當家裡任何一個人錢用光了的時候，他會答應借他們一些錢。而這些可都是短期的高利貸呢。顯然他是他們一家五口之中唯一能夠量入為出的人，而家裡的其他成員通通是空氣（寶劍）和火（權杖）的類型。

兩性關係上的意義

　　五角星侍衛意味對某段關係的強烈承諾。侍衛在兩性關係的分析當中可能象徵對一段新關係，或既有關係的一個新階段或新方向之承諾。

倒立的五角星侍衛

　　五角星侍衛倒立可能暗示著缺乏承諾。它可以形容一個不成熟的人，表現出好動、善變、無法落實計畫，或浪費體力的現象。它可能暗示你的散漫、容易改變目標，以及分散注意力。

　　在兩性關係分析當中，這張侍衛牌倒立可能象徵缺乏承諾，並耽溺於肉體的歡愉，以及汲汲於性慾的追逐中。當它出現在五角星三的旁邊時，意指著你不確定是否要持續你的學習，或是說你已經完成了某項課程，而現在可能不打算繼續深造了。

　　舉個例子，卡拉打算要進行一次很長的海外旅遊，所以她必須賣掉她的車——至少她認為是必須的。她問我這樁交易可以得到多少錢，這時出現五角星侍衛的倒立。那個人只付了一小筆錢當訂金，還在籌其餘的錢，現在卻改變了主意。隔天卡拉打電話告訴我，買主籌不到錢來買車了。

五角星騎士

穩健而認真的計畫是五角星騎士的標誌。

五角星騎士是所有騎士牌中最嚴肅的，且和其他騎士的好動相較，他是相當安靜的。他想要很明確地知道所投資的時間、努力、體力及五角星，將會給他怎麼樣的回報。

他喜歡做計畫，並沈醉在他的計畫當中，而且會毫無倦意地朝他的目標努力。雖然他的年齡通常是介於二十一到三十歲之間，但在精神層面他成熟得多，且也比他的年紀所表現的更負責任。然而，他經常於感情上顯得不成熟，因為他的野心可能會妨礙到他的感情。

五角星騎士代表土元素中火的部分——投入實際用途的熱情、努力和精力。通常他長得高高瘦瘦的，並且個性很嚴肅。金錢和物質對他而言最重要，在他覺得有物質條件的時候，才會去尋找伴侶（那是說，如果她沒有很有耐心地等候他好幾年的話）。

這個年輕人知道他將會在物質上獲得成功，而他想選擇的伴侶是，可以和他未來的事業夥伴相處愉快的人。他視愛情關係為一項長期投資。

他的眼光越過他的五角星，觀察著應該走哪條道路，以及每一個選擇的可能結果。雖然他老早就在計畫，但是在計畫成形之前，他還是會紋風不動。通常他是個負責任、勤奮工作以及獨立的人。他比較喜歡擁有自己的事業，因為他不喜歡由別人來指點他該做什麼。他總是設法掌控他的生活和自己，常為此而有點工作過了頭了。

其他騎士跑出去嬉戲、戀愛、遊行及探險，五角星騎士則在工作、學習及組織未來。其他騎士把注意力轉移到事業時，他已遠遠地跑在前面了。

五角星騎士通常是黑頭髮，有著藍色或黑色的眼珠。他全神貫注於追求物質世界，直到快到耳順之年，這種認真的個性才稍稍減退。

五角星騎士是一張可以代表摩羯座的牌，這一點和阿爾克納牌中的魔鬼牌意義相似。

大體上的意義

　　五角星騎士通常指的是強化你的計畫，並朝確定的目標邁進。它意味著為了實現一個目標而努力工作。

　　就一個人而言，這個人對於承諾非常地認真，不論是對事業、個人雄心或兩性關係。通常，他相信這句格言：「如果你想做好一件事，那就自己動手吧。」

兩性關係上的意義

　　五角星騎士非常信守承諾，他要嘛就是避免這種關係，直到他在事業上有所成就；否則他會想要結婚，安定下來。

　　他喜歡穩定或是可預料的事情，而且寧願忍耐一種很困難的狀況，也不願意去改變它。

　　他在感情上可能很冷淡，雖然他的內心很溫柔，但是隱藏得很好。通常他和父親會有一些懸而未決的問題，而且可能在很小的時候，就變得很像他父親。他是一個很好的供給者，品味保守，且謹慎地維持他的名聲。進入中老年之後，才懂得放鬆。

倒立的五角星騎士

　　當五角星騎士倒立時，可能是指他幾乎對人生中所有的領域都顯得相當懶散和意興闌珊，只剩一件有興致的事情，而這件事情他會以傳教士的熱誠去追求。比起正立的騎士，他較少付出，冷漠而疏離。他可能憎恨權威，且經常頂撞父親，或挑戰父親的形象。

　　就一般的觀點來看，這張騎士倒立是在說明沒有辦法鞏固長期的計畫，或在追求進步上有所遲延。當這張牌是指一個人的時候，它可能暗示你以自我價值和貢獻或成就來界定你的自我價值，而非你是個什麼樣的人。

　　五角星騎士倒立意味，此刻或許你被迫去依賴別人。這或許會

讓你覺得不舒服，因爲你可能感到自己控制不了人生及自己。這是
個需要耐心的時刻。

五角星皇后

五角星皇后意味喜愛大自然，而且又有良好的生意眼光。

五角星皇后安靜地坐在那雕工精緻的座椅上，耐心地沈思著她的人生和她的五角星。她置身於大自然之中，頭頂上有紅玫瑰，右下角有一隻兔子，後面還有一條河流。天空很晴朗，身邊的一切事物可以說都相當美好。

五角星皇后代表土元素中的水的部分。水和土的組合可顯現於她有能力靜下來，好好地感受她內在成功。她以的身體為榮，並悉心地照顧它。

土型的人一般而言很會照顧自己的生活和健康。他們會注意節食和運動，經常接觸大自然，並喜歡肉體上的活動。

五角星皇后可以代表占星術中的天秤座（特別是如果出現在女皇或正義牌的旁邊時），然而它同樣也可代表任何土型的星座（金牛座、處女座和魔羯座）。

五角星皇后是一個土型的人，處鄉野時，會覺得很自在。她會很賣力地工作，並且樂在其中，因為這令她覺得自己有價值。植物和動物對她而言特別有吸引力，在她晚年生活中，庭園將會成為樂趣的一大來源。

她的穩定而具耐心的特質，以及喜歡規律的生活，使植物欣欣向榮。權杖皇后經常不是溺死就是渴死她庭園或室內的植物，而五角星皇后則確定照顧好她周遭的生物，是她例行工作的一部分。

她清楚自己的能力和限制，因為她測試過它們。她以一種務實的方式把個性的力量和情感的理解結合起來。她很能享受調理和品嘗美味的食物，而作為一個伴侶，她喜歡撫摸對方，以及被對方撫觸。

大體上的意義

從一般觀點來看，五角星皇后是一張代表信任自己能力的牌。它意味經由深思熟慮而帶來成功。

作為一個人，五角星皇后通常有著敏銳的生意眼光，而且總是喜歡存點錢在身邊，好讓自己有安全感。在有需要的時候她會很節儉，而且不會任意炫耀財富。她是一個可靠、實際的人，知道應該在哪裡下功夫可以得到最大的成功。

這張皇后牌是指務實、可靠，並擅長餵養植物和動物。她也喜歡經常到鄉間旅行，或漫步於大自然中，因為她需要和自然保持接觸，讓生命有完整而踏實的感覺。

兩性關係上的意義

五角星皇后暗示對某段兩性關係有實質的承諾，而且尊重現實的價值。

皇后牌是在描述一個人，當她在發展兩性關係時，對自己充滿信心而務實。她認為可靠比熱情和興奮更有價值，因為她是基於長遠的考量。正如某位五角星皇后所說的：「激情只能維持一個晚上，而友誼則是一生一世。」

倒立的五角星皇后

當五角星皇后以倒立出現時，可能是對自己失去信心，並且沒有腳踏實地。她需要置身於鄉野或大自然當中，因為少了它們，她就可能會變得野心勃勃，並渴望著金錢和權力。

有時候她可能沒有能力為她所想要的東西而工作，而且可能為錢而結婚；或是擔心缺錢卻沒有為穩住財務狀況而做任何努力。在遠離大自然、植物和動物以及地球的韻律之後，她只好在物質世界中追求穩定。

缺少自信也可能是這張皇后牌倒立所暗示的。這張牌可能是在形容某個人的自我價值是來自他們的貢獻或成就，而非他們本身。

從一般的角度來看，皇后牌倒立代表你有必要再一次為穩固基

礎而努力。現在正是你重新評估你在這世界上的地位，以及拋掉你那狹隘的物質觀的時候了。或許多加注意季節的更替、生命的週期以及類似的大自然律動，都是有益的。高高的樹木、深邃的河流以及開闊的空間，都有助於洞察你的野心、憂慮以及恐懼。

五角星國王

五角星國王表示務實而堅定
的態度可以帶來成功。

五角星國王代表土元素中土的成分。他根基穩固，爲人務實、活躍、固執、防衛性強，又勤奮工作。當這個人在工作時，恐怕你很難想像他會有休息的時刻，然而當他在休息的時候，你同樣很難想像他會跑去工作。

這個國王代表成功的生意人或專業人士。他驕傲地坐在王位當中，一手握著象徵王權的寶球，另一手則拿著五角星。對於人生他還不夠滿意，因爲他必須能夠感覺到、觸摸到成功。

他的四周滿載著葡萄，暗示他努力經營得到的果實是相當豐盛的，但他仍要求自然要保持平衡。

這張牌當它出現在教皇或五角星四的旁邊時，可以代表占星學上的金牛座（請注意，王座上面有兩個公牛頭，底座的地方也刻了兩隻）；當它出現在戀人旁邊時，則代表雙子座。

五角星國王代表的是一個腳踏實地而又成熟的人。他的個性穩健、可靠且保守，並能戮力履行其承諾，慎重地負起他應負的責任。他不像權杖國王般富冒險精神，或像聖杯國王那麼有創意，但他可憑藉著慢慢而穩定的步伐，以及認眞地實踐來達到成功。

他可以做一個很好的生意管理者，因爲很識時務，而且他所要求別人做的事通常自己也做得到。基於他「一手掌握」的方法，他得到了結果。

五角星國王是成功的，而且他喜歡成功。他沒有必要像其他的國王到處橫衝直撞，才能理解人生或找到內在感情的平靜，因爲他知道自己是活在一個物質世界當中，而物質上的舒適就可以讓人生旅途迥然不同了。

大體上的意義

五角星國王暗示透過身體力行而達到成功。它也可以說是實務

的努力帶來物質上的成功。有時候它也可能暗示,眼前有一位黑頭髮而務實的人,會提供你實務上的幫助。在健康的分析上,它可能指的是頸部和肩膀的緊張。

如果是指人的話,這個人喜歡美食、音樂及動物,還有大自然和物質性的事物。他凡事循規蹈矩,行事有跡可循,所以他得小心變得過份保守。

他擅於處理金錢和物質性的事務,當脾氣失控時,食物通常足以撫慰他,不過他通常是很有耐心的。

兩性關係上的意義

在兩性關係的分析當中,五角星國王暗示著置身舒適的物質環境當中的一種耽於肉慾而世俗的關係。它也可能是指一個金牛座的男人或女人。

當這個國王想要讓你知道,你對他很重要時,他會給你一些物質的東西,可能會賞你一份工作、一份禮物,或借給你一部車、一棟房子、或一層公寓讓你長期使用。他是將幸福和舒適的生活方式,以及所擁有的財物畫上等號。如果你抱怨說你並不快樂,他或許會覺得困惑。

「到底怎麼回事?你有一間好房子、一部新車和名貴的衣服,每年有兩次旅行,當我們在紐約、巴黎度假時,你就在那裡大肆採購。請問你還有什麼不滿足的呢?」

雖然有時候比較拘謹保守,不過仍不失為穩健而可靠的伴侶。

倒立的五角星國王

當五角星的國王倒立時,他似乎不像原先那麼擅於金錢和物質性的事物。他通常會不假思索地進行冒險。他非常地想要有錢,卻不願意紮實地工作來賺錢。他可以代表一個失敗的生意人,或是一

個才能平庸者。

在某些案例中，國王牌倒立暗示一個不誠實的生意人，一個會公然行賄的人，或會利用任何手段來達到目的的人。他已經脫離了大自然，而結果他可能過度強調物質世界。他渴望財富及安逸，而且發現自己很難將任何有價值的精神目標列為首要考量，這種目標對他而言是毫無用途的，因為它們看不見也摸不著。

國王倒立所表示的態度就是「如果我看不見它，或是摸不著它，那麼我就不相信它。」

倒立的國王認為東西的價值比人還要高，他可能會深陷於世俗的物質世界中無法自拔。

整體而言，國王牌倒立暗示著在某種特殊狀況的成功將會是短暫的，因為它少了縝密周延的計畫。

五角星牌組的故事

四張五角星的宮廷牌代表一個家庭：父親、母親、兒子和女兒。由於這個家庭的物質環境相當優渥，國王各為孩子存了一些錢。在他們十八歲、二十五歲，以及三十歲的時候，他分批給部分的繼承物。

當這個侍衛長大時，他（或她）開始夢想著那些錢，夢想著當他可以得到那筆錢，它已經增加了多少。

在王牌當中，第一筆金錢已經交到騎士手上，他是一個個性認真的騎士，計畫著要很明智地運用這筆錢，以確保他的投資可以有個穩固的回收。

在二當中，他已經決定好要如何處理他的錢了；不論是花掉或拿來進行投資。

在三當中，他投資了部分的錢來受教育，在某個專業領域當中受訓。

在四當中，由於業務成長，他開始享受專業所帶來的收入。

在五當中，他的生意繼續擴展，而且量已經大到讓他沒有時間照顧自己。於是當他工作的時候，疲累及空虛感油然而生。

在六當中，他雇用了一些員工，因而很有效率地買回他自己的時間。他現在經營這項企業投資。

在七當中，他開始思考著要達到真正的成功，他必須學習更多的人事管理與交易程序的知識，也在想該如何使自己的技巧變得更純熟。

在八當中，他又回到學習狀態當中了。他在現有的知識領域中又加了一些新事物，因此獲得更大的成功。

　　而更重要的成功則在九當中實現了。他經歷了偉大的成功，而且他深以自己的努力爲傲。

　　在十當中，他坐在後面，而其它人則在工作。他的頭髮已變得灰白了，而他很滿意在照料動物的時候，可以從一個很舒適的距離來觀察牠們，他已經變成五角星國王了，而皇后則在不遠處，或許正在外面享受庭園之美。

　　另外一個五角星組牌的案例則是一個眞實生活當中的例子。寶琳一直以來總想要有她自己的事業，所以當她被一家大型飯店裁員之後，決定在當地市場裡租一個攤位。這是一個簡陋的開始，她投資了幾百塊錢去買一些批發的玻璃器皿，同時還釘了一個小小的服飾架來展示她首度嘗試的縫製品。色彩鮮明、款式簡單的上衣和裙子，一個尺碼適合所有人穿的作風。她在市場的第一天代表王牌。

　　才不到幾個禮拜的時間，她面臨了應該賣什麼的抉擇。對一個攤位而言，玻璃器皿和服飾並不是眞正可以獲利的組合，所以她面臨了二，需要做一個有關長遠方向的決定。

　　她決定繼續賣服裝，而且花了幾個月的時間來熟悉新縫紉機。在三當中她正在學習交易技巧。這段期間她和另一位攤位的主人凱特合併了，而且一起生產了一系列的襯衫、洋裝、褲子和裙子。

　　在四當中，她們在春夏的那幾個月裡異常忙碌，而且也賺進了好大一筆錢。當聖誕節快到時，她們每禮拜都比前一個禮拜多賣掉二成的量。

　　在五當中，她們兩人起了爭執。她們都已筋疲力竭，而且受夠了花一整天的時間在學習剪裁，或使用縫紉機。她們的社交生活沒什麼好興奮刺激的，而且在四當中那種享受賺錢的滋味，似乎已不再那麼重要了。一直到有一個週六凱特幾乎對所有的潛在客戶咆哮之後，寶琳終於和她一起坐下來，展開對話。

　　她們兩人都不快樂，但覺得她們的生意還是值得努力的，而且要是能夠有多一點的時間留給自己的話，那該有多好。有時間到凱特窗外閃爍的藍綠色海洋中游泳該多好，有時間和他們的伴侶在一起該多好，而更重要的是，把時間留給她們自己。她們了解到，要擁有如此的光陰，必須去買。她們決定雇用一個人來為她們做某些事，如此買回她們自己的時間。

　　菲莉絲有一部縫紉機，它可以代工三分之一的時間。所以在六之中，她們在早上裁好樣，然後把布料送到菲莉絲那裡縫紉。那一年的夏天，她們又再度看到了海灘。

　　多出了這段額外的時間帶給她們很大的樂趣，但是很快地她們的思想又轉到了如何改善她們的營業及服飾的品質，並找到更好的布料。在七當中，她們正在計畫這個行業的未來。

　　寶琳完成了一項有關中小企業管理的夜間課程，而凱特則和菲莉絲在一起，研究如何確認哪些款式較易製成，以及成本比較低。同時她也知道通常一個尺碼並不能適合所有人，所以開始做許多不同的尺寸和樣式。這是八。

　　她們的生意持續成長，而且有些服飾店業者也來找她們進貨，這個機會是她們所樂於接受的。現在她們可以好好享受她們的收入、海灘，以及在初涉入這個行業時，所夢想的生活方式。她們正在享受九。

　　在她們的事業初具規模的時候，她們就要找更多像菲莉絲這樣的女人，並雇用幾個人來剪布、縫紉，以及在衣服上釘鈕釦，同時她們也利用時間來發展新市場。在十之中，說她們是工作者還不如說是協調者，而且有時候她們會抱怨說，對於做生意她們已經找不到當初的感覺了。

　　她們對於創造了一個有條理的組織體系感到滿意，而她們的收入自然有辦法應付這一切。她們已經達到了五角星皇后了。

回答有關錢的問題

布萊恩來找我，當時他已經到了山窮水盡的地步了。他一籌莫展，不知該如何是好。

「事情眞的是一件接著一件地來。」當他在洗牌的時候，他嘆息道。在分析過程當中，他的故事逐漸顯露出來而隨著顯露的過程，它似乎越來越像電影情節或者一部小說。

他問了一個很重要的問題，是關於錢的。而且這個問題還有一段歷史。當他四十七歲那年，父親過世，留下一大筆錢給他。三個月後，贏了八萬元，在兩年內又從父親所投資的產業中收到了二十三萬元。在這麼短的時間內他變成了百萬富翁，而他想要爲自己和孩子們確保一個穩固的未來。

在他還清了房屋貸款之後，他進行有生以來的第一次旅行，並買了一部新車、一些珠寶和衣服。他覺得已經到了爲剩下來的五十五萬元找個投資管道，作爲晚年收入的時候了。

他接觸一位財務顧問，對方建議他投資一家設計和建築購物中心的公司。這似乎是一項穩當的決定，所以就照著顧問的建議去做，將剩下來的錢投進了那家公司。

現在，在他六十二歲之際，他多希望他當年錢不是這樣花的。「如果當時我買了一部紅色跑車，然後把它開到海裡，我都會比今天這個樣子好。」他憤怒地說。

原來是他的顧問沒有告訴他，合約上規定要再繼續提供資金，否則該案子就會失敗，而原先投資的錢也拿不回來。

那個案子眞的失敗了，那家公司所承諾要執行的其它方案也兵敗如山倒。結果投資者又被要求要付二千二百萬元到這個案子中。

在一百三十六位投資者中，有一百二十人立刻宣佈破產，留下一樁訴訟給剩下的十六名投資者。而布萊恩也就留下來處理整個事件。

「我所想做的不過就是投資一些錢，讓我老的時候沒有後顧之憂，而現在我卻經常上法庭，幾乎可以得一個法律學位了。我的問題是這樣的：我會賣掉我的房子來償付我的法律費用嗎？」

「你怎麼對付那個財務顧問呢？你有帶他上法院嗎？」我問道。

「沒有，他已經因詐斯而被關起來了，而且我被告知，如果我要採取法律行動的話，我還得大排長龍哩。」

在對他的問題有若干了解之後，我決定將它分成三部分：

1.會在這場法律的挑戰當中成功嗎？

2.必須賣掉我的房子嗎？

3.對於這件事情有沒有其它更恰當的解決方案呢？

他選出了五張牌，是針對為了解決這個問題他可能還要付出去的一大筆金錢的數目：九萬，十三萬，十六萬和二十二萬。

在十六萬的時候出現了正立的六，證實這是可能得付出的一筆錢。布萊恩嘆著氣並解釋道：「我的法律顧問所開出來的數字也就差不多是十六萬。」

金錢是我們大多數人極感興趣的一個話題。而幾乎在每一個分析過程當中，我都會被問到一個問題：「我的未來到底可以掌握住多少財富呢？」

這是一個實際的問題，並且應該要有一個答案。我並不會固執地認為，塔羅牌應該只能用來回答情感或精神上的問題，因為對物質方面的事情也可能包含精神的課題。

以我個人而言，我會拒絕回答「我會得到幸運嗎？」或者「我會贏到一些錢嗎？」這類的問題。不過你可以換個方式來陳述問題，讓你對結果有更多的掌握。比如說，「我應該如何來改善我的

財務狀況？」或「現在是什麼在動搖我的財務呢？」

佐拉想要買一棟房子，而她和她丈夫已經在戶頭裡存足了一筆錢。她是既興奮又害怕。興奮是因為有可能可以住在自己的家裡了，而害怕的則是買房子有可能會變成一場災難。

她已經看到一棟她喜歡的房子，但是售價超出她的最高預算三萬元，所以她想知道這房子該不該買。牌建議她不要買，而在接下來的四個禮拜之內，她打電話給我，告訴我另外五棟房子的詳細情形。在電話裡她一次比一次失望，因為她擔心她的家可能會脫離她的掌握。

照常理來說，當一樁買賣所牽涉的金錢是如此龐大時，你應該避免情緒的介入，但是事實上可能正好相反。佐拉似乎迫不及待想把她的存款花掉，而且當拍賣會上所出售的房子價格高過她想付出的錢，她就會反應得像個小孩子。我相信她去超級市場買菜一定比她在找房子還用心。在類似這樣的情況中，你對當事人所說的話要很清楚，這一點很重要，因為最後的決定還是他們自己要下的。你只能多提供一些訊息給他們，作為他們下決定的參考。

陳打算投資五萬元到一項海外生意上，他來找我，而我可以從牌當中看出來，他很關心其中一位投資者。在四位投資者當中，有一個人牽涉到一宗法律案件，那可能使他的貿易執照被註銷，而影響到整個投資。

牌局暗示還有其它的選擇，關於這點他自己也承認。它比起原先的計畫，顯然是個較好的投資，而我也把這點告訴他。

當我告訴安在接下來的三個月內，她有可能會購買一棟房屋時，她甚至不想知道有關金錢任何的事情。她笑著向我解釋說她仍單身，窮得一蹋糊塗，而且還是向人家借錢來占卜的。我腦中突然浮現這棟房子的模樣，並且看到了它的陳設，甚至牆壁的顏色。她還是笑著，而我則聳聳肩。一年後她又回來占卜，並且告訴我她如

何買到她的第一棟房子。

「我上班的那家公司發現過去六年他們少付了我薪水，有一天他們給了我一張支票，我看了差點昏倒。我本來打算去度個長假，但是我朋友提醒我你上次占卜的結論，所以我改變注意。爲了好玩，我們決定給它一個禮拜的機會。假設我們在一個禮拜之內都沒有看到你所形容的那棟房子，那麼我就要去度假了。那是我們所看的第二棟房子。我的朋友莎朗在我們一打開屋門的時候就笑了，『它帶點金綠色調！』她模仿你的口氣說。」

利用直覺來做分析

直覺簡單地說就是「內在的教誨」，或內在的教訓或知識。我們都有與生俱來的直覺，而且都有能力去利用它。怎麼做呢？練習。我對直覺的看法就像運動員對肌肉的看法。你越使用它，它就越能得到發展。由於經常使用直覺，它就可以在你下決定時變成你的一項可靠的工具。

你該如何開始呢？就從傾聽你內在的聲音開始吧。它不會對著你的意識大聲建議，因為它是你內心一種寂靜、微弱的聲音。在平靜和安靜的情況下，你才能夠清楚地聽到你內在的聲音，所以你需要常常去清理內心的混亂和憂慮，因為它們會遮斷你內在的聲音。

每天花一點時間讓自己完全沈靜下來。清除掉心思當中的雜念和困惑，並確定不會受到干擾。如果你想要求得一個問題的答案，你可以利用這個時間問問你內在的自我，採取什麼樣的行動是比較明智的。不要一下子問太多問題，因為這樣只會使你的意識更加活躍，而你就會和你的直覺失去聯繫了。在一次靜坐當中問一個問題也就足夠了。

你值得去問內在的自我，現在有沒有你需要知道的事情。在問完問題之後，靜靜的等。讓你內在的自我先對各種可能進行揀選，以便給你一個簡單而清楚的答案。這答案可能會以一種感覺、一種意象或一個聲音的形式來告訴你。它可能會在隔天晚上睡覺時，進入你的夢中來告訴你。直覺在不同人身上有不同的作用。並沒有說哪一個方法比哪一個方法好，因為只要你可以得到一個清晰而正確的答案來解決你的問題，那麼你就達成你的目的了。

我認識一名分析師，當她在描述一張牌的意義時，她總會把那

張牌拿在手上，經由觸覺去感覺那張牌在該副牌中的意義。這叫做「神祕力」。

神祕力是一種透過觸摸來分析儲藏於物體中的能量的行為。它的理論是說當你觸摸某件東西時，你會在那物體上留下少量的能量，而這種能量是可以被神祕力分析師所解讀的，或被任何一個直覺比較強的人所解讀。在某些例子當中，你甚至不需要去觸摸該物體。例如，你的房子本身就帶著曾經發生於其中事件的能量，以前所有住過的人的能量也會留下來。這個能量會隨著時間而消褪，還可藉由讓房子通風，以及徹底地清掃牆壁、椅凳、窗戶和地板，把它給清除掉，用阿摩尼亞溶劑（噴霧式的阿摩尼亞在大多數的超級市場都買得到）則效果會更好。

夢也可能是直覺很好的工具，雖然有時候它們很難被理解，但另外的時間裡它們卻又清晰地令人吃驚。

舉個例子，我太太正在倫敦飛往雪梨的途上，她打算中途在舊金山多停留兩天，到處逛一逛。那天晚上（在雪梨）我夢見她被兩個男人綁走，並強暴了她，然後把她拋棄在一條路上。在掙扎當中她的一隻鞋子掉了。在我的夢中，我清楚地看到這隻鞋，包括它的顏色和款式。

隔天她打電話來說，她已經平安地到達了。她繼續解釋說，她遇到了一些人，而他們邀請她在晚上出去，不過她不能離開她的房間，因為左腳很嚴重地抽筋及疼痛，而且在一個小時之內就不能行走了。她只好早早就上床休息，而隔天早晨醒來就已經完全康復了。

我把我的夢形容給她聽之後，她喘了好大一口氣。我所形容的那雙鞋是她新買的，而且在我們談話的當兒，她正穿著它們。或許她的腳抽筋是一種呵護的化身，因為它預防了一次醜陋事件的發生。

我記得在倫敦的一個下午，當時我覺得很無聊，也厭倦了替人算牌和看手相時。那個下午我的四名顧客得到了不同於以往我所做的分析型態。我決定想到什麼就說什麼，不管那聽起來有多荒謬，我心裡想，了不起只是算錯而已。

我談起一棟別墅前門周圍的矮籬笆，一架輕型客機出了點小差錯，有幾封來自一個名叫羅尼的人的信件，南非某個小城鎮正上演暴力衝突事件，一家航空公司不理會有關機上空服員缺少的問題，並且自言自語說爲什麼有些人去世的時候，人們要送他很多花。對於這些，沒有一件事情是可以從牌上看得出來的，它們只是一些在同一時間跑進我腦袋裡的想法，但是當我再回想這些事情的時候，覺得頗耐人尋味。由於我釋放我的直覺，而結果竟教人如此吃驚。

四個禮拜以後，人們開始到處找我。那四個人的朋友和認識的人都帶著他們的故事來找我，那些故事證實那天我所說的許多事情。在一個月之內，一名女士參加了她朋友的喪禮，喪禮的整個房間充滿各式各樣的花。另一個朋友印證的是，他買了一棟新房子，其前門正是圍繞著小型籬笆。

經過這件事之後，我決定我要經常嘗試去找到可以說出我所想或所感覺之事物的方法。我通常會以這樣的句子作爲開始「或許我不應該這麼說，因爲我找不到支持它的理由，但是……」說到這裡，我的當事人通常就會要求我不論如何把它說出來。

在分析過程裡面，如果對於某張特別的牌有感覺到某種特殊意義的話，讓你的感覺說話吧，因爲這是發展直覺最理所當然的方法。下次你的直覺就會給你更多的訊息來作爲回應，而最後，當你在分析時，或許你就可以眼睛瞪著牆壁，而不必一直盯著牌找尋意義了。

分析塔羅牌未必要有很強的直覺，因爲這套系統本身已經夠清晰，可以給出充分細節。不過，直覺強是一項有價值的資產，因爲

直覺再加上你對那些牌的特殊理解，可以確保你的分析有某種程度的準確性。在分析過程當中，你的直覺可提供某些額外的細節，而當你的直覺無效時，你對塔羅牌的合理的理解則依然是相當珍貴的。那些光靠直覺來分析塔羅牌的人，在直覺不準的時候，可能把事情搞得一團糟。以前在我旁邊工作的一位分析師，在一個晚上承認道：「真高興今天結束了，我講了整整一天的廢話，像在今天這種情形的日子裡，我就是會太情緒化，而無法做適當的分析。」

超距離洞察力（直覺的一種形式）在你想要一個簡單的答案時，可能有很大的幫助。不過，請記住，你利用超距離洞察發現的東西，通常透過直接的塔羅牌分析中也可以看得到，假設這個問題的用字遣詞夠審慎的話。你在問話時的用字遣詞可能使結果迥然不同。然而超距離洞察力可以協助你，威利先生的故事就是一個例子。

一個穿著晚禮服，上氣不接下氣的男人，剛騎了四十公里的腳踏車來到我家前門，腳踏車上還載著許多水管。當他把那輛黑色腳踏車停在我的起居室時，威利先生就開始自我介紹，然後解開那些生鏽的水管，說這些東西來自英格蘭海邊懷特島上的一個房子。

「我把退休後的時間都用來找尋二次大戰期間失蹤的一些飛機。我要找的有五架，但由於受到兩位來自康沃爾郡伙伴的幫忙，我已經找到其中兩架。好吧，至少是兩部殘骸吧。有一位名叫瑪麗的女士在戰爭期間看到了另一架飛機掉落在英格蘭中部，當時她只有七歲。我找到她的地址，但是她卻搬至別的地方去了。」

這已經開始像是蒙堤皮松（Monty Python）電影裡的情節了，當我正努力地想著該如何讓他離開時候，他又繼續說了。

「這些水管是從那個名叫瑪麗的女人最後所住的房子當中找到的。那房子已經壞得差不多了。作為一個有超距離洞察力的人，我想你或許能從這些水管當中找到些蛛絲馬跡，來幫我追蹤她，讓我

找到她的新家。」

「這個人真是太離譜了。」當我要伸手去拿那些水管時，心裡想著。而在我觸摸到它們時，各種意象如潮水般湧入我腦海中。一棟大宅邸旁邊有著馬廄，一個以圓石綴飾的中庭，及一個高聳的磚石牆圍繞著房子，一條狹道通往小鎮，道路兩旁則有綠樹參天。

我繼續分析，向他形容房子的基本位置，我看到瑪麗就住在那個房子裡面。他滿意地離開了，而且在兩週後來電告訴我他已經找到那房子了，但瑪麗又搬走了。這次他有了新的地址，很快就可以找到她，問她有關飛機的事情。

我似乎看到了一個六十七歲的威利先生，穿著他的禮服，在懷特島上騎著腳踏車到處跑：一段歷史，追尋一段歷史。

小阿爾克納牌組一覽表

牌別	大體意義	權杖 行動熱情	聖杯 情感情緒	寶劍 思想	五角星 實質性的運用
王牌	開始	開始行動	情緒上的開始	理念；心智上的開始	實質性的開始
二	決定	身體或位置的決定	情緒上的聯合	信仰上的決定	財務上的決定
三	成長	旅行或身體上的進步	情緒上的進步或慶祝	帶來理解的痛苦	學習帶來實務的成長
四	鞏固	身體上的鞏固	情緒上的鞏固	精神上的鞏固	財務上的鞏固
五	改變	分散肉體的能量	分離失落	爭吵；內在的衝動	精神及財務上的貧困
六	穩定	集中的能量及穩定	情緒上的穩定	心智上的穩定；放棄舊信念	財務上的穩定
七	別放棄	身體上的挑戰	情感上的追尋	心智上的適應	需要適應力的重大財務挑戰
八	力量或個人的能力	充沛的體能	追尋更豐富的生活的力量	發現擺脫他人的信念的力量	決意在過去的成功上建立基礎
九	重新評估	重新評估哪個目標是重要的	滿足感及健康的自我價值	鮮明的夢境；憂慮	因實際的努力而達成物質上的成功
十	完成	太多的方案帶來的負擔	和諧的家庭或團體	被人生觀擊倒	物質上穩固而持久的成功

4
進階分析的技巧

▼

大阿爾克納牌

▼

大阿爾克納牌的故事

▼

塔羅牌的牌形

▼

開始成為一個分析師

大阿爾克納牌

塔羅牌的二十二張大阿爾克納牌所描述的是有關有形事件背後的精神原因，或在所經歷過的事件中應學習的教訓。例如，你最近這三樁生意之所以失敗的原因；為什麼你對那些不付出感情的伴侶特別有吸引力；你皮膚過敏、偏頭痛的主要原因是什麼。

這些是威力很強的牌，而且如果你在「七張牌的牌形」當中發現了四張或四張以上的大牌，那麼你就可以在進行分析之前，於每張大牌上各加一張牌，來強化分析的準確度。在相當罕見的案例中，我曾發現攤在桌面的七張牌有六張大牌，而我總是要求顧客再選六張牌，以進行精確的分析。

七張牌裡有六張是在詳述原因，而事件本身卻鮮少被談及，這將使分析本身帶有神祕論的色彩，或高度精神性。當然，如果你或你的當事人對這種型態的分析，能抱持接受的態度也是不錯的，不過對於一般人而言，神祕論的分析可能會帶來混淆。遇到上述的情形，再外加六張牌就可以讓我較具體地告訴我的當事人，到底會發生什麼事，不是只告訴他事件的精神原因。

大阿爾克納牌是在告訴你，事情為什麼（why）會發生，而小阿爾克納牌則告訴你會發生什麼事情（what）。在進行一個整體的分析時，兩者均不可偏廢。

當攤牌之後有一半以上的牌是大牌時，要求你的顧客在每一張大牌上各加一張牌是個不錯的主意。

如果你的顧客選出四張額外的牌，而其中又有一張主牌的話，那麼在分析當中，自應將它的涵意列入解讀。偶而你會碰到當事人，在他額外選出的四張牌裡面，有三、四張牌都是主牌。假設碰

到這樣的案例，恐怕你就別無選擇地要進行一個高度的精神性解讀，因為既然你的當事人選擇了這樣的牌，或許他早有心理準備要聽你說這些了。

愚人（The Fool）

愚人牌暗示著你現在不顧風險而有所行動。

　　愚人代表邁向知識、和平及解放的第一步。這張牌畫一個旅行者站在懸崖邊緣，雙眼凝視天空，腳畔有一條狗吠叫著，左手上有一朵白玫瑰，跨在右肩的棍子上吊著一個袋子，裡頭裝著他的行李。

　　陽光燦爛明亮，映射在附近白雪蓋頂的山頭。他是一個活在當下的人，正經歷著「現在」的力量。那些活在過去或未來的人們，可能會認為他這麼執著於眼前的事物是愚蠢的，因為他們並不知道，我們生命當中所擁有的最偉大的力量，就是我們此刻所擁有的。我們沒有辦法改變過去，通常也難以確切地掌握未來，但是我們有能力改變現在。於此刻所做、所感覺及所相信的，是某些我們已經掌握的東西。

　　只有他背後的太陽知道他從那裡來，以及將往何方。而愚人並不知道這點，而且他也不在乎。他手中的白玫瑰正代表天真無知。他就快要從崖旁踩空掉下去了，而他似乎相信，生命將會支持他的。

　　他的行囊當中裝載著很多他從過去（過去的生活和經驗）所得到的知識，並以他的權杖托負著。畫面上這隻狗也代表著過去，然而這種過去的形態是在召喚你往回走，不讓你去經歷當下。活在過去是容易的，不管你是以美化、悔恨或甚至沈迷的態度面對它，因為這裡面不必冒什麼險。真正的冒險存在於目前，而愚人並不害怕去接受這樣的挑戰。

　　他頭上方那個圈圈代表著無始無終，而他該學習的課題亦復如此。如果他步出懸崖，而喪失生命，或因此而沒有學會他的課題（亦即，相信生命將會支持他），他還是有機會透過不同的環境、不同的時間，或甚至一種不同的生命去學習它，正因如此，他才會無所畏懼。

　　小孩子往往會擁有這樣的天真：期待生命能一直善待他們。對他們而言，每件事情都是一個新的局面，他們也渴望去了解。而身為大人的我們，可能就失去了這種自發性，然而當牌面上出現愚人時，顯然是在暗示我們應

該去冒點險，並活在當下。

　　還有什麼事會比用一根神奇的權杖來攜帶自己的行李，或根本不看自己要走向什麼地方更愚笨的呢？愚人他可不管那些尋常世界中所需具備的常識，對他而言，生命中充滿著神奇的時刻，運用常識只會蒙蔽了它們。

　　當外在世界面對一個真正開悟的人，他們所看到的就是愚人。當普通人面對智者時，他所看到的就是愚人。

大體上的意義

　　愚人是一張代表自發性行為的牌，一段跳脫某種狀態的日子，或盡情享受眼前日子的一段時光。對旅遊而言，這是一張積極的牌，暗示你將會活在當下，並且會有和生命緊密結合的感覺。

　　「每天都充實，樂趣便在其中」是一句很適合這張牌的古諺語。當你周遭的人都對某事提防戒慎，你卻打算去冒這個險時，愚人牌可能就會出現。例如，「哦，我不認為現在是換工作的好時機，外面到處都是失業的人哪！」或者「什麼！你們倆分開了？你到底在想什麼啊？」

　　冒個險！不論如何都要做做看。愚人暗示通往滿足之路是經由自發的行動，而長期的計畫則是將來的事。

兩性關係上的意義

　　在兩性關係分析當中，愚人暗示一段生活在當下或隨遇而安的時期。你可能即將私奔，或在旅行途中遇到一位伴侶，或即將遇到一位喜歡目前生活，而不想計畫將來的伴侶。

　　愚人有時候也可能是在形容伴侶。這個伴侶是難以捉摸的、天真的，或者不願受到任何長期計畫和關係的約束。

倒立的愚人

當愚人牌倒立時，暗示當你被要求有所承諾時，卻想從責任當中尋求解脫。你正在找一個脫身之道，然而目前並不是這麼做的時機。現在是你對自己的將來有所承諾，或是解決過去問題的時候了，如此你才能夠重新過著自發性的生活。在你能夠安全出發之前，還有某些未完成的事情需要你去處理。

愚人牌可能暗示無法憑直覺行事或是逃避責任。你也許渴望自由，渴望遺忘過去、不顧將來，但這不是適當的時候。有時候它也可能是在形容由於恐懼，而沒有在某些決定性的時刻把握住機會，或是固執於以前所做的計畫，或過分依賴他人的建議。

在此，時機是關鍵之所在。而愚人倒立則很明確地顯示出時效掌握欠佳。要不是在機會來臨沒有行動，就是在不恰當的時間採取行動。

六個月前我幫一名女士進行一次分析。我向她描述一位大約二十幾歲，性情激昂，有著藍眼珠和紅棕色頭髮，而且可能是射手座（權杖騎士和節制牌）的男人，可能很快就會走進她的生活裡，而她也將有機會和他發展戀情。

後來她遇到了一位和我向她形容的幾乎是一模一樣的人。她經常和他約會，直到她發現他是處女座的。她就放棄了這個機會，並等待我所描述的射手座男子。她問我這麼做是否算是明智之舉，因為自從那次之後，也沒有射手座男子的出現。

我簡直不敢相信有人會對分析做這樣逐字的解讀，而且我告訴她，在五項特徵中有四項相符，就算是個不錯的預測了。我請求不要追究我沒有特別強調「可能」這兩個字，她有她的自由意志啊。

這個女人來做塔羅牌分析諮商時，似乎就決定放棄她的自由意志了。當她可以轉進一個對她有利的情況時，她太過倚賴我給她的建議、太不重視自己的判斷了。她正是愚人牌倒立的一個例子。

I 魔術師
（The Magician）

魔術牌意味著：現在是展開新計畫的好時機。

這魔術師在一件白色緊身衣外搭一件紅色長袍，並於腰際繫一條蛇作爲皮帶。右手向上伸展指向天空，而左手則朝下指著地上。頭上方垂懸著許多紅玫瑰，腳旁則有更多的紅玫瑰和白百合。頭上方的符號「∞」代表無窮，暗示著他的知識是無始無終的。桌上的工具，以前是裝在愚人的行囊當中，象徵著正確的動機（聖杯）、清晰的計畫（寶劍）、充沛的熱情（權杖），以及確實的執行（五角星）的組合——對於達成目標而言，這是個相當強而有力的組合。紅玫瑰象徵熱情或持久力，白色百合花則意味著純潔的動機。作爲皮帶的這條蛇正吞食自己的尾巴，象徵許多事物既無所謂開始，也無所謂結束。

這張牌代表在某些可能性當中實現若干事情。可能性是毫無價值的，除非它被實現了。我們每個人都有極大的潛能，但並不是每個人都會去實現這些潛能。如果追究到底的話，那我們可以說，沒有人眞正發揮過他所有的潛能。

魔術師從天空中（靈感）接收能量，並將這些能量導入某種具體且眞實的東西——土地。也就是說他將想法轉化成一些我們看得到、摸得著的事物。他運用他的意志力產生了具體的成果；他不是被生活的潮流推著走，而是在這些潮流中爲他自己行動，並做出具體的成果。

大體上的意義

魔術師這張牌意味這是個著手新事物的適當時機。對的時間、對的機會、對的動機，使你的努力值回票價。對於展開行動、實現

計畫而言，這正是一個良好時機。由於你已為實現計畫紮下良好基礎，所以新的冒險很可能會實現。清楚的方向感和意志力的貫徹，大大地提昇了成功的可能性。

兩性關係上的意義

魔術師是形容一種紮根於現實的夥伴關係，沒有受到物質上的種種限制。它暗示一種主動的兩性關係，而且可能是伴侶中的一個提供靈感，另一位腳踏實地，讓這些主意變成具體成果。

魔術師意味著一個擁有強烈意志、受過訓練的心智及清晰的目標感的人。對於自己的目標，他擁有很好的方向感，且打開心胸，接納新的理念。

倒立的魔術師

當魔術師倒立時，意味他失去和土地或天空的連繫。如果他失去了和土地的連繫，可能會變得不切實際，而導致精神、情感或身體健康上出問題，他會變得漫無目標且缺乏自律。當倒立時，即使他自天空中接收到了能量，卻無法成功地將它導入土地，這份能量相當的強而有力，在體內累積之後會導致精神或情緒上的困擾。幻覺、精神分裂症、或神經的精神崩潰、或嚴重的憂鬱都有可能接踵而至。

有一位六十幾歲的婦人來找我做占卜，當她在洗牌時，我注意到她的無名指已經無法伸直了。我問她手指是不是受過傷，她解釋說，她的前夫很喜歡喝酒，而且一旦喝醉就變得不可理喻，充滿暴力。

有一天晚上，在一次酒醉暴力當中，他拿出一把雕刻刀攻擊她，她揮舞著雙手保護自己。刀子就這樣傷到她無名指的筋和神經。看見自己血流如注的手，她轉身拔腿就跑。

這引起我的好奇，我問她是否可以更詳細地檢查她的手掌。手掌上的紋路通常可以確認出很久以前發生的事件和時間，我希望可以在掌中清楚地看到代表這次事件的痕跡。我在生命線上找尋線索，發現了在她三十五歲左右時有一個清楚的斷線。我告訴她，在那個時候她有可能會死。

「當他拿刀傷害我時，我三十六歲。」她印證了我的猜測。如果她當時沒有逃走的話，那天晚上她可能就命喪刀下了。稍後，她又告訴我，這只是一連串暴力事件中的一件而已。她的丈夫可說是變幻莫測。

倒立的魔術師可能是在形容某人，他並不了解那能量是經由他在傳遞，而非出自他本身。他可能會以逐漸毀掉對方的方式對別人進行控制，可能是暗中作梗，或以任何他想得到的方法，這可能包括妖術、僱人暗殺或自己動手。

當倒立的魔術師接觸到土地，而和天空失去連繫時，他就失去了精神上的連繫了。失去這份連繫，便喪失了良知，並可能做出違反社會的行為。

有一名四十幾歲的女人，在一次占卜中出現了倒立的魔術師。她丈夫（已經和她分居了），也就是她十六歲的女兒、十二歲的兒子的父親。在她（我的顧客）遇到他並和他結婚之前，他已經在外國和另外一個女人結過婚，並且生了三個小孩。

她是在無意中發現這件事，於是和他發生衝突。他立刻搬出那個家，並告訴她，只要她再進一步追查這件事的任何蛛絲馬跡，他就會消失。我一個本能的反應，兩年內這個男的就會消失，而且她再也不會見到他了。他會到一個新的國家，有一個新的身分，和一個新的妻子。

當他厭倦了這個太太，就會不告而別，也不辦理離婚，也不告訴她任何的行蹤。種種行徑絕不是一個心智健全的人的所作所為，

這便是魔術師牌倒立的一個例子。

　　簡單而言，魔術師倒立暗示你需要擁有和天空或土地更強的連結，因為此時你已失去正確的動機、計畫、熱情或務實的態度，來完成你內心的願望了。

II 女教皇
(The High Priestess)

女教皇意味著：這是向內探索、沈思，或按兵不動的時刻。

女教皇端坐著，腳旁有一輪彎月，手上握著一個卷軸，胸前掛著十字架，左右各有一根柱子，中間有一塊布幔。布幔遮住了一池水，雖然看不到，但她感覺得到它就在那裡，只是不十分充分理解它的存在。這池水在星星、月亮和節制牌中可以看得更清楚。

腳畔的月亮代表她的想像力，以及她超越眼前的東西看向遠處的能力。左邊的柱子（J）代表陽性（邏輯、務實和力量）；右邊的柱子（B）則代表陰性（想像、直覺、接受性及側隱之心）。它們代表二元性和對立性：生命中相對立的力量如果善加駕馭將會帶來成功。字母B和J分別代表波耶茲（Boaz）和亞肯（Jakin），它們是耶路撒冷神殿的兩根柱子的名字。波耶茲代表的是神祕和消極，而亞肯則代表行動和意識的理解。

女教皇代表一段退縮和消極反省的時期，但這足以使內在的力量復甦。這張牌可以形容內在的智慧已經到達某一種深度了。她可代表直覺、洞察，或是自生活中退隱下來，好好思考某個問題或形勢。

手上握著的卷軸，上面很明顯地有TORA這四個字母，另外還有一個H的字母被遮住了。Torah包含了猶太人的律法，以摩西之言五卷的形式呈現出來。Torah中有著很多的智慧及知識，但有部分被遮掩了，這暗示智慧和知識隱藏在原文中。雖然高位的女教皇握著這份卷軸，但是她並不知道內容。當她遇到可以和她陰性能量互補的男人（陽性力量）時，這個男人會知道其中的意思，而她也可以告訴他，該卷軸是從何而來。

女教皇必須動用她的直覺來了解她身後那池水中到底藏了什麼。當她這麼做時，她將會遍歷所有的大阿爾克納牌，直到星星牌時，她才可以直接碰

到那池水。

　　和聖杯侍衛一起出現時，女教皇代表占星學上的雙魚座。雙魚座必須學習的部分課題是：將夢想轉爲實際。這包括爲所渴望的事物（布慢上的種子爲象徵）播種，然後再著手進行，使這些夢想成眞。

大體上的意義

　　女教皇代表去思考可以導致實際結果的構想。這並不是一張代表具體事物的牌，而是一張代表可能性的牌。我們每個人都在我們的人生當中持續地耕耘和收獲，而女教皇就是散播那些種子或理念的行動。

　　女教皇暗示你應該要相信你的直覺，因爲在這一點上，有些東西你可能看不見。高位的女教皇是一張代表精神和心靈發展的牌。它代表了向內心探索的一段時期，以便爲你人生的下一個階段播種，或者去消化你在肉體的層次上所處理的事情。

兩性關係上的意義

　　在兩性關係分析當中，女教皇可能代表一個雙魚座的人；或者可能意味著在你得以接收到這份關係給予你的種種之前，你需要先反求諸己。接受性、被動以及內在的發展，都是這張牌的意涵。

　　有時候女教皇暗示一種擁有高度精神或心靈發展的關係，你們兩人可以一同學習、成長和發展。

倒立的女教皇

　　當女教皇以倒立方式出現時，依然可以代表雙魚座的人。它也可能暗示著：在暫時離群索居，或經過一番內心的發展之後，再度返回人生的一段時期。或許你已經度過了一段獨處期，並將你的能量導入心靈的成長上，而你再度面對人生，以試煉你的新理念及理

解的日子也已經到了。

　　它也可能是在描述你忽略了直覺，而喜歡運用頭腦來解決問題。或許你需要傾聽，需要聽一聽某些事物。而傾聽你內在的自我，或你周邊的事物，可以獲得你達成目標的方法。

　　高位女教皇倒立時，可能意味你沒有辦法傾聽你內在的聲音，或你內在的知識是沒有辦法轉化成行動。這個時候應當出去走走，認識新朋友，因為剛認識的人可以幫你介紹新的可能以及機會。例如，你可能會因此而找到新工作或新伴侶，或者得到嶄新的理解。

　　以目前而言，內在發展的時候已經結束了，而且透過積極地尋找和他人的合作，會讓你有更多的收穫。

III 女皇 （The Empress）

女皇牌暗示家庭和諧及穩定。

女皇代表經由感官通往心靈的一條途徑。她是激情甚於理想主義的。她的手腕以及分享性都相當務實，因為她知道無論她必須付出什麼，現在都是她付出的最佳時刻。這正是占星學上天秤座所必須學習的部分課題。去學習愛並不是一種理想主義或知性上的習題，而是一種身體、情，以及感官上的分享，以及日常生活中所經歷到的喜悅。

她坐在富麗堂皇的坐墊上，四周充滿了生命。流水為草地和樹木帶來生機，而那些飽滿的麥穗則暗示著生產力。而那些在女教皇牌中尚未成熟的種子，到了女皇牌將則已成熟了，這意味著計畫已成熟。

她座位底下的心形石頭上畫著一個圈圈和一個向下指的十字架；這是維納斯的標誌，她是天秤座和金牛座的守護神。這個符號代表透過愛，使心靈與物質世界交流。它通常是用來代表女人的。

女教皇是一個夢想家，而女皇則屬於腳踏實地的類型；高位的女教皇將愛夢想為一件完美的事情，而女皇則深諳人性，了解要保持一段兩性關係的完整性，是需要實際的努力的。她需要透過五種感官去體驗這個世界，因為唯有如此，她才能從自己的經驗當中去了解世界。這可不是一種腦力激盪而已，而是親身感覺和經驗到某些事。女皇代表的是熱情。

和教皇一樣，她頭戴三重皇冠，代表聖父、聖子和聖靈。這象徵有形世界中，心靈層面的顯現。這張牌也暗示透過情感而得到滿足和理解。

大體上的意義

簡單言之，女皇可能意味著實現計畫，或朝向計畫的下一個自然步驟邁進，亦即你又向目標靠近了一步。這張牌也可能暗示懷孕，如果牌上還有五角星九、或聖杯三，或一張以上的侍衛牌，那

麼這項推測的準確性就更高了。

女皇牌也可能暗示一趟鄉野之旅，或是休息一陣子並重返大自然的懷抱，因為她四周圍繞著自然的產物。透過親近自然，現在是你重新平衡自己的時候。這張牌意味家庭狀態的穩定與和諧，而這通常是透過把愛從思考當中，帶往內心來達成的。

在有關事業的問題上，這張牌暗示你的工作和家有關，或利用家作為工作的基地。

兩性關係上的意義

在兩性關係分析當中，女皇暗示朝著兩性關係的下一個自然階段邁進。它也可能是在形容懷孕，因為孩子通常會使兩性關係進入一個新的階段。對和家庭觀念有關的兩性關係而言，這是一張相當積極的牌。在這段期間內，你和伴侶是透過感情和歡樂來貼近人生，而不是經由思想。在這段關係中，有更多的成長和活力產生。

倒立的女皇

女皇倒立意味家庭環境或某段兩性關係中遭遇到的困難。可能你無法實現你的計畫或在某段關係中，你沒有辦法打心裡去愛，因為你對愛過於知性或理想化了。我要再說一次，你需要回到上一張牌正立時的狀態，好精通蘊藏其間的課題。在這個例子裡面，高位女教皇的理想主義干擾了對感情的體驗。

它可能意味著，你是有了談戀愛的念頭，但卻發現自己無法為兩性關係，付出日復一日的努力。

在關於孩子的問題上，女皇倒立可能意味流產、墮胎或生產。

在最近一個有關生產日期的問題（孩子已經超過預產期三天了），我在接下來的十天，每一天各選了一張牌（之所以是由我選牌，是因為這是一次電話分析。電話分析和面對面分析的不同處在

於，你得要確認這個人的問題，並在選牌的時候代表他們去思考這個問題）。在禮拜四這天出現了倒立的女皇牌，暗示那個星期四，她就不再處於懷孕狀態了，顯然那就是她生產的日子，而果然她就在星期四早晨生產了。

女皇牌倒立的另一層意義可說是，冷靜地思考所有的選擇之後，運用理性來解決問題。

IV 皇帝（The Emperor）

皇帝表示一種訓練和實際致力於生活。

這皇帝坐在一張石椅上，左手握著一顆寶球形物體，而右手則握著一根寶杖。寶杖頂端是一個圓圈，它是肉體死亡之後，靈魂生命的象徵。他在衣服底下還穿著鐵甲，因為他總是處於備戰狀態。坐位頂端和手底下的公羊頭說明了這張牌代表占星學上的牡羊座。其他代表牡羊座的牌還有權杖國王和寶劍騎士。

牡羊座的課題之一就是學習自律。在你能夠有效地領導他人，以及贏得他們的尊敬之前，你需要能夠自我訓練。這包括訓練脾氣、精力、情感以及思想。

皇帝代表原型的父親。他象徵社會的律法、結構，以及容許心靈發展的社會穩定狀態。皇帝可以代表執行這些律法的人，像是法官、警察、雇主、房東，或任何在某種狀況下要維持秩序和結構的人。

通常皇帝代表的是一個正直、公平和實際的人。假設他給予你忠告，那麼他的建議都是來自他自己的親身經驗。他有點武斷的傾向，但是當他在許下承諾後，通常，是值得信賴的。而當你也允下承諾時，他會期望你能實行它，假如你做不到，他是不會再給你第二次機會的。

大體上的意義

皇帝意味透過自律和實際的努力而達到成功。它可以代表你生活中一段相當穩定，且井然有序的時光。這張牌可以暗示遭遇到法律上的問題，或是碰到某個地位、權力都在你之上的人，例如法官、警員、父親，或具有父親形象的人。

為了成功，現在正是你採取務實態度來面對人生的時候。你被周遭的人設下種種限制，但只要你能在這些限制之內努力的話，你

還是可以達成你的目標。

兩性關係上的意義

皇帝牌可形容一個務實、武斷且通常是紀律嚴謹的人。他是一個頂不錯的物質供應者，然而表達情感對他來說可就不是件簡單的事了。浪漫和夢想的事對這個男人的吸引力並不大，因為他較喜歡他看得到、摸得著的東西。假設他無法看見或觸碰到它，他是不太可能相信它的。

在兩性關係中，這個男人會扮演父親形象的角色，以確保他能夠駕馭這段關係，特別是在物質層面上。由於他的自律和喜歡勤奮地工作，所以通常做生意方面都可以得到成功。

在感情方面他可能會比較壓抑，因為他很難理解看不見的東西。而遇上伴侶向他多做了些要求時，他可能會說：「你到底想要什麼？你有一個很好的家、一部新車，和所有你想得到的東西，你到底還需要什麼呢？」

在兩性關係中，如果伴侶所在意的是情感上的需求，那就會對他造成困擾了。因為對他而言，付出就是給予某些具體的東西。

倒立的皇帝

皇帝牌出現倒立時，意味著由於缺乏自律而無法成功。如果是在形容一個人的話，倒立牌代表這個人較具寬容性，而不像正立時那般的武斷，而且也較能展現同情心。

有時候此人可能會在面臨嚴苛抉擇時退卻下來，因為他缺乏向目標邁進所需的訓練。他可能會比正立的皇帝表現出多一點的熱情，然而卻缺乏控制熱情的任何真正訓練。他需要返回女皇牌（前面那張正立的牌），以充分理解熱情和感官，這樣才能夠在迎接物質和真實世界的挑戰時，知道該把這些東西擺在什麼位置上。

　　在有關兩性關係的算法中，皇帝牌倒立可能是在形容一種缺乏
自律的狀態，例如，他可能缺乏對伴侶的承諾，或可能不只擁有一
個伴侶。它也可能形容一種母子般的關係，也就是說，這個女人以
一種母親的態度控制著這個男人。

V 教皇
（The Hierophant）

教皇代表需要為你的心靈成長，及人生方向負起責任。

教皇坐在一張華麗的椅子上，右手舉向天空，左手持著一根有三重十字的寶杖。在白上衣外面罩了一件紅色長袍，頭上戴著一頂三層的金色皇冠。袍帶上面有三個十字圖案，連鞋子上面也有十字圖形。座位前放了兩隻有十字圖案的金鑰匙，腳前跪著兩名信徒。其中一名所穿的衣服上有紅玫瑰圖案，另一名衣服上則有白百合，這些圖案令人聯想到魔術師。

身後的石柱是暗灰色的，因為這座教堂（或建築物）及其結構對於真理的追尋而言，實屬次要。他手上及袍帶上的三重十字，以及三重皇冠意指聖父、聖子及聖靈，有些人則視之為靈魂、心智及肉體。

教皇以他的右手傳導來自天空的能量，這正如同魔術師，不過他是透過寶杖將能量傳導給信徒。信徒們覺得他們需要這教皇，以便和上帝有所接觸，他們並不知道他們隨時可以直接和上帝接觸。教皇為他們示範這麼做的方法，給了他們方向，只要遵循著，就可以找到和上帝連結的道路。

這是一張有關宗教信仰或傳統的牌。皇帝負有提供物質條件的責任，而教皇的義務則是提供心靈上的方向和引導。在組織化的宗教或教堂中，教皇為一般人展示了解他們心靈需求的方法，而這種方法並不需付出多大的努力，或放棄太多的自我。教堂提供一個向心靈接近的道路，讓那些沒有求道之心的一般人，不致成為迷途的羔羊。

傳統上十字鑰匙是一金一銀的，金鑰匙開啟外在的世界，銀鑰匙則打開內心世界，沒有這兩把鑰匙，你可能會失去這個世界所蘊藏的知識。在萊德一偉特所設計的牌中，兩把鑰匙都是金的，暗示如果只遵循外在教條，是不太可能真正了解其中所傳遞的訊息。只要你允讓他人為你和上帝連繫，你就

得冒著相信他們對上帝或宇宙的認知的危險，而不能藉由你自身的直接經驗來發展自己的理解。你喪失了發展準確判斷力所需要的直接經驗。

　　簡單而言，教皇（第五張牌）暗示你的心胸正趨於窄小，因為一旦你允許別人負起你心靈成長的責任，你就不太可能讓自己得到直接的經驗。只有透過直接的經驗，你才能親身體驗到上帝，並確定誰或什麼是上帝。如果我告訴你我所體驗到的上帝，那你需要的是信仰。如果你親自去接觸上帝，你就可以得到一個或許會帶來理解的經驗。相信你不了解的事情實在是一椿冒險的事情。而親身去經驗可以提供證據，消除信仰上的需要。

　　這兩根石柱代表使你免於做選擇、免於負起個人責任的結構。通常教皇代表教堂、教條及教育。這一張代表金牛座的牌（和五角星國王及五角星四有相同的意義）。金牛座的課題之一是「我的方式並不是唯一的方式」。並非相信、進入或生活於某種狀況的唯一方式。這個課題在宗教團體的身上表現得特別明顯，他們絕對相信他們與上帝接近的方式是唯一值得擁有的方式，是一種「只有和我們擁有同樣信仰的人才可以得到救贖」的方式。

大體上的意義

　　教皇暗示你向某人或某個團體的人屈服了。或許這正是你為自己，及心靈上的需求負起責任的時刻了。你目前的行事作風並非應付事情的唯一方式，假設你願意加以探索的話，或許你就會找到新的可能。

兩性關係上的意義

　　教皇所形容的這段關係，是遵從他人期望的一段關係。這段關係中的伴侶很難忠實於自己，也很難忠實於在兩性關係中他們真正的需求，因為他們在適應他人對他們的期望上覺得壓力重重。

　　西莉亞抱怨先生侏羅日以繼夜地工作，以至於他們的婚姻生活變得索然無味。當我再稍微深究時，我發現她會和侏羅結婚，是由於她家人的大力贊成。她坦言一開始她寧願去環遊世界，或許在決定一位長期伴侶之前，還可以多碰到一些對象，然而她的家人覺得

她是打算「做一些恣意妄爲的事」，因而向她施壓要她結婚。起初她頗享受他們的好意，但是四年之後，她便爲沒有反抗他們的壓力而深感懊悔。

教皇也可能暗示你的兩性關係已流於一種形式或規矩，你的態度變成「別人怎麼做，我就跟著怎麼做」，而這並不是去經歷一段兩性關係的唯一方式。你應該去找尋另一種新方式，可能你會感受到周遭的人所形成的阻力，但後來還是可以證明這麼做是值得的。

倒立的教皇

塔羅牌中所有倒立的五都意味著心胸開闊，教皇亦不例外。它代表新思想、觀念的形成，或拒絕一些流於俗套的觀念。它也可以說你在爲自己人生寫腳本，照著自己對生命的理解而活。

現在你正爲自己的心靈發展負起責任，雖然道路可能是崎嶇不平的，然而這通常是值得的。有時候倒立的教皇可能表示，你爲了一個具有非正統理念的教派或團體而排斥正統的理念或理論，而這個教派或團體，會爲你的心靈發展負起責任——爲了一個團體而放棄另一個團體。有些人需要別人爲他們負責，而有些人則會利用這種需要，所以導師及大師就越來越多了。

我並不是在暗示說這些人沒有找到他們的方法或道路，但是你們的道路卻不見得就是他們的道路。遵循他人的腳步而行，並不保證就一定會得到啓發。可能會有人不同意我的看法，例如在法國的盧爾德（Lourdes），於西元一八五八年時，聖母瑪麗亞曾向一名十四歲女孩Bernadetle Soubirous顯靈，而今該地每年吸引了逾五百萬遊客或朝聖者的到訪。

VI 戀人 （The Lovers）

戀人牌意味，為了愛的關係
而做的某些決定。

陽光普照，有個天使出現在一對男女的上方。他們兩個人裸身站在兩棵樹之前。女人身後是一棵知識樹，而男人背後則是生命樹。戀人牌是有關選擇的牌，為了找尋滿足，男人望向女人，而女人則望向精神或內心。

戀人牌代表的是青春期。伴隨著道德及知識的獨立，有關性的事情就出現了。性趨力引導你遠離獨處的狀態，而朝向和別人形成關係，以便走向愛的道路。在愛當中你可能會放棄自我控制的需要，以至你無法從別人身邊或生活本身孤立出來。

天使代表在一個較高的層次上，他們曾經是而且也仍然是什麼，但那必須兩個人結合在一起才看得見。如果你想更接近天使，或真實的自我，則應將理性（男性）及熱情（女性）加以調和。

戀人牌可能代表你生命當中一段重要的兩性關係，也可能是在暗示隨著一段兩性關係的決定，你從伴侶那邊得到實質的協助或情感上的支持。戀人是一張代表雙子座的牌，尤其是如果牌面上同時出現了寶劍騎士。而如果是出現其他寶劍的宮廷牌的話，雙子座的象徵程度就稍微輕了。雙子座的課題之一是學習如何做決定。對於雙子座的人而言，在兩個或兩個以上的選擇項目中做出決定，可能是有困難的，因為對大多數具有多重性格的雙子座而言，每一種選擇似乎都顯得很有吸引力。

處於青春期的年輕男子正在學習，將一部分他對媽媽的愛轉移到戀人身上，而年輕女孩則是在學習轉移部分對爸爸的愛到伴侶身上。這可不是件輕鬆的任務，因為這小伙子的媽媽可能會對他寬恕、容忍及富於耐心，而伴侶可不見得會這樣做。而小姑娘的父親會對他那處於青春期的女兒採取理性、成熟、耐性、愛心和容忍的態度，而她的新伴侶同樣不見得如此。但是不管怎麼說，這對戀人所發展出的新關係提供了許多新的機會，譬如性關係、平等的關係，以及共同成長與發展的機會。因此你必須在親子關係的安全性，

與新關係的成長機會中做出選擇。

男人背後的生命樹與女人身後的知識樹，代表的是伊甸園。當男人可能因為在物質世界當中，為了一些實質的事物而忙得樂此不疲時，女人便會提醒他，他還負有心靈上的目標，而且生存還有更高的意義。也就是因為這樣，她才會仰頭望著天使。

或許當伊甸園裡的亞當咬了一口蘋果時，他就想起了他的旅程、心靈目標，以及擺在眼前的工作。這有可能會變成一種失望或者幻滅，而且在他為自己的心靈之路負起責任之前，他還可能先責備夏娃一頓，因為她提醒了他，讓他不得不上路。或許這是一個「打死信差」的案例。

夏娃因為指出了既存的事實而得到一個壞名聲。

大體上的意義

戀人是一張代表決定的牌，而且除非顧客問的是某個特定的問題，否則它通常是指有關兩性關係的決定。它可能是在描述沈浸在愛戀之中的過程，因為它可以意指一段兩性關係中的最初，或者是羅曼蒂克的階級。

戀人牌也可以形容在決定到底要保留舊有的關係，或轉進新關係當中。它暗示你已經由過去經驗而得到成長了，因此你可以安全地邁向一個新的階段。

艾瑞克來諮詢他的事業問題。他是擁有十二年資歷的建築師，現在有人邀他成為一家小型室內裝潢公司的合夥人。他對未來的事業夥伴瞭若指掌，但是他無法確定現在是否是離開目前這家大公司的穩定工作的時機，因為未來的公司雖有更高的待遇，但風險高。他問題（展開一項新事業是否為明智之舉）的答案是戀人牌，暗示他已經超越了目前工作所需的能力了，轉往新事業對他而言，應該是聰明的舉動。

兩性關係上的意義

戀人牌暗示一段新關係，或既有關係的新階段。這張牌也可以代表決定去愛，或展開新關係，好讓這段新關係或新階段可以安全地開始。它又可以形容沈醉於愛河，或處於一段關係中的羅曼蒂克階段。

倒立的戀人

當戀人牌倒立時，代表任何邁向關係的新狀態，或新階段的希望，都是建立在期待的夢想之上。你還沒有成功地完成你目前的狀態，因此你還是繼續待在舊關係當中比較好。

這張牌也可能是在暗示一段關係的結束，或是一種具毀滅性的愛的關係。浪漫的或性的問題可能會支配你的生活。或許你沒有能力超越關係的最初或浪漫的階段，而且你有可能努力想確保目前的關係，可以一直保留在這個最初的階段。所以這裡也暗示逃避更深刻的承諾或責任。

凱倫來找我占卜時，她的小男孩正安詳地睡在她身旁的搖籃車裡。他是她三個孩子中最小的，而她想要弄清楚她的兩性關係。她的另一半早就和別的女人結婚了，而且那女人正懷著他第三個孩子。他在和凱倫這段超過七年時間的關係當中，總是不斷地向她保證，他會離開他太太，並且永遠和她在一起。

在那段時間內，他從來沒有離開過他太太，而且事實上他也沒有表示出有這麼做的意圖。凱倫兀自生活在一種浪漫的情境當中，夢想著她的男人，並盼望有一天他終於實現了他對她的承諾。牌面上出現了倒立的戀人牌，另外還有倒立的聖杯騎士，和倒立的聖杯三。

「他的太太想要他們的第三個孩子，他必須和她維持某關係。這些會是一個自覺不幸福，並打算離開太太的男人會有的行動嗎？」我問她。

　　她以一種極爲熟練的語氣，大力地維護他：「打從我們有了關係以來，他便不斷地告訴我，他將會離開她，而我也相信他。如果我不信任他的話，那我們會有著怎麼樣的關係呢？」

　　「那麼妳所擁有的又是怎麼樣的一種關係呢？」我問。

　　一說到這裡，她便大哭起來，而我也懷疑我是否有權利去揭穿她的幻覺呢？她是希望我這麼做？或只是想要找到可能給予她希望的蛛絲馬跡呢？我從來就不是一個靠著希望過活的人，而且我認爲過度期望便是無望。只有做某些事或下某些決定，才會帶來結果。

　　一位曾與我共事過的分析師，總是語帶嘲諷地說：「我們是以自己的信用來販賣希望。」那天我可沒有賣任何的夢想給凱倫，因爲牌上面很明顯地可看出，他是一個魚與熊掌兼得的男人。她也從這個處境當中得到某些東西，因爲她仍可夢想著她的完美男人，不受現實干擾。她無需忍受他那拖泥帶水的習性，或她過得並不幸福的事實。她可以在未來過著安全的日子，因爲她將來的完美男人可以在她身邊待得更久，而不只是午後那祕密的幾個小時而已。她可以安全地活在羅曼蒂克的氛圍當中，永遠不必冒險朝著新境況邁進，因此也就不必做任何眞正的承諾。

VII戰車（The Chariot）

戰車牌意味訓練有素的心智。

一名武士站在戰車上，右手拿著一根棍子或權杖，肩膀上則有兩枚藍色的月亮。戰車的篷蓋上綴滿了星星，而腰帶上則展示著黃道十二宮的各種符號。戰車部分停在水中，部分停在陸地。武士的前方有兩尊獅身人面獸，一黑一白，正好與女教皇牌上的柱子相呼應。

戰車前方長著翅膀的圓盤是愛希斯（Isis）的代表符號，這位埃及神話中的女神是魔力和母親的守護神，並且是位深具憐憫心的女神。這個有翅膀的圓盤描述的是，精神的力量足以凌駕情感之上。它代表在遇上與情感有關的事件時，得以保持清晰的思路。

獅身人面像代表他生命中互相對立的力量，這些力量需要他運用他的意志力來控制。如果他沒有發揮自己的意志的話，兩尊獅身人面獸可能會朝著相反的方向前進，而使他的戰車撕裂成兩半（其他塔羅牌中的獅身人面獸是背對背的，而且各自決定自己的方向）。他可以走向水中、陸地，或者說可以走進情感和現實的世界。他若能駕馭這兩隻獅身人面獸，就能控制自己本能的慾望。

這個男人是前面所有牌的總結，而且他一定不能放棄，必須繼續朝著世界牌前進。和所有塔羅牌的七一樣，「不要放棄」是關鍵課題。

他帶著愚人的權杖，身後有取自女教皇的布幔，盔甲是來自皇帝，獅身人面獸顯示戀人的二元性，而衣服上的埃及符號則表示在教皇牌中的學習的過程。

戰車代表占星學上的巨蟹座，尤其是如果伴隨月亮或任何聖杯的宮廷牌。巨蟹座的課題之一，便是學習運用理智來控制或鍛鍊感情。在皇帝牌中你否定自己的情感，而在戰車牌中你就需要去接受它們存在的事實，並以理智去馴服它們。

大體上的意義

戰車可以代表一部車，或是坐車旅行。當這張牌出現時，它可能意味著你需要控制生命中互相對抗的力量。目前的情況可能會出現某些矛盾，而你正以理智在控制著它們。

這是一張代表由於堅持而取得成功的牌。如果用來形容一個人的話，戰車是暗示這個人（通常是指男人），掌控著他自己和周遭的事物。正立的戰車也可能意指一樁重要的生意，或意義重大的成功。

兩性關係上的意義

戰車暗示控制你的情緒，對目前的兩性關係應該是有幫助的。它也可能是形容一個能夠掌控情緒，而充滿自信的男人。在生意上或任何需要發揮控制力的處境中，他可能會成功。

這張牌所傳遞的訊息是「不要放棄」，因為成功是可能的，只要你能協調好關係中的衝突（互相對抗的力量或能量）。

奧力維為了他的戀愛來找我占卜。瑞妮想要一種更深刻的承諾，這引起奧力維的恐懼，因為承諾總是伴隨著遺棄。過去他已經有三次成家的經驗了，結果不出半年她們便離開他。

當他坐在我面前的時候，他既想要和瑞妮建立更深的愛情關係；又害怕她在六個月內便會離開他，而內心交戰不已。當我詳細說明他在過去關係中所經歷的某些基本模式，以及這些模式的持續他多少有點責任時，他有能力認識到他可以改變這些模式。

他的理智能夠超越恐懼與慾望的對抗力量，看出問題的解決之道。他了解到他能夠改變，第一步是拋開過去的關係，並從那些模式中汲取教訓。

倒立的戰車

　　當戰車倒立時，獅身人面獸所代表的對立力量就又大增功力了。情緒可能會蒙蔽了你的視線，或是你可能流連於過去的某種情況。通常倒立的戰車可形容讓未解決的情緒在內心積壓起來，直到它們決堤，而你卻只採取防堵政策。若想避免情緒受到可能的傷害，它暗示一種新的處理情緒的方式。

　　巨蟹座的部分陰暗面（靈魂中不願意去承認的部分）是，你離開他之後，他可能會比你留在他身邊時更愛你。戰車牌倒立的一個可能意思是，多愁善感的懸而未決的感情影響了你對事情的看法。不要沈迷於過去，不要沈迷於應付事情的老方法，或沈迷於在你內心越堆越高的情緒，當這張牌倒立時，情緒突然爆發的情形是預料中的事。

VIII 力量 （Strength）

力量牌暗示你擁有足夠的內在力量去面對人生。

在力量牌上面，一個女人正在安撫一頭獅子。儘管獅子可以輕易地摺倒她，然而牠卻在她的愛和溫柔當中平靜了下來。此時天際晴朗無雲，而一串花環圍繞於她的腰間。頭上方代表無限的符號暗示，她正開發出一種無窮無盡的能量來源。

獅子象徵感覺、恐懼和慾望，在戰車牌中它們受理智所控制，而現在則已顯現出來，等著你去面對和尊重它們。力量採取了更進一步的動作，即野獸或人性中激情的那一面浮顯出來了，等著你以力量和勇氣來面對它們。

這獅子（或內在的野獸性）輕易地接受她雙手的指揮，因為牠感覺到，在她的愛之後的是她的力量。她有一股內在的力量或信心，讓她能夠面對那些戰車必須加以控制的東西。她明白獅子是一種能量的來源，要馴服牠，她也需要付出一些能量。為了活得充實，她需讓她的高層次自我和低層次自我和諧地一起工作。如果其中一者支配了另一者，力量就會向恐懼豎白旗，而且產生控制生活的需求。

力量是一張代表占星學上獅子座的牌。其他代表獅子座的牌還有太陽和權杖皇后。另外象徵意義沒有那麼明顯的是其他權杖的宮廷牌。獅子座所必須學習的部分課題是發現內在的力量。有時候獅子座的人會拚命地想要投射出一種堅強而自信的形象，而內心又感覺這不太合適。其實通常獅子座的確是如他們所裝出來的那麼堅強，可惜他們自己並不知道。他們所要學習的課題包括：認清他們的確就像他們裝出來的這麼堅強，而發現它的方法就是去測試他們的力量。

在其他的塔羅牌中，力量是第十一張牌，而正義則是第八張。亞瑟·偉特將這兩張牌的位置調換過來，因為他認為力量更適合放在第八的位置上。在命理學上，第八是一個代表權力和力量的數字，所以如果你再檢視一下小阿爾克納牌，你將發現所有的八都和力量有關。

權杖八是自由流動，聖杯八是遠離某種不充實的狀態，有力量繼續前進。實劍八是明白他人及你的信念如何束縛了你，而你又該如何利用你內在的力量來釋放自己、獲得自由。五角星八告訴你該如何運用你內在的力量，於過去的成功上建立起更穩的根基。

大體上的意義

這張力量牌意味你有能力面對生活和困難的環境，或者有能力以希望、內在力量及勇氣去做改變。勇氣並不代表你沒有恐懼，而是雖然你有恐懼，你還是願意對某人或某事有所承諾。

這張牌象徵你擁有內在的力量來面對你內在的恐懼和慾望，而非讓它們屈服於你的意志。在健康的分析方面，這張牌可能是有關心臟或脊椎方面的毛病，不過這些毛病也可以透過內在能量來克服，而且這張牌也暗示你本身擁有這種能量。

兩性關係上的意義

力量這張牌暗示你擁有足夠的力量和勇氣，讓你可以在一段兩性關係中發展出真正的親密感，而不必試著要去控制它，或者被它所控制。你有充分的勇氣可以處理任何可能發生的困難，而無需因恐懼而逃避。

在兩性關係的分析中，這是一張積極的牌，因為它暗示和這關係中的人能夠互相傾聽及傾訴。他們的行動是來自內在的力量，而非出於恐懼，可以發展出真實的親密感，不會有五角星六、或聖杯六那種限制性的角色。

倒立的力量

力量牌倒立會導致軟弱。你面對人生的勇氣已經減少了，徒留一種被擊垮或了無希望的感覺。它可能暗示內心的痛苦，你的激情

和慾望正向你提出給予它們滿足的要求,這令你的理智受到威脅,怕會失去控制。

它代表在某段時期內,傳統的事業或生活方式的安全性似乎頗具吸引力。任何可以讓你逃避熱情和慾望的事物,似乎都值得擁有,因為你害怕熱情和慾望會摧毀你所自覺的人格,或你為自己所建立的安全模式。任何會限制你去面對自己的能力的事情,可能都會被認為是需要的。譬如,變成工作狂、過於熱衷你的事業,或是以一些不必要的事情來填滿你所有的時間。

有時候當你在生活中感到無力時,你可能會去找你可以支配的某個人或事物,來幫助自己再度感到強而有力。在這段期間你可能會發現自己在任何關係中,對別人不是太頤指氣使,就是過分恭順。

學習如何從愛裡面找到力量,又是獅子座的另外一項課題。也就是說,要如何找到內在的力量,就需要接納某人以便讓對方可以親近你。如果獅子座的人無法完成這個課題,他們可能會覺得事業帶給他們兩性關係所無法提供的滿足感,所以他們可能會犧牲掉兩性關係,而取得事業上極大的成功。這是一個蹺蹺板式的安排。他們不是佔盡優勢,就是太過謙卑。他們可能在事業上獲得極大的成就,或是得到圓滿的兩性人際關係,但是很少有同時兩者兼得的。透過集中意志,獅子座可以駕馭其生活,並在某一方面得到成功,然而這只是回到戰車所需的課題而已。獅子座的課題是要有勇氣不去控制人生,而是以愛和同情來面對它。

IX隱士（The Hermit）

隱士牌暗示著：省思的一段時間。

隱士牌中沒有明亮的色彩，這反而能讓他看見生命中幽微的事物。他站在雪地中，一隻手提著一盞有顆六角星星的燈，另一隻手持著一根棍子。這星星包含了朝上及朝下的三角形，意味結合火和水元素的需要。

隱士需要獨處以便反省。這張牌暗示自日常生活中退隱，好讓潛意識活躍起來。先行動，然後再來思索推敲哪些行動是有用、哪些是浪費的。這將會讓你對未來該如何行動，有一個清晰的理解。

隱士這張牌代表暫別外在的世界，以便喚醒內在的自我。你可以透過傾聽自己的心聲、夢想，或傾聽朋友、諮商員、老師的話，來完成這件事情。

你的心智必須保持寂靜，如此才能聽得見內心的聲音，要使心智如止水，你便要將干擾減到最低程度。因此你會有出走以保持獨處的舉動。這心智的安靜讓你窺見在高位的女教皇布幔後面的東西。

隱士是一張代表占星學中處女座的牌，一如寶劍皇后和五角星皇后，但象徵意味比較沒那麼濃厚，還有其他五角星的宮廷牌。處女座必須學習的課題之一是：學習如何獨處，而不感到寂寞。

隱士牌代表你自己走出去，冒點兒險，把一些平常的事物留在身後，去做你真正想要做的事情。由於燈籠的光線只能照短距離，所以誰也不能保證這會是一條正確的道路。隱士是形容對眼前事物的匆匆一瞥。它還是一張代表內在成功的牌，而這需要獨自去經歷一些事情。

隱士是指當你跟隨你內在的召喚，離開某種再也無法滿足你的情境。聖杯八帶出了隱士，因為在聖杯八中，那人正獨自走向山頭，而現在在隱士牌當中，可以看見他站在絕頂上思索著他的人生和他自己。

大體上的意義

隱士牌暗示一段反省的時間。它代表著一段想要讓你的過去、現在,以及未來成爲有意義的時間。這張牌代表去看諮商輔導員、持續一段夢想之旅,或爲了開發你自己而沈思。它也代表成熟,以及你已經知道生命中眞正重要的是什麼。

它可能意味著得到身體或心靈上的協助及指引;或是你幫助其他人發現人生理解及事件的導因。它也代表一段時間內,你會問自己如下的問題:我從何處來?我現在位於何處?又將住何處去?

兩性關係上的意義

隱士可能象徵著向內心探索的需求,暫時自一個兩性關係中退出,以決定你想要什麼、要往哪裡去。或許你正用了比平常更多的時間來疏遠兩性關係,而將心思更集中於自己身上。

可能你正在協助伴侶,讓他(她)對他(她)自己,和他(她)的人生有更深刻體會。它也可能單純指某個處女座的人。當隱士牌出現在兩性關係的分析中,代表你更加清楚在某段兩性關係中你的獨立性,或是注意到你需要獨處,以面對你的內在需求。

倒立的隱士

倒立的隱士牌有兩種可能性。第一,你可能是故意讓自己忙得團團轉,以免面對改變的要求,或面對你確實是很寂寞這個事實。因此這裡暗示著過長的工作時間,或違反朝九晚五的工作時間。爲了避免和別人有眞正的社交接觸,你可能會在晚上或周末工作,以填滿你的社交時間。例如,蘿蓓卡白天在一家廣告代理商擔任接待的工作,而爲了要填補夜晚寂寥的時光,她每週有四個晚上在一家旅館的大廳酒吧工作。這讓她不會感到寂寞,但也阻止了她向內心

探求，以找出她真正的目的。

可能你需要再回到力量牌，在你願意讓別人親近你之前，你要先找出你的內在力量。

現在已經到了要停下腳步，並思索你要走向何處，以及為什麼要走那條路的時候了。或許你為了要避免孤獨，正要向平凡屈服；或者因為害怕孤單，或害怕你可能要放棄某些東西，所以寧願選擇安逸而不願成長。

X 命運之輪

（The Wheel of Fortune）

命運之輪意味著你境遇的改
變。觀察這個改變，並留意
它的模式。

這張牌中所畫的生命之輪持續在轉動中，事情可能變好，也可能變壞。這張牌角落處的四種圖案代表生命的四種元素，或四種對待生命的方法——老鷹代表水；長翅膀的獅子代表火；長翅膀的公牛代表土；天使代表空氣。它們是黃道帶上面四種固定的象徵符號，分別為天蠍座（老鷹）、獅子座（獅子）、金牛座（公牛）、水瓶座（天使）。它們各持一本書，代表它們從各自的觀點在學習有關人生的事情。

它們全被畫成黃色的，因為雖然你在心智上知道這四項元素，但還沒有完全理解。它們會在世界牌中再度出現，而且畫成完整的色彩，因為它們已經被理解，而且成功地被結合了。在命運之輪上你可能已經看見了這四種元素的存在，但你尚未成功地將它們加以融合。

命運之輪表示：在你嘗試將生命所呈現的改變，加以平衡的過程中，所學到的教訓。這輪盤不斷在轉動，對於輪盤上的某種狀態或某個時刻，你可能會喜歡、可能會不喜歡，然而它都會過去，因為生命本就變化無常。你可能會很享受某個特別的時光，並希望它能持續下去。不過，再怎麼樣，事情總是會改變的。

蛇代表塞特（Set），這位埃及的黑暗之神，掌管著死亡和衰敗。塞特大部分的活動都會被導向（以負面或敵意的方式）奧塞瑞斯（Osiris）和何露斯（Horus）——代表生產力和秩序的神祇。塞特代表的是紛亂和衰敗，不斷試圖要減低宇宙的秩序。

塞特隨著輪盤往下轉，而另一端隨著輪盤往上昇的則是安奴畢斯（Anubis）。安奴畢斯是死亡靈魂的導師，因此也是新生命的開始。安奴畢斯提

供庇護，特別是在精神上的庇護。從死亡走向重生；從改變而找到嶄新的機會。

　　輪盤上方是帶劍的獅身人面獸，它的形體是一半人、一半獅子。而這把劍是傾斜的，暗示事情可能並不如你起初所預料的那麼容易理解。獅身人面獸代表唯有那些機警行事的人，才可能將祕密揭發，他們是那種能看穿生命表象的人，他們知道在目前所發生的事情及導因當中，都蘊藏著極為可貴的知識。

　　藉由超越現況看穿事情的導因，你就可以多了解一些因果循環的道理。它本身就是一個課題，而且這個課題也出現在正義牌中。獅身人面獸會護衛這樣的知識，不讓那些想利用它，卻又不尊重它的力量的人接近它。

大體上的意義

　　生命是變化無常的，當牌面上的命運之輪盤是正立時，改變似乎是有利的；而當它倒立時，改變又似乎是有害的。我利用「似乎」這種字眼，因為它只是改變，而似乎有害的改變，實際上可能會是一種祝福。

　　我舉一個發生在我朋友身上的例子。尼古拉斯在結束了為期十二個月的假期之後回到家，並申請待業津貼。政府拒絕給付他任何津貼，因為在他去度假之前，自己做了一陣子生意，所以還差六個月才有資格申請。他很挫折，只好向朋友借了一點錢，投入一項生意。去年這項生意為他賺進了超過八萬美元，而且他預期在三年內。每年會有十五萬美金的營業額。

　　如果他申請到待業津貼的話，他可能就會開始為別人工作。如此一來，他就會錯過一個開始似乎困難重重，結果卻鴻圖大展的機會。

　　你必須超越現狀，將眼光放遠，來觀察生命的消長。當潮水高漲時，你可以在生命當中獲得許多，而當潮水消退時，可完成之事就少了許多。有一個古老的中國故事，恰好是形容這種情形。

有一位老人，他有一個兒子，一匹馬，村落旁邊有一小畝田。有一天他的馬脫韁而逃，村民們紛紛跑到老人家中來探訪他，並對老人的不幸深表遺憾。

「不幸？你們怎麼知道這代表不幸呢？說不定還是個好兆頭呢！」他說。

他們都帶著些許困惑離開老人的家。幾個星期之後，這匹馬回來了，而且還有一群野馬跟隨著牠。現在這老農夫擁有了十四匹馬。村人又紛紛地前來拜訪他，告訴老人，他是多麼地幸運。

「幸運？你們又怎麼知道這是好運呢？這或許還是個麻煩呢！」他說。

一個禮拜之後，他兒子從其中一匹野馬身上摔下來，被馬蹄踩中，雙腿幾乎成了殘廢，終其一生都得跛著腿。那些村民們又再度造訪並表達安慰之意。

「倒楣？你們怎麼知道呢？這可能是老天爺的祝福呢！」老人如此回應他們。

隔年皇帝向鄰國宣戰，所以四肢健全的人全都被徵調上戰場。而老人的兒子卻由於殘廢而免於征戰。這場戰爭打了半年，村子裡被徵調去打仗的人都陣亡了。其他村民依例又前往老人家道賀。

「走運？你們怎麼知道這是一件幸運的事呢？它也有可能會是個困擾呢！」

通常命運之輪象徵你生命境遇的改變。或許你並不了解這些改變的原因，不過在這裡，你如何因應改變是比較重要的。你要迎接生命所提供給你的機會，還是要抗拒改變呢？此牌正立時就是在告訴你，要去適應這些改變。

就普通的角度來看，命運之輪暗示生活上的改變。你的事業正有起色，或某個兩性關係正變得更充實。

兩性關係上的意義

命運之輪暗示一個兩性關係日趨圓滿的機會或可能性在增加。當這張牌正立時，有可能是指目前狀況的改變，或是出現發展新關係的機會。

改變給予你學習和成長的機會。別急著讓輪子轉到頂點，因為當它走到此位置時，只有一個方向可以運行——往下走。

在兩性關係的分析中出現了命運之輪時，我把它解釋為：改善情況的機會越來越近了。我的顧客說出一件事情來證實這個論點：他的伴侶即將要完成她的醫學學位，如此他們就可以去旅行，而且今後也可以擁有更好的生活品質。

倒立的命運之輪

我們都希望擁有越來越好的人生，並且可以一直保持如此，然而如果挑戰一直沒出現的話，我們就很難學習到什麼。當命運之輪倒立時，所發生的改變可能是比較艱困的。它暗示要努力對抗這些事件，而且通常都是徒勞無功。宇宙中蘊含著比每一個個體還要偉大的力量，所以我們必須要努力去理解，這項改變到底要教會我們什麼。

或許在你的生活中會有一種重複的模式，這可能意味著生命再度以同一種形式的問題，來展現其挑戰性，好讓你學會此問題中的教訓。季節總是在更替著，而生命所展現的機會卻越來越少，因此你更應好好反省過去的所作所為。

找到是重返隱士牌的時候，好好反省什麼是你生命中再也不需要的東西。倒立的命運之輪只是要減少你在隱士牌中就應該丟掉的東西。

這是一個檢視你生命當中，何者是有用、何者是不需要之物的

時刻，並要開開心心地讓這些不再需要的東西離你而去。重新回到隱士牌，花點時間思索其課題，或許你就能擺脫過去的陰影，迎向嶄新的未來了。

XI 正義 （Justice）

正義意味，這是一段你為你的人生決定負起責任的時光。

一個女人端坐於石椅上，背後兩根石柱。右手握著一把劍端朝上的劍，左手拿著一副天平，暗示她能夠識破現實的假象，而理解事件的真正原因或共通的正義。

正義牌的挑戰即是做出公平而正當的決定。正放的劍展示出其兩面刀刃，代表對生命的二元性的理解，以及你應該為目前的境遇負起應負的責任。

牌上的女子，明白她在女教皇中所播下的種子，它們正穩定地成長著。現在你明白了「種瓜得瓜，種豆得豆」的道理，任何行動都會出現結果。當環境並不順遂時（譬如命運之輪倒立），你便從這情況中學習某些教訓，等於是自食其果。

一旦你做了選擇，它就會影響到你的將來——你現在的決定將會形成你的未來。正義也可以意味著謹守法規，解決某項爭端，或簽署某些文件。這張牌可能意指平衡有形事物，或平衡你的精神天平或因果報應。

懸掛於兩柱之間的紫色布幔暗示你的精神領袖，授予你內在的智慧。這張牌上的背景、天平、皇冠以及頭髮都是黃色的，象徵心智的清明。紅色大衣表示身體的耐力，石柱則象徵我們依生命的信仰而架起的建築。

正義代表占星學上的天秤座，尤其是伴隨女皇牌、五角星皇后，其次還有寶劍的宮廷牌。天秤座的部分課題是，做出公正而美好的決定，為目前處境負起應有的責任，以及想清楚你將如何處理這些問題。

大體上的意義

正義意味事件已經達成它應有的使命。也就是說，你過往的決定或行為已經引導你走到了目前的境遇。你已經得到你應得的了，

如果你對自己是夠誠實的話，你肯定知道這點。

它代表你應該對自己，以及周遭的人絕對的誠實。你應該對你自己，以及使你成為今天這個樣子的種種決定負起責任。你的未來可能會因為你目前的決定、行為或理解而改變。

正義也可能暗示著一項有利於你的法律上的決定，或是購置某些需要簽署法律文件的東西。它也可能是指成功地解決某項爭議或意見相左的情形，或是負起某種狀況當中你應當負起的責任。

如果正義和權杖六一起出現，它可能是在暗示工作上的晉升，這正是各種決定或過去行為所帶來的結果（也就是說，辛勤地工作帶來了報酬）。

兩性關係上的意義

當正義和聖杯二、聖杯十，或聖杯三一起出現在牌面上則暗示著結婚。

它也可能意味著你已經解決了和伴侶之間的爭議，或你對伴侶以及兩性關係，有一種完全誠實和負責化的態度。

倒立的正義

當正義倒立時，它暗示著不公不義。某個訴訟過程延宕不決；一項無止無休的爭議或不協調；或是互相指責、推諉責任。對於你的付出你還是會得到回報，或者說你仍可以收割到你的耕耘，只不過這不太可能會是個歡愉的收穫。如果目前生命中出現了不公平或不美好的事物，或許正是你應該檢視先前所播下之種子，並從中汲取教訓的機會。

倒立的正義象徵，你對自己或其他人可能並不誠實。你並不願意去追蹤現今事件的導因為何，而總是因你的窘境去責備他人。如果你如此怠惰的話，恐怕會喪失更深刻了解自己，以及人生的機

會。

　　這可不是指望別人來救你的時刻，而是一個自救的時機。即使這張牌以倒立出現，因果循環的道理依舊不爽。你還是會受某人或某種狀況的牽制，直到你洞悉並解決了先前的事端。當你留下一個懸而未決的狀況，它（或與它類似的情形）會在你面前重複出現，直到你學到了教訓。還沒有收成的種子正等著你。

XII 懸吊者
（The Hanged Man）

「以將有更美好的事物降臨於你身上的信念，順從於人生」是懸吊者這張牌所傳達的訊息。

牌上這個人被綁了起來，不過倒頗沈著、順從而堅忍。他雙手被置於背後，頭的周圍有一圈清晰可見的光環（或力場）。紅色象徵持久力，黃色是智力上的理解，而藍色則代表清晰的思緒及平靜的外表。

腳上有一雙黃色的拖鞋，是暗示經由腳來傳導精神能量，而不是經由冠狀氣輪。他知道不論採取什麼姿勢，這股力量都可以接近他。在你洞察人生所代表的真義之後，你已經能夠平靜地接受自己，以及你在人生中所處的位置。

此人雖然被綁起來，然而這似乎並不令他困擾。他可以利用這段時間來反省他截至此刻的人生，以及所作所為，從他的角度來看，這世界的確很奇怪。上下顛倒之後，你可以重新去看這個世界。試試倒立或把自己倒吊起來（請注意安全），然後從這個角度看看周圍那些你平常視而不見，或視為理所當然的事物。或許你會為自己所看到的感到驚訝。

懸吊者明白，掙扎是絲毫沒有用處的，而且事實上只會讓他在重獲自由之前，把自己弄得筋疲力盡。目前他利用能量的最好方式就是省思，因為只要他順勢而為，即可能更深刻地了解他是誰，以及他應該怎麼做。顛倒過來觀察世界，他可以看出過去生活中某些毫無意義的事物，而且這些事物目前仍充斥於他周遭的生活中。

這是一張喚起你的精神目的的牌，它代表你準備放棄你所擁有的東西，如此才能夠去做你這輩子真正應該去做的事。

大體上的意義

懸吊者是一張代表投降的牌。它暗示,當你在這段期間內,透過對生命的順從,並讓它引領你到你需要去的地方,那麼你便可以獲益良多。

懸吊者還是一張代表獨立的牌。這段期間內,你應該順著感覺走,或是接受自己,即使別人都認為你的方式很奇怪也不打緊。它也可能象徵,經歷了生命中一段艱難的時光後的心靈平靜。

現在不是掙扎的時候,靜下來好好思考你過去的行為,以及未來的計畫。這只是一個暫時的狀態,只要你妥善地運用這段時間,對你應該是有好處的。讓生命中的事物自然而然的發生,或許你會對結果感到驚喜。

帶著「會有更美好的事情臨降,來取代你所捐棄的事物」的信念,順從於人生。花點時間來觀察潛伏於事件底下的生命潮流。生命會給你一段寧靜的時光,遠離世界的紛紛擾擾,所以善用這段時光將是明智之舉。

兩性關係上的意義

在兩性關係分析當中,懸吊者代表一段反省的時光。或許你正從一個兩性關係的日常生活中抽離出來,以反省你的精神方向,以及兩性關係的方向。

內在的和平及寧靜會伴隨著這張牌而來,雖然你的伴侶可能會發現,很難在情感或社交上與此刻的你接近。這段時間你會把注意力集中在自己,而非伴侶身上。這可能是要求你周遭的人多諒解,及付出耐心了。

在阿倫到山上進行為期十天的冥想之前,他的牌面上出現了懸吊者這張牌。這項靜坐打禪的課程,讓他有很多的時間來反省自

己、人生，以及親密關係。

倒立的懸吊者

　　這張牌倒立可能暗示無法得到超越社會壓力的自由。它代表你
會聽從別人對你的期望，而非順從你內在的聲音。或許你一生都在
利用角色模式引導你，而非直接去體驗生活。

　　它也可能意味你以某種方式在抗拒你內在的自我。或許你正抗
拒著自己的某些部分，不願順從自己的精神目的，你可能還在爲保
持財產，或物質生活上的巔峰狀態而奮鬥不解。生命要求你去反省
自己的方向，以及你現階段精神的感情實現層次及情緒滿足，然而
你努力想要保持現狀。

　　你受到拘束，卻拼命想得到自由。可能你並不理解目前束縛的
目的，或它能帶給你什麼，掙扎並不恰當，因爲在適當的時間到來
之前，你不可能得到自由。

　　如果你能妥善地運用這段時間的話，那麼當生命要你邁步向前
的時候，你就不必再花時間去思考了。如果你現在不進行反省的
話，可能會導致更長的耽擱，或重複的模式。順從自有其代價的。

XIII死亡（Death）

死亡牌意味某種狀況的結束。

在懸吊者這張牌中，你因為可能必須放棄某些東西而產生的恐懼，現在在死亡牌中被正當化了。這張牌代表掃除掉舊有的事物，以便擁有更多的空間容納新事物——新的信念、新的階段、新的機會以及新的理解。如果沒有死亡，就不可能有任何新事物出現於這世界上。生命就是出生與死亡的無窮循環。其中有些部分，你可以輕易地接受，有些部分則需要去調適。

如果你能夠接受死亡，你便能夠活得更充實。當你和精神來源脫節時，你的自我（ego）便會對死亡或改變的念頭產生抗拒，害怕自己將被毀滅。這些恐懼可能導致緊抓著生命不放，這本身無異於某種死亡。沒有新的能量足以進入你的生命代舊的，因為你依然牢牢抓著舊能量不放。當人們驚惶失措時，便可能發生這種情形。他們突然想大吸一口氣，卻不吐任何氣出來，情況更嚴重時，他們還有可能會暈倒。

死亡牌並不是指變形或變質，而是指你順從，並願意讓變化發生的時刻。這是一種順從於改變的行為，相信生命終將會給予你比你所放棄的更美好的事物。這張牌和懸吊者不一樣，後者是指你順從於人生，而死亡牌則是說你順服於改變，並放掉某些東西。

死亡牌代表占星學上的天蠍座。它的課題之一是去了解「屈從」有時候也會產生力量。一般天蠍座者的生活中會有許多的改變發生，而且往往段落分明。當一扇門關了起來，許多人、許多情況，甚至許多地方就會被拋諸腦後了，並且通常不會再看到。

死亡牌描述四種面對死亡或改變的態度。國王代表一個拒絕改變的人，因此他會被生命的浪潮掃到一邊。主教站著面對死亡，以他的精神信念支持即將發生的改變。

年輕女人象徵部分的天真無邪，她想要接受改變，然而自我卻抗拒著，

因爲它相信只要她這麼做的話，她將會被毀滅。她跪在死亡面前，希望這個改變會與她擦肩而過。只有小孩子，完全天眞無邪，反而能坦然地注視著它。他等待著改變，甚至以花朵相贈。這孩子並不畏懼，而是好奇地想要看死亡的臉上到底戴著什麼，以及這些改變會帶出什麼結果。而年輕女人準備要用來供奉的花朵，已自她手中掉落到地面上了。

在遠方，太陽自兩座塔之間升起，代表從死亡中誕生的新生命。死亡爲我們每個人帶來改變，而且是不分種族、信仰或階級的。雖然有些人會頑強地抵抗改變，然而終究是沒有人能逃脫改變的命運的。

所有的事物都一定會有過去的時候。人們、工作、兩性關係，甚至文明都會改變，都會有結束或變成歷史的時候。這張牌上面的河流，就代表生命一直朝著其終極目的而行。

生命中將會有許許多多的死亡。當你第一次上學、轉校就讀、畢業離開學校、換工作、結束某個兩性關係、搬家、往另一個國家遷移、結婚以及擁有家庭時，這些都可說是某種狀況的死亡。

死亡牌也可以代表肉體的死亡，但必須同時出現其他的牌，包括高塔、審判、空白牌、寶劍十或六，或者在健康的分析上，要有寶劍三。如果只有死亡牌本身，它意指順從改變的行爲，並讓它在你生命中發生。

大體上的意義

死亡爲舊事物劃上休止符，並讓路給新事物。死亡牌代表改變的一段期間。我們可以這樣說，生命中的某個章節就要結束了，而你對這分改變的接納，將使變化自然而然地發生。

抱持著「生命將會帶來某些比它從你身上拿走的更美好的東西」的信念。在潛意識中，你或許也在渴望改變的發生，死亡牌即意味著改變正要出現。不要抗拒這分改變，試著去接納它吧。

兩性關係上的意義

死亡牌象徵一個兩性關係即將發生深刻的改變，或是你對兩性關係的態度即將發生深刻的改變。它可能是指一段關係的結束，譬

如某種分別，或關係中某個階段的結束，譬如寶寶的誕生。

死亡牌也可以形容一個天蠍座的人，尤其是和任何的聖杯宮廷牌一起出現時。

有一天當我擺好我的牌桌時，有一對年輕夫婦走過來，他們對塔羅牌深表好奇。女人推著她的伴侶向我走來，我看得出他眼中的恐懼，因為他強作鎮定，以防我可能向他說話。她充滿期待地望著他。

「快啊，快問他嘛。」

「呃……這是塔羅牌嗎？」

「沒錯，它們正是。」

「這東西怎麼算啊？」

「它很簡單，每張牌都不一樣，而且都有某種特殊的含義。你選出一系列的牌以後，我會為你作解讀。你何不選一張牌，讓我來告訴你，它怎麼算。」

他們很緊張地互看對方一眼，然後他終於鼓起勇氣來嘗試。他選出一張牌，面朝下地放在桌上。我打開一看，是張死亡牌，從我這面看它是倒置的。

他們瞪大了雙眼，我看得出來，他很後悔自己走向我的攤位，而不是找市場裡的其他攤位。我覺得有義務立即安撫他，讓他不致帶著任何懷疑或恐懼離開。我以笑來化解這緊張的態勢，因為他們很擔心。

「別難過，事情並沒有像它所顯示的那麼糟。事實上，如果你是天蠍座的人，那它對你才可能有很重大的意義。」

一聽到此言，他們兩個顯然都很高興，而他更是瞪視著我的眼睛，想要從中找到一些東西。

「哦，老天，是什麼樣的機緣讓我碰到這麼神經質的天蠍座，而我又偏偏說出那樣的話呢？」我如此想著。

　　我接著解釋說，天蠍座的人常常翻到這張牌，它揭示他們所需學習的課題，也就是對改變抱持開放的態度，並順從人生的變化。

　　他倆都聚精會神地聽著，直到我說完，然後才離開。我敢說他們接著一定是坐在某個地方，仔細體會我告訴他們的話。

倒立的死亡

　　當死亡牌倒立時，有可能是指對任何死亡的形式極端恐懼。一點兒小改變都可能被誤以為是肉體的死亡，而你會盡所有可能去抵抗它，因為你不願意死亡。這份恐懼可能會讓你沈溺於舊習，帶給你一種單調、重複的生活，用這種生活來掩飾你想到即將面臨改變時所產生的絕望。

　　當你不想改變時，你必須消耗所有力量以保持靜止不動，且為了有某些力量可以生活，你常常會從周遭的人身上壓榨能量。以目前而言，死亡是必須的，然而你對改變的恐懼令你陷於苦悶、沮喪或肉體的疲憊中，因為你大多數的精力都用在抗拒改變。

　　這張倒立牌意味著缺乏「生命將帶來更美好事物」的信念。有些人尋尋覓覓於未來幸福的保證。如果你抗拒這些改變的話，它們會從另一個方向來接近你，比如，從內心，夢中及情緒中，或甚至是身體上的症狀來向你反應，譬如肌肉緊張或頭痛等。

XIV 節 制 （Temperance）

節制代表行動及感情的融合，帶來內心的平靜感覺。

在女教皇牌上，被布幔遮掩住的那池水，在節制牌中已清晰可見。一名天使一腳站在水中，另一腳站在陸地，雙手各握一個杯，把水在兩個杯子之間倒來倒去。有一條道路通往遠方日落之處。天使的頭部有一個明顯的光環或能量區域。在他心臟的氣輪或能量中心，有一個白色的四方形，中間一個橘色的三角形。融和自己的精神和動物層面，是節制牌所意味的。四方形（土）中的橘色三角形（火），代表精神自有形的身體中升起。

節制意味著結合自發性及知識的能力，運用精神的知識及理解力來調解行為的能力。它是指知道每種狀況來臨時，應該採取什麼適當的反應或行為。這是占星學當中射手座所學習的部分課題。

射手座的另一項課題就是在我們動物性與神性的鴻溝之間，搭起一座橋樑。射手座通常擁有一種與生俱來的感覺，即生命是有意義的，而事實上我們是有神性的。他們能夠理解，所有的事情都有其目的，而且都能夠提供我們成長的機會。

在節制這張牌中，你所想像的可能性，和人類與生俱來的限制之間，可能有著極大的差距。要搭起這鴻溝之間的橋樑，可能需要相當多的奉獻、熱情及訓練。而且你還要對你的道路及目的，有明確的認識。因此這張牌上面的道路是通往山上日落處（或是通往你的目標）。射手座的人通常需要有個目標，或一個長期的目的，因為如果沒有這些，他們可能會變得毫無節制，一心想滿足人類的動物本性，而忽略了神聖的那一面。其他代表射手座的牌還有權杖騎士，而較不明顯的，則有其他權杖的宮廷牌。

節制牌還可能象徵旅行、學習或教學。

大體上的意義

　　節制牌代表旅行、教學，或某個射手座的人。若干年前我爲一名中年婦女做過分析，在有關事業的分析上出現了節制牌。我說她將來有可能從事教學工作，她笑了。

　　「我太老了學不動任何東西了，更何況是教別人呢。」

　　我告訴她要對教學機會抱以開放的態度，假設她命該如此的話。然而我看得出來，她視所有的教學活動爲在學校教書。我要求她要放寬對教學的觀念，但她心意已決。

　　三年後這名女士又來做分析，並告訴我她現在她開設的工作坊中，從事陶藝教學的工作。

　　「它一點也不像一間教室。其中就只有我和幾個想知道如何燒窯、如何處理泥土的女孩子。我邊說邊示範，她們則是一面聽一面做。」

　　「對我而言，這很顯然就是教學了。」我如此回答。

　　節制是一張代表行爲，而非觀念的牌。它代表對某種特定狀況的適當行爲。顯示一種因爲行爲及情緒的結合，而帶來內在平靜的感覺。

　　在某個炎夏的傍晚，朋友和我決定在晚餐之後去散個步。室友問我們是否能帶她的狗狗與我們同行，因爲牠一整天都沒出過門。這是一隻牧羊犬，很喜歡追著影子跑。

　　我們才離開家裡兩條街道的距離，就碰上一部向我們方向開來的車。由於太陽快下山了，所以前照燈開著，並在路上投下影子。狗一看到，立刻跳到馬路當中這部車子的面前，我停下腳步，在心裡向這小傢伙道別。在那兩秒鐘內，我還在想我該怎麼向我室友解釋失去這隻狗的經過，並盤計著我該不該買另一隻狗賠她。

　　而我朋友則把握了瞬間，跟著狗一起衝到馬路上，擋在車子面前，堅定地站著，舉起一隻手來，並喊：「停」。

　　她眼光還停留在司機臉上，對方立即踩了煞車，使車子緊停在

她的腿前。而狗則從車子的另一邊跑過來，毫髮無傷，對於這驚險萬分的場面也毫不知情。

我朋友知道在那刹那間，她將要做的努力還是有可能成功的，要讓車子停下來，就得引起駕駛者絕對的注意。當我有著另一種反應的同時，她即判斷出，在那種特殊狀況下的不同行動是恰當的。

節制牌暗示你較高層次的自我，和較低層次的自我可以和諧共存。你帶著一種方向感行動，不管那是精神上或實質上的行動。它代表盡力而為，以達到你可以達到的境界。

兩性關係上的意義

節制牌暗示一個會發生重大成長與學習的兩性關係。強烈的目的感，使每位伴侶都能以忠實於自己的方式行事，因為他們連結了潛意識（那一池水）以及真實或有形的世界（陸地）。

它可能象徵著和兩性關係有關的旅遊，或是一個捲進兩性關係中的射手座的人。它也暗示著在一個兩性關係內，激情和靈性的和諧融合。

倒立的節制

當節制牌倒立時，它可能暗示學習而非教學。而旅行也是有可能的。不過，更常見的情形則是，高層次的自我，和低層次的自我之間產生分裂，因而導致毫無節制的行為。這張牌倒立可能是在暗示，你不願意傾聽你那具有神性的自我，或是你並不想去哺育或滋養它。當你過度耽溺於你人的慾望時，這種情況就會發生。我們可以在一些文化或社會觀中看到，金錢或有形的物質，其價值竟高於心靈層面。從歷史報告中判斷，在瀕臨毀滅之前，古羅馬帝國必定是個節制牌倒立的例子。

節制牌倒立代表沒有目的的行為，這包括沒有目的的流行。或

許在你著手進行任何行動之前，你應該重新認識你的目的。這張牌也意味對於在某種狀況內該怎麼辦缺乏了解，或是從一個極端走向另外一個極端。它可以形容一個人為了得到滿足感而不斷尋找目標，而結果卻只有失望，以及繼續地設定下一個目標。

現在你應該重返死亡牌，容許更多的改變發生，或是讓更多的事物遠離你的生活，如此你才能看得更遠或更清楚。

XV魔鬼 （The Devil）

魔鬼牌代表錯以為別無選擇。

魔鬼代表一種錯誤的概念，認為事情別無選擇。覺得「我所擁有的就是這些」或「這是我唯一的選擇」。在宗教的前因後果當中，魔鬼引誘男人使他遺忘掉精神的探索，以及他的神聖目的。當男人看不見他真正的目的時，生活所提供給他的歡樂就會具有意義，因為「你只能活一次」。

魔鬼代表否定生命有任何精神上的目的，這使得追求有形事物及自私目標之門大開。如此狹隘的視野通常會帶來悲慘，而最終便是絕望，因為即使你能妥善掌控自己，以及周遭的人，你還是會在人生將結束的那幾年或幾個月內，對你所努力經營出來的世界失去控制的能力。當你的肉體生命結束時，這些物質和目標又有什麼重要性可言呢？

魔鬼表示控制——企圖控制生命、伴侶、家人，或同事。在這張牌中，於戀人牌上曾出現過的伴侶，現在被鎖在一起了，魔鬼拿著一個點燃的火把煽動這男人的慾望，讓他的動物本能支配其心靈。事實上，他們可以解放自己、讓自己自由，因為套在他們頭上的鍊子很鬆，可以自行解套，然而魔鬼的魔力使他們誤以為逃脫是不可能的——因為別無選擇。

如果你是身體被捆綁，別人可以看到那個節，或許還可以幫你鬆綁。但是如果你是精神上受到束縛，他們可能注意不到，即使他們觀察到了，還得先找出事件的緣由，才能幫助你得到自由。要讓某人從他侷限的信念中解放出來，比讓他的身體得到自由，要複雜多了，因為信念是看不見的。只有它們所產生的後果，才能證明它們的存在。

魔鬼頭上的五角星星，是指人身體的五個部位。這個星星正立時，它代表頭、伸展的雙臂及雙腿，象徵理智控制了熱情。而倒立的星星則暗示熱情支配了理智。或許你的熱情正矇蔽了你的判斷。

魔鬼可以表示，你不願意為你自己與你的行為負責。當你因為自己缺乏機會或有限的選擇性而責備他人時，此牌就會出現；或你將他人視為有限機

會中的競爭對手時。這些限制存在於你的心中，而且與事實脫節。相信它們可能會成為你支持種族主義、性別主義或其他任何形式歧視的正當藉口，由於別人「分走了你的一杯羹」（指機會），所以他們通通受責備。

魔鬼牌代表占星學中魔羯座。其他代表魔羯座的牌是五角星的騎士，而象徵意義比較不那麼明顯的，則是五角星的其他宮廷牌。魔羯座者的部分課題是，超越物質世界，並接受你確實擁有一個精神目的。否認這個目的，將會限制你這輩子的選擇和機會。

當你已理解這部分的課題，並將自己從物質世界中解放出來，第二部分的課題就是回到日常生活幽深黑暗的世界中，去幫助那些依然被囚禁的人。它代表一種覺醒，即只要還有一個人迷失，或受困於黑暗中，我們全都會感覺到，並為他分擔。我們獲得的認知是，我們身上流著相同的血液，而且都朝向相同的目的前進。

大體上的意義

在一般性的占卜中，魔鬼代表一種控制生命的需求。你對於自己的可能性缺乏完整的觀照。這張牌表示在你對生命充滿窒礙或無力感，因而渴望對自己及周遭的人有更嚴密的控制。

魔鬼牌描述的是一種對生命物質化的觀點，或像王爾德（Oscar wilde）所說的：「知道所有東西的價格，卻不知道任何東西的價值。」它可能暗示在某種狀況內受到限制，卻不願意去改變。它是一種「偷雞摸狗勝過殺人放火」的態度。

在健康的分析上，魔鬼代表膝蓋、牙齒方面的問題，或指皮膚過敏。

在事業的分析方面，魔鬼可能象徵著控制，或併吞的野心。它是一張代表事業成功的牌，因為他將大多數的注意力都放在最後的結果——金錢。

數年前在一項塔羅牌的課程當中，有一名學生正參加一項考試，其中包括為一名陌生人做一個完整的分析，這陌生人是一位相

當迷人的年輕女性。他很緊張地坐下來，開口之前先檢查那七張牌。我坐在他後面，邊觀察邊聽他如何說他應該說的話。

他的開場白是「我可以看到妳在晚上工作的時間，比在白天還要多。我也看到妳的工作和很多男人有關。它似乎有那麼一點滿足感官的味道，然而我覺得妳為了錢而工作的成份，比任何個人的滿足還要多。我說得對嗎？」

「是的。」

「似乎你覺得你是別無選擇地要在那裡工作。我看到一大批男人進進出出的，它看起來不像是個辦公室的樣子。」

說到這裡她笑了。「我是一個坐檯小姐。」她聳著肩說。

兩性關係上的意義

在兩性關係分析中，魔鬼可能是描述一份由愛開始的兩性關係，結果卻變成一種束縛。習慣、公式化和實際性，已經奴役了關係中人的心。它也可能象徵你被慾望或慣性所支配，而非依循你更佳的判斷行事。

這張牌意味接受一種壞的狀態，對於那些役使你的事物不作絲毫的抵抗，或甚至不願意做改變。它暗示你緊守著「反正還有許多人的情況比我更糟」的信念。通常這是真的，然而這只是你戀棧於某種狀態的藉口，無法提供你任何學習、成長或快樂的機會。

有時候魔鬼牌是指一段建立在嫉妒或強烈控制慾之上的兩性關係。它可能意味著縱慾，或只是為了性愛的理由而維繫一段關係，換句話說，你已經不喜歡你的伴侶，性和感情或你內在的自我無關，你也無所謂。

倒立的魔鬼

倒立的魔鬼牌意味一種打破限制你自由之鍊的企圖，不論它是

肉體上或精神上的不自由。現在你正積極地找尋改變或新的選擇，你不再只打算接受目前的狀況了。

　　在你有能力去打破你的限制之前，你需要對它們先進行了解。這分覺醒可能比繼續忽略下去還要來得痛苦，然而它卻是一個必要的階段，因爲若沒有經歷過這分傷害，你可能就沒有辦法再變得完整了。

　　魔鬼牌倒立可代表捐棄控制生命的需求，並接受自己的黑暗面。如此一來，你便可以將用在壓抑你內在需求與慾望的精力給要回來，然後把它用在更具價值的目的。

　　魔鬼牌倒立顯示出嘗試性地走向自由，做出選擇。它可說是挑戰你周遭的人，或你人生信仰的行動。五角星星又再度正立了，因此你可以把你的理性力量用於你的慾望之上。

XVI高塔（The Tower）

高塔象徵生命中無可避免的
改變。

高塔是代表一種虛假的結構，或不合適的價值。你對人生的態度已經沒有辦法再支持你，你需要捨棄這些東西才得以成長。這個足以對人生產生新的理解的態度，其靈感有可能是來自乍現的靈光。

高塔將為你顯示你的選擇機會，或是強迫你去面對它們，以這種方式帶領你遠離魔鬼的壓迫。它帶領你進入所期盼，而在魔鬼牌當中所恐懼著的改變。

如果你脫離大自然的律動或土地的話，你將會冒著和生命脫節的危險。生命鼓舞你去保持它的律動，如果你不做的話，它就沒有辦法再完全地支持你。

當高塔牌出現，代表你被強推回生命的律動當中，是指日可期的事，因為地心引力召喚著你落實於土地上。當這種改變發生時，高塔牌可能會出現在牌面上，以肯定這項改變。這種改變是突然而來的，有時候激烈無比，特別是如果你抗拒它的話。這是一種易於順從而難以抗拒的改變。通常你的潛意識會召喚起這種改變，而你對改變所表現的態度，可以決定這個改變是令人興奮或痛苦的。

當你遠離伴侶、失去工作、朋友及家人對抗你、突然生病，或發生場車禍時，高塔牌可能會出現。如果能以一種理性而務實的態度來處理問題，那麼高塔所代表的現象就不會發生了。宇宙不會讓人們永遠自絕於心靈之路。當我們陷入困境而無法和平地自我解放時，生命就會不擇手段來解放我們。

大體上的意義

當高塔牌出現時，便是到了改變的時刻。現在再來為改變做準備，或選擇如何改變都已太遲，現在你需要做的就是丟掉舊東西。

有一天當我在沐浴時，我聞到了一陣煙味，是橡膠的味道，或

者也許是木頭和塑膠的味道。當我穿好衣服，我注意到那味道又變濃了，我可以聽見消防車的聲音，所以我就往外頭看，又濃又黑的煙直往上竄，連太陽都被遮住了。有一小群人已經圍聚在馬路旁的行人步道上了，而消防隊員的吼叫聲則夾雜著警笛聲和噴水聲。

一名年輕的女人濕著頭髮，裹著一條浴巾站在門前草地上。當屋頂垮下來，火焰狂野地躍向天空時，她以懷疑的眼神看著這一切。在三分鐘之內，幾乎整棟房子都完蛋了，而附近地區則籠罩在密佈的濃煙之中。

後來，人們告訴我房子是在她沐浴時著火的。我記得當時我心裡想，她是爲了避免做什麼改變，才導致這場突如其來又慘烈的變化發生呢？或者這場鉅變可能爲她帶來什麼樣的機會呢？這是非常典型的高塔牌：強力、迅速、突如其來。整個過程四十五分鐘之內結束，只剩幾個穿著制服的人，試著要從她的花圃中，把一輛十噸重的卡車拖出來，並把纏在前保險槓上的圍籬拉掉。

在事業的分析上，高塔牌顯示你的工作或上班的公司會有著突如其來的轉變。我曾經在某家公司即將被接收，而我的顧客即將被裁員之前，在他的牌面上看到這張牌。

在健康的分析上，它代表一種突如其來的疾病，或者是一種震撼。高塔牌震撼你，讓你回到現在，並帶來生活或生存上一個嶄新的開始。請記住，你某個部分需要這種改變，在某種層次上，你某個部分可能強烈地盼望著它。

兩性關係上的意義

高塔牌是形容兩性關係中發生了突如其來的改變或解體。它暗示某種結構或模式已經沒有辦法繼續地存在，發生突然的改變是爲了讓你能再次成長。

我曾替一個人做分析，結果在過去的位置上出現了高塔和死

亡。我請他再另選一張牌，他選到了空白牌。我仔仔細細地研究了他一陣子。

「就過去這兩年你所經歷的改變而言，現在你顯得格外的放鬆和平靜。」我下了如此的評論。他笑了。

「哦，終於有個人知道我所經歷的。你可能不會相信，而我也不相信，但事情就是發生了。我已經有了婚約，而且每件事情都是那麼地令人愉快。但是，有一天我突然被裁員。接下來的六個月內，我的車被查扣了，銀行取消了這項抵押品的贖回權，我的未婚妻離開我，跑去和我的父母同住。你能相信嗎？是我的父母，就好像她自己沒有父母似的。到現在我爸媽還不肯跟我說話，我單身，我未婚妻的父母親甚至不知道我還活著，而我大部分的朋友也都不理我。」

「但是你看起來沒有一點不快樂的樣子呀！」

「不快樂？我覺得棒透了。生命對我很好，我真的很感激。我本來可能會在爸媽的祝福下結婚，開一部無聊的車子，住在郊區火柴盒似的房子裡。而現在我單身，開著一部破舊的老爺車，做我愛做的事。現在我的生命又逐漸回到我身上了，儘管說我一直不明白我曾拋棄過它。」

倒立的高塔

當高塔倒立時，改變的跡象依然明顯，不過改變的程度就沒有正立時來得多了。它可能是在形容一種被阻撓或被監禁的持續感，因為你不允許所有的改變都發生。藉由穩固控制你的行動，可以減輕這份痛苦，但這麼做的話也會使你的成長趨緩。這張倒立牌意味你需要回到魔鬼牌，好精通其中所必須學習的課題。

倒立的高塔表示你抗拒放開你所壓抑的東西，這可能會導致冒出另一股力量，並帶來另一項突如其來、爆發力十足的改變。不論

你如何抗拒改變，它遲早會發生。

它也可能是在形容你抱殘守缺，停留在一種早就不合適的境況中。

阿弗烈已經和克莉絲汀分手兩年多了，當我去拜訪他時，就好像是她還住在那邊一樣。所有克莉絲汀沒帶走的東西，都一如往昔擺在那裡，甚至她的衣服都還放在衣櫥中。

阿弗烈住在充滿克莉斯汀影子的房子中，這簡直是一座專爲獻給她而打造的博物館。

「你可以辦一個火災損害物品大拍賣。」我一針見血地說：「如果你想要來一次眞的火災損害物品大拍賣的話，我車子裡有一盒火柴。」

阿弗烈拒絕改變；拒絕適應他的新生活，而且生命以細緻的方式要幫他改變時，他也視而不見。

XVII 星星（The Star）

星星牌意味創意造力和對生命的可能性的信心。

歷經高塔的變動之後，現在已進入寧靜狀態。星星是一張代表對自己及對人生的各種可能性深具信心的牌。在經過一番情感的動亂之後，一種和平及空虛的感覺隨即回來。這並不是一種負面的空虛感，而是沒什麼特別的事情需要去擔心或解決。在高塔中經常發現的迫切感，如今已被一種沈靜、和平的感覺所取代了。

這張牌上面的女人提著兩個水壺。她將其中一壺裡的水倒進水池中，而另一壺則倒在陸地上。天空很晴朗，有八顆星星，每一顆星星都有八個角，清晰可見。有一隻展翅待飛的朱鷺坐在一棵樹上，這朱鷺是透特（Thoth）的象形符號或象徵，透特是古埃及的時間守護神，也是「阿卡沙祕錄」（Akashic records）的監護者，那是為眾神和醫療者的守護神而抄寫的記錄。

星星是一張代表治療、內在治療，以及了解你這一世真正目的的牌。所有的物慾都已經在魔鬼牌中獲得解決，而且在高塔牌中你也已經擊潰那些不切實際的信仰，所以到了星星牌，你已有追求你真正目的的自由了。你可以自由地用心去傾聽世界的心，你可以傾聽你內在的需求，讓它把宇宙的計畫表達出來，也可以進到水池裡面（透過潛意識心智運作的潛意識層面），汲取你要這麼做所需具備的知識和能量。

每當你從那創造性的來源（水池）中汲取靈感，產生某些確切而實際的東西時，你所創造出來的東西就會有一部分直接流回到來源（請注意從她左手水壺流注到地面的水，流回到了水池當中）。

於是在世界另一角落的其他人就能接近你的觀念了，因為它們被貯存在水池裡面。容格（Corl Jung）稱此為「集體潛意識」（Collective unconcious）。也被稱為世界的靈魂或宇宙的記憶。在這裡透特之所以是星星的一部分，道理也在此，因為他是掌管「阿卡沙祕錄」的神祇——這祕錄記載著眾生所有的活動，包括曾經活著和將要活著的所有生命。

星星指引了一條直通潛意識之路，在女教皇牌中，由於有布幔將她和水池分隔開來，因此她只能隱約感覺它的存在。星星的八個角意指伴隨透特的八個神。八是一個代表力量和再生的數字，而由於透特是醫療者的守護神，所以也被視爲治癒自己的象徵。

星星可代表占星學上的水瓶座，寶劍國王也是，象徵性稍爲弱一點的是寶劍的其他宮廷牌。水瓶座的一項課題是發現自由，以刺透介於意識與潛意識之間的布幔，並粉碎存在於眞理與傳統之間的狹隘思想。其課題還包括認清我們內在的主宰（潛意識），並將這股能量導引到身體上來。這通常會遭到反對，內心的反對源於你對傳統的尊重，而外在的反對則來自你對改變的自然抗拒。

大體上的意義

高塔牌除去某些你相信對生命有價值的東西，星星牌則是一張代表重新點燃希望的牌。它代表相信明天會更好的內在信心。你可以直接體驗潛意識，而不是它的種種符號或意象。你可以體驗這種強而有力的能量，並將它導入你的生命中。例如，藝術家利用這種能量來工作，以創作某些足以觸動觀賞者心情和靈魂的作品。它是一張代表信心、希望和內在平靜的牌。

就普通角度來看，星星可能暗示一段假期或一段你能感覺不慌不忙、心平氣和的時光。伴隨這張牌而來的是一種「有餘裕去思想及行動」的感覺。在這段期間內，你了解你就是潛意識和有形世界之間的連繫。你選擇什麼東西來表現潛意識，完全由你決定，於是你最好的作品或最精彩的表現，是來自和潛意識最清楚的溝通。

兩性關係上的意義

星星暗示你對這個關係有信心，相信事情都會是樂觀的。你有足夠的自由和空間，來實現你自己的命運，而且處於一種愛的關係中。星星可能是在形容一種對加強潛意識及意識世界之連繫有幫助

的兩性關係。換句話說，在一個提供支持和自由的兩性關係中，你可以生活在你的真理中，或做真正的自己。

這張牌可能是暗示和伴侶一起度假，或在結伴關係中，你擁有自主的空間和地位。因果循環也是這張牌的隱喻，所以你們很可能是命中註定要在一起的，或註定要經歷在這段關係中，將顯現的種種事件。

倒立的星星

星星倒立意味你目前並沒有接觸到你潛意識能量的來源，而且可能會覺得受限於生命，或和你創造力的來源失去連繫。這張牌可代表一位藝術家或以創意為職業者，他似乎無法提出新的構想。目前你缺乏靈感，因為碰觸不到你的潛意識。

可能你會覺得需要休息一陣子，放個假，或有更多的自由，但是你所需要的應該是心靈的自由，而不是肉體的自由。當星星出現倒立時，意味著和生命或世界的靈魂連繫被切斷了。因此空虛、寂寞，或退卻到智力中的情形均可能發生，這會缺乏「事情將來會獲得改善」的信心。

它也可能表示你失去了你的目的，也就是你在這一輩子所應該做的事。事情既沒有辦法為你帶來以往的滿足，而你也無法給它們和以往一樣的承諾。現在該是返回高塔的時刻了，這樣你才能夠排除那些於你生命不再有價值的東西，進一步發現一種和潛意識清晰、簡單的連結。

XVIII 月亮（The Moon）

月亮象徵傾聽你的夢，以找到內心世界的平靜。

在月亮這張牌中，有一隻狗和一隻狼對著月亮吠叫，因為水池裡面出現了一隻小龍蝦。有一條小徑從水池通往遠處，穿過兩座塔之間通向山上。這裡的挑戰就是要從水池邊沿著道路走，而不怕被狗和狼所引起的恐懼擊倒。這些動物代表的較低層次、動物的本性，以及你對未知或尚未充分理解之事物的恐懼感。

如果你曾經經歷過重大的損失，或害怕生命中即將面臨的改變，你或許就會注意到，在白天的時候你通常都可以理性地應付這些事情。恐懼或悲傷會再度猛烈襲擊你的時間，可能是在晚上。太陽照亮外在的世界，月亮則照亮感覺、想像、希望和恐懼的內在世界。

想像是相當強而有力的，它可以讓內心很快地產生和平、和諧和歡樂；它也可以以同樣快的速度產生痛苦、驚懼、悲傷和憤怒。如果我向各位描述一隻長滿毛的長腿蜘蛛，正朝著一個睡在陽台藤椅裡的小孩的臉上爬過時，你的腦海中就會出現一個意象，或某種反應。如果現在我要敘述的是，有一塊乾淨的白色亞麻桌布在你的腳畔飄動，而你正輕啜著冷飲，邊看著夕陽慵懶地沈入海中，那麼你體驗的又是另一番意象，或另一種反應了。

想想在過去曾經深深傷害過你的那個人，想想某個還沒有解決的問題。每當你又想到那個人或那種狀況時，你可能就會再度經歷某種程度的痛苦。現在是你的想像力在傷害你，你的想像力在利用那個人或狀況，在他們不知情、也沒有得到他們同意的情況下利用他們。你知道有多少人以這種無益、甚至有害的形式在運用他們的想像力嗎？

月亮是一張代表夢和想像的牌。夢是轉化為意象的潛意識能量。當這股能量強烈到無法被吸收或理解時，可能會導致狂野的夢、惡夢，甚至瘋狂。「月夜夢行症」（lunacy，或指心神喪失）這個詞就是源自「luna」這個字，也就是月亮的意思。

月亮牌所代表的潛意識恐懼，必須由我們單獨去面對，因為它們超越語

言，深植於我們內在的動物性。如果你已經在星星當中得到了信心，而且能夠接受這些來自你潛意識的狂野事物，這些驚懼就會平息下來，水面亦將風平浪靜，而道路依然存在。這條道路是通往山那一邊的太陽，然而在你的內在世界得到平靜之前，你還是無法充分體會外在世界。

月亮代表離開外在事物，轉而內省。它意味透過夢境和下意識強力地連結在一起。它是一張代表占星學上巨蟹座的牌。其他代表巨蟹座的牌還包括戰車和聖杯的宮廷牌。巨蟹座的第二道課題就是克服個人的恐懼，以便創造性地運用我們的想像力。

大體上的意義

月亮代表強烈的夢想和經由夢傳達到你意識思想中的直覺。強而有力的夢企圖告訴你某些事情。傾聽你的夢，你將會發現你所要找尋的答案。或許在清醒的時刻你可以輕易地回想起那些夢境，或許你會在正常的睡眠之後覺得疲乏不堪，因為強烈的夢境干擾了你的睡眠型態。

在事業上，月亮通常是指某種具藝術性或創造性的事業，或夜晚工作比白天還多的情形，這方面的典型事業可包括寫作、攝影、室內設計或任何需要運用到想像力的工作。

有時候月亮也可能是暗示欺騙。有些事物隱而不見，因此得看得比表象更深入，以發掘某種狀態的真相。

月亮暗示你需要面對你的恐懼，因它們可能會阻礙你去做某些事情，或獲得某些東西。多留意你的潛意識思考。

兩性關係上的意義

在兩性關係分析當中，月亮代表表面上一切事情都很美好，但是底層卻波濤洶湧——在日常生活中一切都圓滿和諧，但是暗地裡卻存在著某些沒有被討論、被認知或尚未解決的事情。或許你對於更深刻的承諾懷有某種恐懼，或你想要離開這段關係，然而恐懼卻

又把你拉了回來。你的伴侶或許會令你回想起過去的兩性關係，或父母關係中尚未解決的事情。事情不能光看表面，如果你願意傾聽你的夢境或潛意識，或許你就能發現你內心深處到底真正發生了什麼事。

倒立的月亮

當月亮牌倒立時，牌面上所畫的動物及牠們所代表的恐懼在召喚你去處理它們。現在夢變成了夢魘，因為你在為內在和外在世界之間的差異找尋解決之道。也許你會發現你在自己有形世界中製造爭端或不協調，想以這種方式來征服那些存在於你內心世界的恐懼。你可能會將這些挑戰轉為有形的形式，如此你才能以一種陽光下的明白方式來處理它們，而非設法戰勝那些埋伏在月光下的模糊事物。

月亮倒立暗示著那些尚未被解決的事情又降臨到你身上了。現在是去面對這些內在挑戰，而非退縮到有形世界的安全領域中的時候了。這也是回到星星牌，以體驗其中所提供的信心和希望的時候。這也可以提醒你，同一個池子既包含了你的恐懼，也包容了你的力量和問題的解決之道。

XIX 太陽（The Sun）

太陽象徵歡樂、內在的平和，以及表達自我的需求。它也代表理解到幸福是一種選擇。

太陽代表一種令人愉悅的解脫。它表示覺醒的力量足以驅逐黑暗。它代表一種表達內在無意識和潛意識力量的天賦趨力。它是充滿希望、理想主義，及天真率直的。

這張牌代表在太陽底下，所有事情都是明晰、樂觀及歡樂的一段時間。現在所有事物都清晰可見，也沒有在月亮中所經歷的恐懼形跡。太陽意味對人生深入的理解，但又能夠從淺顯簡單的事物中獲得滿足。它顯示一種活躍、有創造性、精力充沛的狀態，小孩子們能夠自然體驗到的一種狀態。

這裡的差別是，在月亮中你已經正視了你的恐懼，也不再擁有孩子對黑暗或未知事物的典型恐懼。在魔鬼中你面對了你的黑暗面，在月亮中面對了恐懼，在星星中體驗了創造力，而在現在的太陽中，你發現你可以快樂地以自己獨特的方式，來表達你內在的自我。

太陽是一張代表獅子座的牌，它統合了三部分的課題。第一部分包括認識力量牌中潛藏於你內在的獸性。

灰色石牆代表過去，也可以當作疆界，一個自我的界線，以防堵別人可能帶給你的負面影響。建立自我的界線則是獅子座的第二部分課題。這道牆可防止你的困惑及分心，讓你直接和無意識溝通，並明白表達它。向日葵表示權杖皇后的明朗人格和積極行動，權杖皇后也是一張獅子座牌。

這個全身赤裸的騎馬小孩，不受恐懼、習俗或內在對立力量的限制，因為這些事情在之前的牌（課題）當中已經被解決了。這座花園代表內心的花園或靈魂，而孩子頭髮上的羽毛則代表愚人或是展開一項旅程。這張牌連結了動物（馬）、植物（向日葵）、元素（太陽、空氣）以及石牆所代表的有形世界。獅子座第三部分的課題就是以一種單純而歡愉的方式來表達你自己，或透過你自己來彰顯上帝或造物主。

大體上的意義

太陽是一張代表占星學上獅子座的牌，尤其是若伴隨著力量、權杖皇后或權杖的其他宮廷牌。它暗示某種富創造性的事業，包括自我表達，例如演藝事業、繪畫、舞蹈或歌唱。它代表在生活、事業或兩性關係上都有重大成功。

太陽象徵歡樂和內在平靜，而且感覺宇宙是一個充滿樂趣和創造性的地方。太陽是自由的充分顯現。它從意識層心智的日常限制中徹底解放，轉爲一種開放、覺醒及自由狀態。它是一種可以帶來肉體自由的內心自由。太陽顯示出歡樂、和平、幸福及有創意的生活態度，並且深深體會到生命之美。

太陽擁有愚人的樂觀、魔術師的目的、女教皇的直覺理解，以及女皇的熱情。這張牌也包括了皇帝的務實、傳教士的精神覺醒、戀人中對別人在你生命中所扮演的角色的領悟，以及戰車中的感情的訓練。

太陽吸收力量牌中的內在力量，隱士自反省當中獲得的智慧，命運之輪對生命及其循環的認知，正義對因果循環的察覺，以及懸吊者的順從。它還是綜合了以下各牌的產物：在死亡中對改變的順從、在節制中對行爲的恰當運用、在魔鬼中對黑暗面的正視、高塔中的脫離束縛、星星中的充滿信心和希望，以及在月亮中終於降入無意識中去面對恐懼，在知識和直接經驗的基礎上建立信心。

最重要的是，太陽是一張讓你的人生和你自己快樂起來的牌。它代表一種內在的知識，你了解挑戰是重要的；挑戰可以考驗你，讓你對生命持續賜予你的一些小禮物充滿感激。它也代表了你知道幸福是一種選擇，而且它並不需要與你周遭的有形事物有任何關連。

這或許是有人爲你提供了一項快樂的課程。快樂的文憑是一張

你可以戴在臉上和深埋在心中的憑證。

兩性關係上的意義

太陽所描繪的是一種既有創意、又饒富趣味的兩性關係,在日常生活中隨時可見孩子般的天真和童趣。我認識一個男人,他花了很多時間想一些有創意的花樣來告訴伴侶,他是如何地珍視她。從在冰箱裡放一張愛的短箋,到在廚房的地板上排成一顆大的心型圖案;從在起居室窗簾的摺縫裡綁的小緞帶,到在她的拖鞋裡放兩張她最愛的芭蕾舞票,好讓她在一大早起床時便發現。

這對佳偶一起玩著各式遊戲,他們也洞悉在愛的關係中友誼的價值。太陽是一張能夠共享生活中單純樂趣的牌,但是他們對人生依然有著深刻的了解,並知道他們擁有一個深遠的目的,無論在何時,這世界都會同心協力地支持他們,幫助他們完成它。

倒立的太陽

雖然太陽倒立代表你還是有一些恐懼尚待克服,不過它依然是一張正面的牌。當太陽牌正立時,生命和全世界的人都會支持你,當它倒立時,你卻有某些懷疑。現在雲層遮蔽了太陽,所以雖然還是白天,但溫暖及光明卻已稍減,因為你內心還存有在月亮牌中所接觸到的恐懼感。

太陽倒立可以象徵對人生及創造性抱著一種競爭的態度。這是基於對不足的恐懼——怕支援不夠、怕機會或愛不夠。這可能是一種根本性的恐懼,怕這個世界不會支持你的努力。在兩性關係分析當中,它可能暗示兩個相互競爭的人。

在事業分析中,這張牌暗示要在銷售或創意的工作當中脫穎而出,則必須歷經激烈的競爭。它可能是在描述一種頗有創意的方案,它在別人的眼中是成功的,然而你卻對它有更高的期望,你要

得到更多才會感到滿足。所以太陽牌倒立也可視爲和你自己，或和一份完美的理想競爭。

XX 審判（Judgement）

審判象徵清晰的判斷力。

在審判牌中，天使在最後的審判上吹奏著小喇叭，而人們則從他們的墓穴中站起來歡慶。一面白底有紅十字圖形的旗子在飄揚著。每個男人、女人和小孩都向上仰望著精神，因為這是他們返回上帝或造物主家園的道路。

審判牌意指你對人生的老舊觀念已經死亡，你正在接受內心的召喚，去過一種更有意義的生活。換句話說，你內在的自我敦促你別忘記，你是一種學習成為人類精神性的生命。你應該超脫你對生命的侷限想法，看清生命的本質。要完成個人工作，你可以再次，也是最後一次潛入你的無意識水池或精神之中，然後帶著一種沒有受到污染、純潔的理解回來。你已經拋棄自我，也已經知道萬物是如何由相同的能量、相同的生命力中萌芽的，我們彼此間只是外表和生活態度不同罷了。

如果你能認清萬物本為一的事實，那所有孤獨的幻覺就都可解決了。審判代表理解你內在擁有上帝的力量，而這正是催促你返回精神界的力量。

或許你會問：「我怎能直接面對上帝？」

我會反問你：「你怎能避免面對上帝呢？」

你所吐納的每一段氣息；你所吃的每一頓飯；每一個你所遇到的人，以及地球上所有生物及非生物，都是上帝或精神的各種不同面貌。

審判代表將過去經驗做出結論，以此作為超越它的步驟。現在的你就是你過去行為的累積，而這些行為也創造了你的未來，這便是你的收穫。你可能會收割到小麥或雜草，愛或痛苦，但是種瓜得瓜，種豆得豆，現在你沒有藉口可找。這是你的工作，它等著你去完成。

收穫的時候已經到來，現在愚人必須對他的旅程負責。上帝（或高層次的自我，或造物主）此刻正召喚你返回家園，現在你應該以整體的理解來觀察你最近所做的努力。審判代表你注意到你的過去如何產生現在的你，及目前的選擇會帶來什麼樣的結果。

男人、女人及孩童代表你觀看世界的每一個角度，這是為了清楚地了解有形的世界。佛教告訴我們，生命輪迴的目的就是要透過直接經歷各種型態的生命，以取得對生命較完滿的了解。我可以告訴你，身為我，身為一個擁有和我相同經驗的男人，我的感覺是什麼。然而除非你是個男人，並且擁有和我相同的經歷，否則你是不可能充分理解我的經歷對我造成什麼影響。那就好像試著要向一個盲人解釋各種顏色。

這張牌上所有的人都站起來歡呼，正如魔鬼牌顯示的：沒有任何啟發是只適合一個人而不適合所有的人。換言之，任何個人清晰的判斷力都足以讓他們每個人的判斷力變得稍為清晰一些。審判牌所描述的就是理解到所有生命都是環環相扣的。

旗子上的十字圖形代表線性時間和宇宙時間的交會，暗示在某種程度上你已經達到了你的目標，雖然你相信線性時間（因為你必須存在於物體的平面上），但你還是得繼續朝著清晰的判斷力前進。

大體上的意義

審判牌代表此時你有清晰的判斷力。作為問題的答案，這牌暗示你擁有清晰的判斷力。此時你理解了你由生命所展現的試煉及挑戰中學習到了什麼。

維多莉亞來找我驗證她所做的決定是否為明智的。她已有三個月的身孕，由於她不尋常的血型，醫生已警告她於生產期間可能會引起併發症。

醫生建議她進行測試，包括取出胎兒的分泌物來測驗他（她）的血型。一想到要用一根冰冷的針來干擾她孩子的自然生長過程，她便驚駭無比，所以她決定不做這項測試。

「我總覺得這孩子的血型會和我不同，而且醫生也告訴我如果血型不同，那在生產過程中就不會引起任何問題。」她解釋道。

她想知道拒絕做這項測試是不是明智的。正立的審判牌證實了這是一個最恰當的決定，孩子的出生並沒有帶來任何併發症。

審判牌也可能是在形容你了解你的精神目的，也知道要達成它的必要步驟。它代表你能清楚地看到自己，以及生命的時光。這會使你對如何開始又有何收穫，產生莫大的喜悅或驚慌。收成時分就近了，你可以用你的正直和誠實來面對你的報償。現在你審判你自己，如果你沒有得到所希望的，實在也沒有藉口可推諉了，因爲你收割的正是你努力的產物。

兩性關係上的意義

審判牌暗示這個兩性關係提供了重要的精神成長和學習。你目前的關係當中包含了因果循環的課題或回報，我再說一次，你現在所擁有的正是你過去所曾播下的種，或曾做過的努力的產物。

這段關係是過去所作所爲的產物，而且它能激勵你認識自己、你的模式或你生命的目的。檢視你在這段關係中的收成，這麼做的話，你就可以知道是哪些行爲產生了這些結果。你目前所有的一切並非偶然。

審判出現時，表面上並沒有什麼明顯的改變，然而表面下的改變卻甚多。以一句中國古諺爲例：

在頓悟之前，劈材、挑水；

在頓悟之後，劈材、挑水。

倒立的審判

當審判倒立時，你會反對來自內心的呼喚。也許你的理智和邏輯正在勸你，不要爲某不明確或看不見的東西而放棄「你所擁有的一切」。每一次你拒絕或延遲回應這呼喚時，空虛感就會再一次加深。你收成的時候已經到來，你必須爲你先前的決定負責，作爲生命中某個章節的結束。

通常當審判倒立出現時，代表你正在找尋某些東西，以填補生

命中越來越大的鴻溝。你並不知道這個召喚是來自內心，也不知道解決之道也來自內心。簡單說，這張牌暗示缺乏清晰的判斷力。

英格麗來我這裡，希望能治癒她那讓群醫束手無策的疾病。她已七十四歲，穿著非常得體。這是一個將人生以及自己掌握得非常好的女人。她花了四十分鐘的時間向我介紹她自己，而且對自己及其成就是完全地歌功頌德。對我而言，那四十分鐘簡直令人筋疲力竭，因為她似乎認為這世界是為她而運作、為她而停止的，再也沒有比英格麗更重要的事物了。我感覺心裡升起一股憤怒——怎麼可以有人活到七十四歲，卻還是完全地自私呢？完全沒有智慧，只有貪婪和權力的濫用，而這完全是為了控制他人。

「你知道，我從前是個非常漂亮的女人。我曾經是個活躍在伸展台上的模特兒，結識了許多歐洲最棒的男人，他們當中有些人已經結婚了。我和一位相當英俊的男士訂過婚，但在我和另一個男人上過床以後，我便解除了婚約。畢竟如果我可以那麼輕易背叛他，那我就不曾真的愛過他。」

我發現自己正在想著，她從沒愛過，只愛對著鏡子顧影自憐。我了解她的處境有多麼可悲，她有多麼地寂寞。她已經七十四歲了，卻似乎從沒有向生命或任何人，或單純的孩子般的衝動屈服過。當我在說話時，她甚至聽不見我的話，因為我所說的任何話，只會讓她想到一些她覺得必須要再說的話。

她是不可救藥的。也就是說，只有從她的內心才可能救得了她。她的精神饑渴，然而卻無法從生命、宇宙或她身邊的人中得到任何的支持。她希望我幫她除去身體上的症狀，而我卻沒有辦法使她了解，那些就只是症狀而已。症狀是有病因的，如果沒有病因而加以治療的話，新的症狀還會出現。

通常在審判倒立時，你可能正在嗑藥、酗酒，或沈於肉慾，以填補內在的空虛。傾聽你的心聲，讓它告訴你，你那永無止盡的悲

傷，你不敢大聲說出來的夢境，以及為了現實生活的要求而犧牲掉的希望。

羅那德三十歲，他覺得自己太年輕不可能有心臟方面的問題。我們在諮商課程中共事過幾個月，在那段期間內，我們發現了他心臟的問題，即藉著心臟的問題試著告訴他，他不想聽的話。

他在童年時曾被一群男人施以嚴重的性虐待，在他們對他做出一些下流的行為之前，先毒昏他，讓他進入無意識狀態。

「我能確信不論他們對我做什麼，我都有能力應付，但是我不知道他們做了什麼。我會抗拒防毒面具好一陣子，直到我喪失意識，然後冰冷、孤獨地醒來，全身濕淋淋的，顯然剛剛被水沖過。這種事經常發生，而且回想起來我但願死掉，這樣就不必回到意識狀態中了。」

說到這裡，他突然哭了起來。

「有幾次我真的幾乎要死了。他們一定是給我吸了太多瓦斯了，因為有一天我醒過來時，看到兩個男人重壓著我的胸部，而第三個男人在旁邊嚷著該怎麼做。當時我八歲。從那天開始我打心裡痛恨我的心臟，因為它不讓我死。」

我要他求去問他的心臟，對它的失望它有什麼反應。我要求他傾聽從他內心傳出的低語。

他回答說：「它說當時它有問我是否想死，不過我的精神並沒有出現在我的身體內，所以它就繼續保持跳動，盼望著我的精神最終會回來，幫它做決定。在那種情況下，它只是做它覺得是最好的事情。」

由於感謝他的心臟做了它覺得最好的事，羅那德開始能夠填補一直跟著他的巨大空虛了。他開始為自己的發展負起責任，而審判牌又開始轉回正立的姿態了。

XXI 世界（The World）

世界描述一種來自内心的快樂。它也可暗示持久的成功。

世界是一張象徵永久和持續成功的牌。你的靈魂和世界或宇宙的靈魂處於協調狀態，而當兩者之間存在著和諧時，所有的事情都是可能的。愚人頭上的圈圈，現在環繞著世界牌中的人，而且她也清楚地知道並沒有所謂的開始和結束，因為所有的事情都是環環相扣的。

現在她輕輕地握著她的權杖，因為她了解是意圖帶來你想要的結束，而非儀式。在牌四個角落的四種動物（包括人這種動物），現在都有了完整色彩，因為她注意到這四種元素以及讓這四種元素和諧共處的需要。這四種元素都有一種精神的基礎，因為它們都出現在雲當中，相同的雲或精神也出現在權杖、聖杯、寶劍和五角星的王牌中。就這樣，小阿爾克納牌的課題被回想起來，付諸實現。

圍繞著她的花圈象徵著成功，而且是一個行進中的成功，因為花圈既沒有起始也沒有終點。她正在移動，世界上所有事物亦如此，包括充滿空氣的肺、繞著太陽轉的行星，以及宇宙中的各個星系。真正的成功是不會停止運行的，因為當某種狀態或某個人停止進展時，便會帶來停滯和衰敗。

飾帶是魔術師和力量中的無限大符號。她又再度想起宇宙是能量，而她便是能量的一種表現。她已經超越了儀式，理解到所有她需要的她都會得到，而她所必須做的就是要求，而且是以一種宇宙能夠理解的方式來要求。

大體上的意義

世界牌可能意指環遊世界，或重大的成功及快樂。就變通的角度而言，它暗示你就站在生命希望你站的地方，而你也能感受到生命及你周遭的人的支持。它描述著一種快樂，它不是來自擁有或耕

耘,而是來自存在。

在事業上,世界牌形容一種極大的成功滿足。在最近一次有關事業的分析中,出現了這張牌和太陽。兩張都是正立的。我形容這是項與創意有關的事業,有著極大成功的可能性,或許可至海外發展,或至少可得到海外的認同。此人是一名漫畫家,將要和美國一家數一數二的動畫製作公司簽約。太陽顯示出此工作的創意性,而世界形容著成功。

如果有人問:實行一個方案、追尋一種兩性關係,或展開一項行動等是否明智,而世界牌出現作為答案時,它代表的是一個明確的「是」。如果要更正確的預測,就得把其他的牌也列入考慮。

兩性關係上的意義

世界象徵兩性關係當中美好而持續的事物。它顯示你正處於一種共容的兩性關係中。你和伴侶能夠在你們所同意的範圍內完全地成長、發展和生活。

這份關係中存在相當強大的趨動力,這可不是一段可以等閒視之或輕忽的關係。如果它是在過去的位置,可能意味著一個住在另一個地方的伴侶,或你到另一個地方旅行時,可能會遇到某個人。

倒立的世界

當世界倒立時,她就握不住這些權杖了,因為她的判斷變得模糊不清,而且她相信那些在審判牌中還沒有放掉的事情。她必須再度回到審判牌,以淨化她對宇宙的理解。

當這張牌倒立時,它依然暗示著到處旅行。它也可以暗示事業或兩性關係上的成功,但這種成功無法被保存,所以只好被放掉。例如一位得到全世界認同的演員,卻再度沈寂下來。正如一句諺語所說:「曾經愛過又失去它,總比從來不曾愛過好。」

　　在這項成功之外，還會有更偉大的成功，因為雖然現在你不能把全世界都掌握在手中，然而這只是時間早晚的問題而已。這也不是你最後一個挑戰，因為還有其他更重要的挑戰會緊跟而來。

　　我將這張牌比喻為正在攀爬一座很高的山岳，結果卻發現它的陡坡遮住另一座更高、更需要去爬的山。有人認為是這項成功帶來了快樂，卻不知道其實是快樂帶來了成功。

大阿爾克納牌的故事

愚人：有個孩子出生了，當靈魂進入這有形世界時，他選擇遺忘他所擁有的宇宙間的許多知識，以學習此生的課題。

魔術師：當這個孩子開始能夠掌握他的肉身時，他學習到那些看似是不可能達成的事情，在適當的條件下是可以完成的。適當的地點、時間、動機和工具會造成更大的成就。力量流過他的身體，然而他並不是這力量的來源。

女教皇：在所有活動的空檔中，孩子處於休息狀態，而在睡覺時，孩子的另一部分正在發展。直覺的、被動的及有接納性的孩子也正在成長。

女皇：現在母親占著重要的地方，她以愛、關懷和務實的態度來支持她的孩子。她能坦然地接受孩子的熱情，當孩子在表達他自己的時候，她也是以包容的心情面對。

皇帝：父親是以世俗的方式指導他的孩子，並教導他有一天家庭以外的人會對他有什麼期許。有時候孩子會視父親的影響為一種限制，因為他並不喜歡學習身體的限制和如何完成他已開始做的事情。在這個階段中，他比較喜歡媽媽，因為她允許表達的自由。

傳教士：在女皇和皇帝（或母親和父親）照料孩子的身體和感情需求時，也留下了空間給傳教士，以照拂他精神上的鍛練和學習。皇帝向孩子示範他應如何適應社會，而傳教士則試著讓孩子知道他應如何適應宇宙。傳教士可以以精神、宗教團體和書籍的形式出現。

戀人：孩子一直在成長，在他父母親對其身體的呵護及傳教士給予他精神的指引之下，他進入了青春期，並體驗到了性衝動。這

趨使年輕人去形成一個和他之前所擁有的不同的兩性關係，而且他開始向曾教導過他的人質疑。他經歷到初次平等的愛的關係，並轉移部分對他雙親的愛到他的新伴侶身上。

戰車：他的情緒起伏不定，且他認為有必要加以訓練，如此才不至讓它們凌駕他。他使思緒及情緒中的對立力量順從他的意志。

力量：很快地他又成長到厭倦凡事都順從意志的階段了，因為它帶來的結果便是缺乏自發性，接著他又發現內在有一股力量，可以讓生命以感性的方式帶領他到他想去的世界，以發現他自己。他了解自己並不是宇宙的中心，也認識到內在的獸性，而這麼做使他可以取得野獸所擁有的能量。力量從他全身流過，然而他並不是這股力量的來源。

隱士：在接納他內在的獸性之後，現在他可以將注意力轉移到心智上了，因此他需要和平及寧靜。在詳和的環境中，他藉由心智分析提供的大量象徵來開始有意識的心靈發展。在這過程中，他發現了如何獨處而不至感到寂寞之道；也發現了他內在的聲音。

命運之輪：當這個男孩變成大人時，他領悟了四季輪迴的道理，也明白所有事物都各有其定位及定時。他也開始理解來自大自然的對立力量：火、土、空氣和水。明白了自己所知甚少，並開始感受到宇宙的時間線性或人為時間之間的差別。

正義：他知道自己以前在判斷事情時都沒有去檢視其導因，現在他已理解到事情為何會發生，也知道生命透過各種挑戰所提供給他不同的課題。他理解到宇宙的正義、法則和人生的法律不一樣，是不可以違逆的。

懸吊者：誠如樹木耐心地挺過整個冬天，而土地會自行補充養份以備春夏之用；年輕人亦耐心地坐著等候生命在下一步將會為它帶來什麼。所有的事物終將過去，現在正是反思過去行為及經歷的時刻，以便知道生命中不再需要哪些東西。

死亡：所有的舊事物終須退位給新的東西。這男人發現他必須向部分的自己說再見了。這可能包括向朋友、家庭或工作環境，或甚是某位伴侶道別。所有這些事情都只是內在發生改變的癥兆而已。他想起了屈服中存在著力量。

節制：在改變之後又再度恢復了平衡及和諧，這男人終於深刻地理解他的目的。他學習如何適當地運用行為，知道何時該行動、何時該等待。他知道，是內在的和諧帶來了周遭有形世界中的和諧。

魔鬼：他又再度面對內在的獸性了，只是這次他必須超越物質慾望及掌握他人的慾望。他的靈魂提醒他，生命有比感官世界更美好的東西。

高塔：他不情願放棄舒適的物質生活，所以生命必須想辦法讓他不可能再生存於眼前的環境中，鼓舞他起身向前。突然發生的改變，使他不得不放下那些他覺得是可靠而安全的事物。

星星：新的環境，捐棄舊有的習性及財物，這提醒他要「活在當下」。這種自發性讓他注意到自己的創造力。他更加認清他的目的，將無意識的能量（池水）引至一種有意識的形式中（陸地）。他發展出一套對生命充滿希望的前景，並對生命的各種可能性充滿信心。

月亮：他再次需要內省，這一次是要面對他無意識的恐懼和惡魔。他的想像力同時為他的意識心智帶來了創造性和恐怖性的事物，所以他必須更深入內心以面對獸性或惡魔。他發現他必須在月光下（即夜晚的夢境或獨處時）進行這段旅程，由他的潛意識進入無意識狀態中，他也發現，他的恐懼擁有各種動物的面貌。

太陽：已經在月亮當中面對過他的恐懼之後，他發現了一種生活的態度，即像孩子般的單純，並擁有成人的深度。他自由地表達自己，並同時經歷著表面和內在的快樂。由於在月亮牌中已探索過

自己的深層想像力，因此他能夠使用完整的想像力，現在他可以把想像力用在有創意的目標上了。

審判：由於晚年已靠近，這成熟的男人必須留意來自內心的召喚，以達到更高的生活境界。他開始接受宇宙中所有的事物都是環環相扣的眞相。現在可以爲了某種更深刻的理解而捐棄其對人生的舊信念了，而且如此做之後，果眞發展出對人生更深刻的理解。他明白自己就是過去的行爲及信念的產物，而那些也創造了正在等待著他的未來。

世界：現在這老人理解到，世界上所有的事物均處於變動之中。所有的事物均非增即減。在平衡了內在的火、水、空氣和土之後，現在他可以享受一個持久的成功了。他已經精通了生命爲他保留的各種課題，而他所獲得的獎勵是內在的和平和成就感。

愚人：一個孩子誕生了，當靈魂進入肉體的世界時，他選擇遺忘許多他已聚集的宇宙知識，以學習他在這一生中的課題。這孩子帶著天眞無邪和愛進入這世界。他很快就會以知識和理解取代那份無邪，且可悲的是，偶而他的愛可能會被恐懼所取代。眼前的任務便是以來自愛中的勇氣來迎接所有的挑戰，也就是自愛和愛人。生命將會提供這個孩子許多機會以學習其課題，並會在每個人生階段中給他回饋。

塔羅牌的牌形

占卜的程序

有多少塔羅牌分析師，就有多少種塔羅牌的牌形，而你比較喜歡的牌形可能就是對你最有效用的一種。不論你採用何種牌形，在你為他占卜時，都有些基本的事情要做。

1. 要求問卜者（或顧客）洗牌，在這過程中，要讓一部分牌倒立。首先他們要切牌，將上面那一半旋轉一百八十度，然後把牌放回其餘的牌上，接著開始洗牌。完成之後，他們應該將整組牌放回到你面前，正面朝下。

2. 把整副牌側翻過來（這樣才不會把牌翻轉，而使它們的意義顛倒），並檢視面對著你的這張牌。這張牌代表問卜者心目中最想問的話題，或他們之所以會來找你占卜的理由。你可以談談這張牌及其意義，或先記下它，稍後再談。

3. 把整副牌交回給問卜者，要求他們讓牌面朝下，一次一張，分成三落，直到牌發完為止。

4. 把這三落牌疊在一起。上一個步驟的目的是要確定問卜者有徹底洗牌（不會有兩張牌黏在一起），以及讓他們觸摸到每一張牌，使每張牌在分析之前都接收到他們的能量。

5. 將整副牌攤開成扇形（在桌面形成一個弧型），讓問卜者閉著眼睛選牌，而且是要用沒有寫字的那隻手來選。如果你是在做一般性分析，那他們保持心智空明是最好的，不過若是針對某個問題的分析，他們就應該將心思集中在這個經過雙方同意的問題上。

6.在選好每張牌，並正面朝下放在桌面上之後，你應該將它側翻過來，依照你所使用的牌形，把牌放在各自的位置上。

你在占卜時的目的就是用言語畫出一幅畫來。問卜者想要知道從你的角度來看，他們的人生是何等模樣，或者是否能由你的角度看出某些他們所沒有看到的東西。在你解讀任何一張牌或一副牌的時候，不要操之過急。盡量不要說太多話，因為你要以清晰而簡單的筆觸來畫這幅畫，而非太複雜的模式。

切一張牌的算法

要求問卜者洗牌，把一些牌倒轉過來，直到他們洗到滿意為止。接著他們應該把這副牌面朝下放在桌面上。請他們閉上眼睛，以隨機的方式切牌，此時要集中心思於他們的問題或狀況上，然後把他所切的那一牌落側翻過來。面朝上，以展示所切到的那張牌。

有一點很重要，即這項技術應限於只問兩或三個問題，否則你就得回答一長串空洞或不相關的問題。有一天，有個朋友纏著我，用這種方式一連問了我十九個問題。他終於完全地混淆了，直到我建議他第二十個問題應該問：「你還能正確地回答我的問題嗎？」結果答案是「不能」。他不理會這一點，結果接下來的三個問題，他切到的都是空白牌。

塔羅牌可不是一個遊戲。如果你要以這種方式對待它，你大可買一些遊戲用的牌，它們的價錢較便宜，遊戲規則也較易學習。你也應該盡量避免耍詭計，問一些你自己可以輕易回答的問題。

有天早晨一名室友衝進我辦公室，手上拿著我的牌（我的辦公室就設在家裡）。

「正立的寶劍騎士代表什麼意思呢？」

「你的問題是什麼？」

「我會搭上早晨八點二十四分的巴士嗎？」

「快跑呀，你這個白痴，」我叫著：「巴士站牌離這裡只有九十秒的距離。」

我們每個人都有自由意志，可以改變任何被預言的事情。記住這點是相當重要的，並請在爲你的當事人做分析時，提醒他們這件事情。

一開始你可能不大確定放在桌面上每張牌的意義。練習就會改善這情形，因爲你分析得越多，你的直覺就會越進步，直到有一天你將發現你已經可以清清楚楚地談個五到十分鐘，而不必往下瞄前面的牌了。

顧客或朋友希望你很精確。他們通常會忽略掉你附加於每張牌上的額外意義，只會記住那些相關的意義。選擇那些你感覺或認爲最適合那特定分析的意義，這樣你就可以避免談到聲音嘶啞，或看到他們打瞌睡。

練習、練習以及更多的練習，會幫助你了解這些牌。在你做過二十五次分析以後，你就會熟悉你所選擇的牌形；做過四十次分析之後，你就不必再參考本書，牌自然對你產生意義，五十次分析之後，大家都知道你會做塔羅牌分析，朋友的朋友自然會打電話來請你幫他們分析。

爲朋友做分析通常是最困難的事情之一。爲什麼？你的朋友並不習慣你作爲一個塔羅牌分析師的角色，而且他們通常會向你提出挑戰，表現不耐煩的樣子，眼睛往窗外看、電話鈴響時就接聽，或就在你進入最精彩的分析時他跑去看嬰兒。我訂了一個規矩，絕不替任何人在家中做分析，即使他們是付費的。因爲一定會有微波爐、嬰兒的哭鬧聲，或鄰居老爸帶著他們在去年七月第一個星期四借的半公斤盆栽材料來歸還等讓他們走開的事情發生。在這種經常受到干擾的環境中，這種平庸的分析，是無法增進你的名聲的。

盡量將時間維持在指定的時間內也是個好主意，如果你告訴某

人，你要花四十五分鐘進行分析，那麼就不要給他九十分鐘。我最長的一次塔羅分析進行了三小時又十五分鐘，而我並不確定那會比我現在所做的五十分鐘分析要好。事實上，那或許是由於我當時缺乏果斷，而非迷惑。這個人問題一個接著一個，而我就是沒辦法教自己說出「夠了」。

我有一位同事在處理那種問不完問題的顧客時，會說：「哦，親愛的，現在我已經沒有靈感。今天我沒有辦法為你看出別的東西了。如果你還有任何問題，你得改天再過來了。」這招每次都奏效。

在某些時候，這些牌可能會是你直覺的發射器，可能你會發現自己對於人、情況以及事件，都能描述地一清二楚，而那些東西卻不盡然是來自你眼前這些牌。

直覺以各種不同的方式產生。有的人需要很多時間來感覺每張牌的意義。我所認識的一名分析師，當她要向她的顧客解牌時，她會觸摸每一張牌，甚至拿起這些牌，以得到更深刻的理解來做分析。有些分析師在分析之前會安靜地坐著，以便將他們自己的感覺和心思暫擱一旁，這有助於他們做出更精確的分析。另外有人會暫時停止思考，張大他們的嘴巴，以聽進牌所傳出的每一個訊息。

如果你所面對的牌讓你感到疑惑的話，把那些疑惑和你的顧客連繫在一起。有時候我會對顧客說：「這裡我搞不清楚了。有些牌告訴我你正經歷著重大的改變，而其他的牌又說你不動如山。在哪些方面各發出了些什麼事情呢？」通常問卜者會很清楚你在說什麼，你可以打開一條溝通的管道，包括口語和心靈上的。

開始成為一個分析師

雖然容貌、背景、國籍和住處可能有所不同，然而基本上人們想從一次分析及生活中得到的東西是相同的。愛情會是一個重要的問題，健康、事業、孩子、財務及旅遊也是。稍微困難一點的問題包括「我人生的目的是什麼？」、「當我明年到達那個地方的時候，那邊是否會平靜呢？」以及「我們未來的經濟狀況會如何？」

為獲取一些實務經驗，你可以考慮在市場、募款活動或慶典中擺個攤子。如果你是這行業中的新手的話，這麼做是相當有幫助的。一九九一年，在我為了進行一項為期六個月的學習課程而剛到倫敦不久，我就在一個為地方教堂屋頂整修募款的星期六慶典上，花了十五英磅租了一個攤位。他們只允許我看手相，因為塔羅牌尚不被英國的教會所接受。我就在教堂外搭了一個小蓬子，從我坐下的那一刻開始，忙到所有的攤位都收走後的四十五分鐘為止。在應接不暇的情況下，我只能提供為時十五分鐘的分析。我連續替二十六個人看相，而當天下午的高潮是我替一名修女免費做分析。她心靈意識的精神知覺非常強，事實上她打破了我的偏見，我一直認為宗教儀式沒有什麼精神的價值。我給當天看相的每個人的名片上有我在當地的電話號碼。那次之後的口耳相傳使我好幾個月之內，無斷炊之虞。

我在倫敦的房東最近又告訴我，慶典籌備委員打電話給他們，想問我今年夏天的慶典是否方便前往。顯然在那之後有很多人在詢問我的落腳處，還有好幾十個修女在下次活動當中想要來試試我的功力。

能夠分析塔羅牌，意味你可以在世界各個角落工作。你所必須要做的就是讓別人懂得你的意思。替一個語言不通的人做分析也不難，只要找得到人替你翻譯就行了。顧客的伴侶、朋友或親戚都可以替你做這件事。

我曾經替希臘人、義大利人、泰國人、索馬利亞人、法國人、德國人、荷蘭人、印度人及中國人做過分析。如果我能說我當事人的語言，或許我可以讓分析進行得更好，不過朋友總是會坐在他們身旁，替我翻譯給他們聽。在他們聽取翻譯時，我就有餘裕綜覽其他的牌，以得到進一步的資訊。

分析塔羅牌也是結識人們的極佳方式。告訴別人你會分析塔羅牌，可說是找到一個真正的話題，因為它引起了人們的好奇心。在許多聚會中，只要一提到我的職業，保證會有一票人伸出他們的手，要我為他們看手相，並問一些類似「你在我的手上看到什麼？」或「你帶著你的牌嗎？」的問題。不消幾年，我就對此感到厭煩，然後就告訴陌生人我是在賣保險，以解決此問題。如此一來，只要他們騷擾我，我就把話題轉到壽險上面，並問他們是否買足了保險。我保證，談話馬上結束。

研究塔羅牌即是在研究人生，尤其是在做分析的過程中更為明顯。很少有職業或過程可以這麼快地洞察他人。塔羅牌詳細描述問題、挑戰、希望、恐懼、懸而未決之事、精神上的課題及方向，以及和問卜者有關的人，而且又是在這麼短的時間之內。

當你在為別人做分析時，你可能會碰觸到一些比較敏感的話題，這對顧客而言可能既是痛苦，卻又是種解脫。顧客有權利假設你會以最嚴格的保密的態度來對待分析中任何事情。和別人討論你的分析，特別是和顧客認識的人討論，是洩密的行為，別這麼做！

塔羅牌是一種很有力的工具，正因如此，你更需要以同情和明晰的態度來詳敘你的發現。分析師各有不同，有些人很直接，有的

人則比較喜歡採取象徵性的談話。不消多時,你將會發現自己的風格。沒有經驗或者緊張的分析師,或是那些缺乏自信的人,總是會多說些無益的話。給問卜者一些時間來吸收你的話是無害的,公式就是說話和呼吸。你先說話,接著你再呼吸。當你停下來吸口氣時,問卜者就有時間來思考你所說的話了,而你也能趁機綜覽牌局,獲取牌面上進一步的訊息。

在教學生的時候,有時候我會坐在後面觀察學生如何做分析,驚訝的是,在這個時候,分析對我而言竟顯得那麼清晰。當我在聽學生描述他的發現時,我沒有跟問卜者談話的壓力,而這讓我有機會來研究這些牌,深思它們之間的相關意義。在學生結束分析,我們也針對一些不清楚的部分進行討論之後,我可以用二十個以內的字為這個分析做摘要。通常學生聽完我的結論後會感到沮喪,因為他們覺得自己永遠也不可能達到這個水準。我會告訴他們,如果不是他們的談話讓我有時間仔細地研究桌面上的牌,恐怕我也沒辦法想得如此透徹。

在擺好牌之後,向問卜者解釋說,為了明確起見,你會需要幾分鐘的時間思考,這麼做有很多好處。而且既然問卜者希望你準確,他們自然會樂於靜坐等候你研究桌面上的牌。

有時候問卜者會堅決不同意你的預測。碰到這種情形時,我會向他們指出,他們擁有自由意志去改變我所預言的任何事情。如果他們又說:「我沒看到你所說的任何事發生,看起來它一點也不準。」我會很坦白地告訴他們:「如果你能那麼清楚地看到未來要發生的事,就不會來找我談了,所以某些事情似乎並不那麼確定,這也沒什麼好大驚小怪的。」

通常我還會接著說:「我並不想表現出夜郎自大的樣子,不過我很高興你能說出你不同意的地方,因為這樣,關於這個部分的分析你就會記得特別清楚,而且當它發生時,你也會想起我們之間的

談話。而當你又回憶起這段談話時，我就又多了一個會回來找我的顧客戶了。」

不要去承諾奇蹟，也別讓問卜者對你造成太大的壓力。當我感覺到顧客正在向我施壓，要我說出更多更多的細節時，我就會想起我在倫敦工作時的一個對策：如果這次分析已經超過了約定的時間，管理員就會拉開窗，把他的頭伸進我們坐的攤位上，並且問道：「花二十英鎊你想得到什麼？你一生的故事嗎？」

使用塔羅牌最有成就感的經歷之一就是看著它運作。這個系統可以讓兩個完全陌生的人有一個短時間的相聚，並且深入他們對人生的理解，這才是真正的不簡單。

通常我過去的學生會在他們第一次為顧客做分析後不久打電話給我。當他們在敘述他們的經驗時，他們的興奮也透過電話傳了過來：「……所以今天我在市場裡面訂了一張桌子，而且在我進行完第七次分析後，我就知道，它真的有用！我可以從他們臉上看到肯定，這些可都是陌生人的臉哦！有些人在解脫後大哭一場，因為他們明白了自己經歷了些什麼事。真是不可思議。」

當我接到這些電話時，我總會對自己微笑，而且我還知道這些新手會有什麼樣的感覺。有些日子我也一樣，坐著驚嘆塔羅牌——這本人生的書。

單張牌的算法

最簡單的塔羅牌算法是只切一張牌,對於只要回答是/否的問題,或者想要迅速地洞察一個問題或狀況,這是一個好的算法。切一張牌的算法其程序如下:

1. 迅速地洗牌,只使用那些你所熟悉的牌。假設你已經讀完整本書,可以用整副牌。如果你還在初學階段,就只用你學過的牌。

2. 把這些牌面朝下放在桌子上,然後明晰地想著你的問題,接著切牌。

3. 把你手上這些牌翻過來,好讓它們面朝上。你翻過來的最上面的這張牌就是你所要算的牌。

最好每次只問兩或三個問題,否則你很容易混淆。如果你不能把最上面那張牌和你的問題連接起來的話,只要直接翻下面那張牌就可得到進一步的訊息了。

用單張牌算法問 Yes/No 問題時,通常正立是 Yes,倒立是 No,但抽到不同的牌卻有不同的解釋。如果你問「今年是否適合到非洲露營旅行?」一張正立的權杖王牌意味著可以去,但一張正立的高塔卻意味著這趟旅行充滿危險。

七張牌的牌形

七張牌的牌形對於大體上的分析，或回答特定的問題都是很好用的。先以一小時的時間做七張牌的整體分析，接著用四張牌的牌形或五張牌的牌形回答問題，這將滿足大多數顧客的大致需求。

有些分析師選擇二十一及三十張牌的牌形，而我很懷疑他們能那麼輕易地記住每張牌的意義。而不會在分析時遺忘。我相信最好的方式就是保持簡單。你的顧客可能已經把他們的生活搞得夠複雜，不需要你再加油添醋了。作為分析師的任務包括了簡化問題，好讓顧客能做出一個合理的決定。關於這點，七張牌的牌形是再好不過了，其程序如下：

1. 讓問卜者洗牌，洗前把一些牌倒過來，洗完後把牌拿給你，正面朝下。最底下那張牌代表問卜者目前的情況，或他們來找你占卜的原因。

2. 請問卜者發牌，一次一張，把牌分為三落，直到把牌發完。這是

要確定徹底地洗牌，並讓問卜者的能量分佈在每張牌上。把這三堆牌放在一起，於桌面上將它們輕推成扇形。

3. 問卜者閉上眼睛，用沒有寫字的那隻手隨意地選出七張牌。他們每選一張牌就把它交給你，接著你把這些牌排成一個大「V」字（見後面圖例）。

4. 假設這是一個大體上的分析（即初步的解牌），接著向問卜者解釋，如果牌形與問題有關，你必須協助對方問對問題後，才能讓他們選牌。解牌時儘可能將答案保留到最後，好讓問卜者聽完解牌內容。否則他們一聽到答案，馬上就對其他內容充耳不聞。例如，如果你跟問卜者說他不會與現在交往的對象結婚，因為有更適合的人。對方可能只聽到「不會結婚」後，其他都聽不進去。

七張牌的牌形中，每張牌的位置所代表的意義如下：

牌 1

這張牌是在講過去,可追溯到十八個月前的事情。

牌 2

這張牌代表目前狀況,包括占卜前後四星期。

牌 3

這張牌代表目前狀況最近會產生的結果,涵蓋三個月左右的時間。

牌 4

在大體的分析中,這張牌代表你正在為他進行分析的那個人。如果這是一副針對某個問題的牌(例如,我的兩性關係在未來會有怎樣的發展?),那麼這第四張牌代表的就是問題的答案。

牌 5

這張牌是在描述環繞問卜者的能量,或假設這是一副針對某個問題的牌,它就代表圍繞著問題的能量。在這個位置的牌可能是說明朋友、同僚,或是那些和問卜者有關的人的態度。

牌 6

這代表問卜者對這個狀況或問題的希望及恐懼。

牌 7

這張牌形容目前狀況的結果,或是問題的結果。時間通常是指這二十四個月以內。

假設問題是「在六個月之內我會到阿拉斯加旅遊嗎?」在答案(牌4)和結果(牌7)位置的牌都要是正立或積極的牌,才能給予明確的「是」。例如,如果答案是世界牌,結果是權杖王牌的話,那麼你就可以自信地說「是」。

然而,如果答案是倒立的權杖王牌,即使結果是張積極的牌,答案也可能是「不」,原因是延遲。(倒立的權杖牌總是意味著延遲。)

可能的解釋

問我的兩性關係將來會如何發展?

寶劍五:這張牌出現在過去的位置,代表過去的爭議和不協調沒有被滿意地解決。大家表示他們的觀點,但並沒有解決問題。

倒立的死亡：倒立的死亡牌出現在現在的位置，形容一種遲來的改變已到達了。對這份改變仍有很大的阻力，然而它仍將發生。放鬆心情並順從改變，在更深的層次上，你可能想要這種改變。這改變會帶來若干新事物，你必須找到信心，相信這改變會促使你走到一個比目前還要好的位置上去。

五角星八：目前的改變帶來了堅決的承諾，而且你已準備好要為你的兩性關係而努力，以得到成功的結果。在最近位置上的八，顯示一種情感上的承諾。

傳教士：傳教士出現在問題周遭能量的位置時，代表這份關係的某種僵化結構。它是在描述你以個人的需求為代價，去滿足別人對你的期待。

倒立的正義：在希望及恐懼的位置上出現倒立的正義，暗示著你並不相信事情會得到真正的解決，或你害怕你必須接受一種不公平的狀況。這和結果及問題的答案並不一致，所以你的恐懼可能是毫無道理的。

倒立的皇帝：在問題結果的位置上出現倒立的皇帝，暗示其中一名伴侶需要學習自我訓練。皇帝牌的課題是要迎合物質或現實世界的需求。皇帝牌倒立可能是在形容一個缺乏自我訓練的人。它也可能意指自艱難的抉擇中退縮下來。由於缺乏面對這些決定的自我訓練，目前這些困難或許會以另外一種形式回到你，以及你的兩性關係當中來。

太陽：作為此問題的答案，太陽表示一種相當正面的狀況，而且是一種值得努力追求的狀況。創造力、樂趣以及歡愉的感覺在這張牌中，以及未來的兩性中都很明顯。它會帶給你美妙的幸福，如果加上自我訓練能夠持續下去的話。

這只是這七張牌的一種解釋，另外一種的解釋也可能同樣準確。你作為分析師的任務，就是要決定在既定的牌局當中，每一張牌你要賦予它哪種意義。

過去

結果

現在

希望 / 恐懼

最近

環繞的能量

答案

四個面向的牌形

四個面向的牌形可作為問題，或陳述的牌形。問卜者集中於一個主題或問題，例如他們的健康、工作、兩性關係或者在禮拜三到巴黎旅行。這個牌形詳述著在身體、感情、心智及精神上這四個面向將發生的事情。在有關一份新工作的問題上，這個牌形可告訴你，他們是否能在這幾個層面上各獲得滿足。獲得這個資訊之後，他們可決定是否要著手這份工作。

問卜者洗牌後，閉上眼睛，隨機地以不是寫字的那隻手取出四張牌。這些牌要依序放置在如下的位置上。

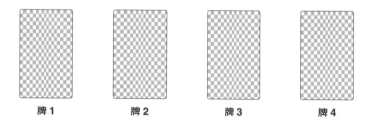

牌 1　　　　牌 2　　　　牌 3　　　　牌 4

牌 1：代表問題或陳述的身體層面。

牌 2：代表問題或陳述的感情層面。

牌 3：代表問題或陳述的心智層面，包括可能會造成目前這種狀況的心智態度。

牌 4：代表問題或陳述的精神層面。這張牌有時候也能指出其中所包括的課題。

稍微留意一下哪一個面向比其他的面向均衡，而哪個面向需要付出最大的努力或關照，以求其重回平衡狀態。這個牌形可被用於大體上的分析，或用來回答某個問題，例如「為什麼會導致⋯⋯」它將告訴你各個層面的導因。

五張牌課題的牌形

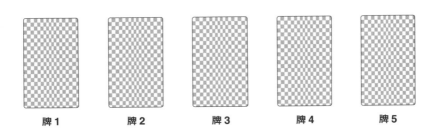

牌 1　　　　牌 2　　　　牌 3　　　　牌 4　　　　牌 5

五張牌課題的牌形是為那些看不透他們為何會陷於目前窘境或環境中的問卜者而使用的。有時候，知道自己為什麼會變成這樣，了解眼前的課題，或之所以處於這種狀況的種種原因，可以幫助問卜者從目前的狀況中解脫出來。這個牌形適用於那些願意為自己及精神成長負起責任的人。

洗牌之後，問卜者選出五張牌，一次一張，然後你將牌依序放在如上位置。其問題類似「我目前的課題是什麼？」或者「我可以從這種情況中學到什麼？」你把這些牌和問題及主題連結起來。每個位置的牌，其意義如下：

牌 1：立即性的課題。

牌 2：學習此課題的任何障礙。

牌 3：此課題所衍生出來的機會。

牌 4：能支持問卜者去學習此課題的資源（例如，感情上的支持或金錢）。

牌 5：包含這個課題的一個更大的課題。

有五個選項的牌形

這個牌形對於需要在若干選項中選擇的問卜者來說是很有用的，譬如可能有四或五種職業的選擇、幾種課程的選擇，或者是適當的居住地點的選擇。問卜者還可以在這個牌形的最佳選項之後，再問一個比較特別的問題。

步驟 1 　列出四或五個選項。假如問卜者只有四個可能的選項，那第五張牌就可以代表「其他」（作為一個未知的選項）。

步驟 2 　問卜者洗好牌之後，於桌面把牌攤開，讓問卜者選出五張牌。

步驟 3 　當問卜者在選每一張牌的時候，要想著它所代表的選項，像是「搬到倫敦是明智的嗎？搬到巴黎是明智的嗎？」

步驟 4 　選出牌後，將每張牌依序置放如下。

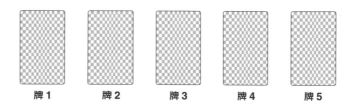

牌 1　　　牌 2　　　牌 3　　　牌 4　　　牌 5

步驟 5 　依照每張牌所代表的選項來解釋各張牌。

假如你或者問卜者希望含意能夠再明確一些的話，你可以請問卜者在任何一個選項上再附加一張牌。一張就好，不要加到兩、三張。

當在每一個（最多到五個）可能的方式或選擇上加選一張牌，很重要的是要記住這和切一張牌是類似的，這並不是最準確的分析。在有關從事輔助醫療事業的問題中，假如問卜者在一或兩個選項上得到「是」的答案，或許你可以建議他們接下來再進行一個七張牌的牌形分析，那麼他們就可以直接問：「我去從事草藥醫學的工作是否明智？」這將給你更多可作為線索的資訊，並釐清當問卜者追尋這條道路時能期待什麼。

因果循環的分析

這並不是一種預測性的分析。它揭示了你目前的優勢和缺點,並凸顯出若要重新平衡精神層面的話,你可以怎麼做。因果循環的分析可以洞察你的能量目前正朝向哪個方向。擁有這方面的知識,你就可以運用你的優勢來克服你的弱點。

1. 將大阿爾克納牌和小阿爾克納牌分開。

2. 把聖杯七從牌組中抽出——這張牌是整個分析牌型的中央牌。

3. 將小阿爾克納牌洗牌,在洗牌過程中把一些牌放顛倒。

4. 把牌放下去——一次一張——放成三疊擺在桌面上,好進行徹底的洗牌,並確認你已經觸摸到每一張牌。

5. 把這三疊的牌疊成一堆,正面(有圖的那一面)朝下,在桌面上將牌組推開成一直線。

6. 用你不寫字的那隻手選出七張牌,要閉著眼睛,一次選一張。

7. 把每一張牌分別放在下頁如圖所示的位置,而聖杯七就位於牌形的正中央。

快速的掃瞄過所選的這七張牌,並注意一下哪些牌有顯示出簡單的能量流動,同時也留心哪些牌有顯示出阻礙或停滯的能量,並且要記住你能夠運用你的優勢來克服你較弱的部分。你可以利用這個牌形每一年幫自己分析一次,好衡量你人生當中的精神成長。

第 1 張牌

這張牌和聖杯七當中的臉有關。它描述的是你向這個世界所展現的面容，包括你的角色以及其他人眼中的你。

第 7 張牌

這張牌相當於穿著壽衣的人，它揭示了你目前的精神狀態。而壽衣底下的人則顯示精神層面的我們究竟是誰。

第 6 張牌

相當於裝著蛇的聖杯，它顯露了你在性以及創造力方面的能量，或者是尚未被解決的性方面的問題。如果是宮廷牌，是指你目前的性伴侶。

第 2 張牌

這是和城堡的聖杯有關的牌，它描述的是你對家庭的態度，而這態度通常建立於孩提時期，而且幾乎沒有被回顧或更新過。

第 3 張牌

這相當於盛著珠寶的聖杯，指的是你的物質能量。這是你吸引或拒絕物質的能力。

第 4 張牌

相當於有花圈的聖杯，它描述的是你個人的力量。它揭露了你目前決定人生方向的能力。

第 5 張牌

這張牌相當於裝著惡魔的聖杯，它描述的是目前你和你的潛意識的連結。夢想、直覺以及你深層的需求和渴望都顯示在這裡。

陳述性的牌形

這不是關於問題的牌形，而是提供問卜者一個機會，讓他們去看看他們控制了哪些東西，為哪些東西負責，或生命中有哪些改變的機會。例如，他們不用問「我目前兩性關係會有什麼進展？」只需將注意力集中於他們的兩性關係，並選五張牌出來。接著你要把這些牌依序放在如下的位置上。

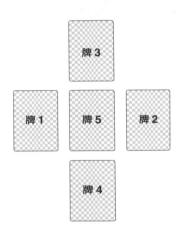

牌 1：代表哪些是有利於這情況的。

牌 2：代表哪些是在對抗這情況的。

牌 3：代表什麼失控了，以及可能會發生什麼事。

牌 4：代表哪些在問卜者控制之下的事物，而且如果他們運用他們的控制力
（自由意志），這張牌可代表這狀況的結果（即他們可以如何處理，
或運用這狀況）。

牌 5：代表如果他們不願採取牌四所提供的機會，那會造成什麼結果。事實
上會有兩種可能的結果，這全看他們在這種情況下採取什麼樣的行
動。問卜者可能選擇牌四作為結果，或不行使任何自由意志，而接受
牌五所帶來的結果。

精神方向的牌形

精神方向的牌形是用來幫助問卜者理解其目前的精神方向，並告訴他們從現在的情況中去學習什麼課題。這個牌形所傳達的訊息包括健康及過去的事故或狀況，現在正對他們造成影響，因為這些事情常顯示他們目前的精神課題或挑戰。

程序

在洗完牌之後，問卜者選出五張牌，一次一張，然後你把它們依序擺在如上的位置。每個位置的牌其意義如下：

牌 1：健康。通常是指身體上的健康。

牌 2：目前的精神方向。

牌 3：總體的精神方向。立即性的課題；即由目前狀況中可學到何事。

牌 4：一條可替代的道路。如果問卜者在目前的方向上感到不快樂，這是一條可取代的道路。

牌 5：過去的影響。過去的事故或狀況，目前正影響著他們。

四個元素的牌形

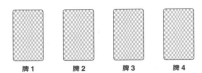

牌1　　牌2　　牌3　　牌4

四個元素的牌形闡釋問卜者在哪個層次上的能量受到阻礙，哪個層次上的能量目前是有效的，或是可自由流動的。它詳述了目前問卜者內在的火、水、空氣和土這四個元素的狀況。它們分別代表身體、情感、心智及實際的層次。

問卜者洗牌，以不寫字那隻手選出四張牌，此時他們是閉著眼睛的。這些牌依序被放置於如上位置。

牌1

代表狀況或問題中的火的元素。它說明你需要追求新挑戰以及體能的活動，這會使你離目標更近。它和對生命的激情、熱情有關。這裡出現正面的牌即代表問卜者足以活躍地追求他們身體上的目標。

- 這裡若出現正立的**權杖牌**，代表目前以積極的態度面對生活。倒立的權杖牌則表示能量受阻或遭到分散。

- 這裡若出現正立的**聖杯牌**，代表用積極的態度處理感情。倒立的聖杯牌則代表負面的情緒如憤怒。

- 這裡若出現正立的**寶劍牌**，代表行動和思想的結合。倒立的寶劍牌則代表爭吵。

- 這裡若出現正立的**五角星牌**，代表以積極的態度追求實際的或財務的目標。倒立的五角星牌則代表衝動消費，最好要克制住。

牌2

代表狀況或問題中的水的元素。這個位置涵蓋了分析當中的感情、創意和想像層面。這個位置意味著創造性、感覺和直覺。它也可以顯示出和無意識狀態的連結。

- **權杖牌**在這裡暗示，積極追求情感或創意上的目標。倒立的權杖牌代表情感上的混亂，或是一次必須處理太多事情。

- **聖杯牌**在這個位置，若正立代表情感均衡，若倒立則代表情感不均衡。

- **寶劍牌**在這裡暗示，情感的分析或計畫具創造性的事物。

- **五角星牌**在這裡暗示創作上的努力得到具體的成果，或來自他人的支持帶來了財務上的成功。倒立的五角星牌則表示具創造性的計畫將耗費金錢，或是投資失利。

牌 3

代表狀況或問題中的空氣的元素。這個位置概括了心智上的態度及理解、智性上的均衡，或缺乏清晰的觀念或思想。這張牌也包含了邏輯和理性的思考。

- 這裡的**權杖牌**暗示，由思想和計畫所產生的迅捷行動。倒立的權杖牌代表因為想一次完成許多目標或計畫，能量因此被分散。
- 這裡的**聖杯牌**暗示透過感覺而得到事情的知性意義。倒立的聖杯牌表示未能紓解的情緒此刻正影響你的思考。
- 這裡的**寶劍牌**若為正立的牌，則暗示清晰的思想，若為倒立的牌則代表擔憂。
- 這裡的**五角星牌**暗示有關工作、賺錢或實質結果的構想。倒立的五角星牌則代表擔心財務狀況。

牌 4

代表狀況或問題中的土的元素。這項元素的最佳形容詞是實際、有組織、面對現實及腳踏實地的。這第四張牌包括了具體的安全（金錢、財產等）、責任、紀律、身體健康及周遭環境。這個位置可顯示前面三張牌或表面的身體徵候。換句話說，這第四張牌所顯示出來的，正是前面三個位置的牌的結果。

- 這裡的**權杖牌**暗示積極追求實際目標。倒立的權杖牌則意指欲達成的目標，有財務上的問題或正耗費你的金錢。
- 這裡的**聖杯牌**暗示，問卜者知道在生命中哪些事情是美好的，或他們和生命中美好的事物並沒有失去聯繫。倒立的聖杯牌代表情感上的安全感來自財務狀況穩定，或是害怕損失的情緒影響了財務方面的決定。
- 這裡的**寶劍牌**暗示著縝密的思考與計畫，帶來了財務與實質的回饋。而倒立的寶劍牌則表示，由於對生活沒有清楚的想法與信念，因此限制了物質上的成功。
- 這裡的**五角星牌**強化了問題或狀況中的身體或實際層面。倒立的五角星牌則強調缺乏財務基礎或投資的回收不成比例。

為宮廷牌上色

亞瑟·偉特建議每種牌組的顏色可以不同，但請記住個性特質會比頭髮眼睛的顏色來得重要。偉特主要用四種牌組來描述歐洲民族。他的色彩建議如下：

權杖		藍色眼珠，紅偏棕的髮色。 典型的歐洲賽爾提克民族。 古代賽爾提克人多為流浪者， 擁有熱情、積極的性格。
聖杯		藍色或淡褐色眼珠，棕偏金的髮色。 典型斯堪的納維亞或北歐民族。
寶劍		黑眼珠與黑髮。 典型南歐民族，常見於地中海沿岸。
五角星		黑眼珠與黑髮。 典型非洲民族與亞洲民族。

他的建議其實不敷使用，因為在一個有黑髮孩子的家庭裡，你可能會發現聖杯、權杖、寶劍與五角星的孩子都一個樣。這就是為什麼我說個性特質比較重要的原因，這樣問卜者才能從你的描述裡聯想到朋友和家人。

這個色彩建議在預測戀愛對象時嚴重不足，因為問卜者通常想知道對方的外貌特徵。如果你不夠確定的話，絕對不要被逼著描述外貌特徵。

如果問卜者逼著我說清楚外貌特徵，我通常只說那天我瞥見的髮色是某種特定的顏色。之後還得補充說明對方搞不好可能有用變色隱形眼鏡、到過日晒沙龍、噴了小麥膚色噴劑跟動過整型手術。

亞洲民族因為都是黑髮黑眼珠，這不表示他們被自動歸類到寶劍或五角星。北歐民族多是金髮與藍眼，也不能說他們都是聖杯類型。印象中的瑞士銀行家和財務顧問，還比較像寶劍或五角星類型的人，根本無法用顏色去定義。我有個朋友，家裡有九個兄弟姊妹，他們的長相從白皮膚、金髮、藍眼到小麥膚色與黑髮都有。她本身是音樂家，說他們家一字排開簡直就像音樂的主旋律與變奏。

我也注意到如果要為權杖皇后塗上髮色，紅色似乎比其他顏色適合她。當我帶著七歲兒子到附近的一家日本料理店，女服務生的髮色有如火紅。她離開我們這桌後，兒子小聲地跟我說：「我以為他們都是黑頭髮。」我回答：「是啊，她應該是因為喜歡紅頭髮才染紅的吧。」他靈光一現地說：「學校放假的時候，我要把頭髮染成藍色，媽咪說我可以的。」但我太太是個不折不扣的五角星皇后，我很懷疑兒子真的染得成。